本輯主編　　汪春泓

Lingnan Journal of Chinese Studies

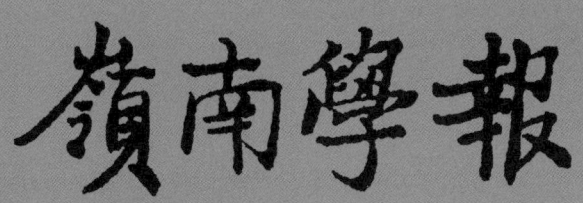

（本輯全部論文均經過匿名評審）

復刊　第二十一輯

上海古籍出版社

圖書在版編目（CIP）數據

嶺南學報. 復刊第二十一輯／蔡宗齊主編；汪春泓本輯主編. -- 上海：上海古籍出版社，2024.9.
ISBN 978-7-5732-1318-1

Ⅰ.C55

中國國家版本館 CIP 數據核字第 20245RP630 號

嶺南學報　復刊第二十一輯

蔡宗齊　主編

汪春泓　本輯主編

上海古籍出版社出版發行

（上海市閔行區號景路 159 弄 1-5 號 A 座 5F　郵政編碼 201101）

（1）網址：www.guji.com.cn

（2）E-mail：guji1@guji.com.cn

（3）易文網網址：www.ewen.co

啓東市人民印刷有限公司印刷

開本 710×1000　1/16　印張 16.5　插頁 2　字數 262,000

2024 年 9 月第 1 版　2024 年 9 月第 1 次印刷

ISBN 978-7-5732-1318-1

Ⅰ·3864　定價：98.00 元

如有質量問題，請與承印公司聯繫

《嶺南學報》編輯委員會
（以漢語拼音排序）

主　　編：蔡宗齊　　嶺南大學中文系
副主編：汪春泓　　嶺南大學中文系
編　　委：陳平原　　北京大學中文系
　　　　　陳尚君　　復旦大學中文系
　　　　　陳引馳　　復旦大學中文系
　　　　　郭英德　　北京師範大學文學院
　　　　　胡曉明　　華東師範大學中文系
　　　　　胡曉真　　臺灣"中研院"中國文哲研究所
　　　　　蔣秋華　　臺灣"中研院"中國文哲研究所
　　　　　蔣　寅　　華南師範大學文學院
　　　　　李惠儀　　美國哈佛大學東亞語言及文明系
　　　　　李雄溪　　嶺南大學中文系
　　　　　劉玉才　　北京大學中文系
　　　　　王德威　　美國哈佛大學東亞語言及文明系
　　　　　王　鍔　　南京師範大學文學院文獻與信息學系
　　　　　徐　剛　　嶺南大學中文系
　　　　　徐興無　　南京大學文學院
　　　　　許子濱　　嶺南大學中文系
　　　　　虞萬里　　上海交通大學人文學院
　　　　　張　健　　澳門大學中文系
　　　　　鄭吉雄　　香港教育大學人文學院

執行編輯：鄭政恒

目　　録

特稿

直覺與境界：朱光潛對王國維境界説的詮釋及對話 ……… 張　健（ 1 ）

塑造"中國"：成康大分封與成周王畿區的空間整合 ……… 葉先闖（ 29 ）
宋玉"負俗"與《文心雕龍·雜文》立篇之義 ……… 沈燕燕　許云和（ 61 ）
明代《冬官》未亡説新論
　　——以明代何喬新《周禮集注》爲討論中心 ……… 梁德華（ 83 ）
尊體與復古："詞樂恢復"視域下的清初自度曲現象 ………… 余佳韻（119）
清代雍乾時期書院的思想鉗制功用 ……………… 雷恩海　田　競（171）
新見哈佛大學燕京圖書館藏錢謙益《吾炙集》舊鈔本考論
　　——兼談此集的編選與刊刻 …………………………… 徐　洋（191）

青年學者園地

編寫"亡國"歷史記憶
　　——徐鉉《吳王隴西公墓志銘》之興亡敘事與李煜論定
………………………………………………………… 張鑫誠（219）

《嶺南學報》徵稿啓事 ……………………………………… （253）
撰稿格式 ……………………………………………………… （255）

Table of Contents

Intuition and Inscape: Zhu Guangqian's Interpretation of and
   Dialogue with Wang Guowei's Theory of Inscape ······ Zhang Jian(1)

Shaping "China": The Large-Scale Enfeoffment of the
   Chengkang Era and the Regional Integration of the
   Chengzhou Royal Domain ·························· Ye Xianchuang(29)

Song Yu's "Contrarianism" and the Significance of Establishing
   "Miscellaneous Essays" Section in *The Literary Mind and
   the Carving of Dragons* ················ Shen Yanyan　Xu Yunhe(61)

A New Discussion on the Unperished Theories of the "Winter
   Officials" in the Ming Dynasty: Centering on He Qiaoxin's
   Collected Annotations on the Rites of Zhou ········ Leung Tak Wah(83)

Reverence and Revival: The Phenomenon of Self-composed
   Tunes in the Early Qing Dynasty under the Perspective of
   the "Revival of Lyrics and Music" ····················· Yu Jia-Yun(119)

The Function of Ideological Control in Qing-Dynasty Academies
   during the Yongzheng and Qianlong Eras ······ Lei Enhai　Tian Jing(171)

A New Examination of the Annotated Manuscript of Qian Qianyi's
Wu Zhi Collection Held by Harvard-Yenching Library:
A Discussion on Its Compilation and Publishing ············ Xu Yang(191)

Writing the Historical Memory of a Fallen State: Narratives of
Rise and Fall in Xu Xuan's "Inscription on the Tombstone of
King Wu of Longxi" and Comments on Li Yu ······ Zhang Xincheng(219)

直覺與境界：朱光潛對王國維境界説的詮釋及對話

張　健

【摘　要】 王國維《人間詞話》雖吸收傳統詩學並以中國傳統的詩話形式寫成，卻深具現代美學的眼光。其境界説既是中國傳統文論的發展，也是中國現代美學的奠基。朱光潛以克羅齊的直覺説爲觀念框架將王國維的境界説納入其中，對其觀念作了進一步的詮釋與再造，使得境界成爲詩論體系中的核心範疇，亦使境界説轉化爲現代美學的基本範疇。朱光潛在吸收王國維境界説建立本人之詩學過程中，也與王氏形成了詮釋與對話關係。王國維論詞有隔與不隔之説，朱光潛對王氏的理解與詮釋究竟隔與不隔？實成一有趣的學術史問題。從王國維到朱光潛都融會中西文論與美學而自成其説，呈現出晚清到民國期間學術轉型的重要面向。

【關鍵詞】 境界　直覺　王國維　克羅齊　朱光潛

一、引　言

王國維的《人間詞話》是中國文論與美學從傳統到近代的過渡。王國維早年研究康德、叔本華哲學與美學，其《人間詞話》雖吸收傳統詩學並以中國傳統的詞話形式寫成，但卻深具現代美學的眼光。其境界説既是中國傳統文論的發展，也是中國現代美學的奠基。胡適、朱光潛、錢鍾書三人都曾評論王國維境界説，然胡適以本人意境説與王氏境界説相較，以爲王氏境界只是談内容，"隔"與"不隔"乃論表達，而其本人意境説乃指作者對題材之態度，於表達則主"深入淺出"。朱光潛以克羅齊之直覺説詮釋王氏境界，"隔"與"不隔"乃直覺問題。錢鍾書則以新批評的傳達理論詮釋王氏學説，以境界爲内容問題，"隔"與"不隔"謂傳達問題。胡適與朱、錢二人皆與王國維對話，三人之間對於境界説的理解與詮釋也形成對話。三人皆詮釋王國維隔與不隔之説，但三人對王氏的理解究竟隔與不隔？實成一學術史問題。但無論如何，從王國維到胡適、朱光潛、錢鍾書，四人都融會中西文論與美學而自成其説，呈現出晚清到民國期間學術轉型的重要面向。關於胡適、錢鍾書對王國維境界説的詮釋與對話，本人另文論述，此專論朱光潛。

　　朱光潛先生在《詩論·後記》（1984）中説："在我過去的寫作中，自認爲用功較多，比較有點獨到見解的，還是這本《詩論》。……我在這裏試圖用西方詩論來解釋中國古典詩歌，用中國詩論來印證西方詩論。"①朱光潛何以要用西方詩論來解釋中國古典詩歌？西方詩論何以能解釋中國古典詩歌？何以不直接用中國詩論解釋中國古典詩歌？何以能用中國詩論印證西方詩論？這背後實有若干的觀念前提。"用西方詩論來解釋中國古典詩歌"，表明朱光潛相信，存在一種普遍的詩歌原理，而西方詩論代表了這種普遍的詩歌原理。惟其如此，他纔可以用西方詩論來解釋中國古典詩歌。何以朱光潛不以中國詩論解釋中國詩歌？此源於朱先生對於中國傳統詩論的看法。其《詩論·抗戰版序》（1942）稱："在歐洲，從古希臘一直到文藝復興，一般研究文學理論的著作都叫做詩學"，但"中國向來只有詩話而無詩學"，"詩話大半是偶感隨筆，信手拈來，片言中肯，簡練親切，是其所長；但是它的短處在零亂瑣碎，不成系統，有時偏重主觀，有時過信傳統，缺乏科學的精神和方法"②。在朱光潛看來，詩學是文學理論，是評論與解釋文學的基礎與依據，但這種系統的理論爲西方所有，中國理所當有而實際並無。中國固有的詩話雖有與西方詩學相當的内容，但不系統，不科學，不能用作解釋中國詩歌的理論依據，故他要講述詩學理論，便是以西方文論系統爲基礎，採用西方詩學的基本理論架構吸收中國傳統詩論。

---

① 朱光潛《詩論》，《朱光潛全集》第三卷，合肥：安徽教育出版社1996年版，第331頁。
② 朱光潛《朱光潛全集》第三卷，第3頁。

一個理論系統是由一系列的範疇與命題構成的。朱光潛要用中國文論印證西方文論，但中國文論有自己固有的範疇與命題，儘管不成系統，因而在《詩論》中就有兩套範疇或術語，一是西方文論的，一是中國文論的。西方文論的核心範疇是直覺，中國文論的核心範疇是境界。這兩套術語間如何互釋互證，無系統不科學的中國傳統詩論如何在系統科學的西方詩學視野下得以重建？朱光潛先生做了自己的嘗試。

二、境界與直覺

　　在《詩論》中，朱光潛用以解釋中國古典詩歌的西方詩論之核心就是克羅齊的直覺說，他以中國傳統的情景說尤其是王國維的境界說與直覺說相銜接，遂溝通了西方詩學與中國傳統詩論。

　　直覺（intuition）即表現（expression），是克羅齊（Benedetto Croce, 1866—1952）美學的核心命題。克羅齊將審美創作的全過程分爲四個階段：一、諸印象（impressions），二、表現或心理的審美綜合（expression or spiritual aesthetic synthesis），三、快感的伴隨，或美的快感、審美快感〔hedonistic accompaniment, or pleasure of the beautiful (aesthetic pleasure)〕，四、由審美事實到物理現象的翻譯（translation of the aesthetic fact into physical phenomena）[①]。在克羅齊的理論中，人的感官受到對象的刺激引起感覺（sensation），朱光潛譯爲"感受"[②]，這些"感受"印在心裏即印象（impression）。與印象相關的概念是 feeling，克羅齊視爲印象（impression）之同義詞，朱光潛譯爲"感覺"，並解釋說：

[①] 此節之英文爲："The complete process of aesthetic production can be symbolized in four steps, which are: a, impressions; b, expression or spiritual aesthetic synthesis; c, hedonistic accompaniment, or pleasure of the beautiful (aesthetic pleasure); d, translation of the aesthetic fact into physical phenomena (sounds, tones, movements, combinations of lines and colours, etc.). Anyone can see that the capital point, the only one that is properly speaking aesthetic and truly real, is in that b, which is lacking to the mere manifestation or naturalistic construction, metaphorically also called expression." 見 Benedetto Croce, *Aesthetic*, trans. Douglas Ainslie, London: Macmillan and Co., Limited, 1909, p.156. 參見朱光潛譯《美學原理》，《朱光潛全集》第十一卷，第 234 頁。

[②] 朱光潛譯《美學原理》，《朱光潛全集》第十一卷，第 144 頁注 1。

感覺（feeling）舊譯爲"感情"。這字在西文本有"觸摸"的意義，"觸摸所得的知覺"也還是用這個字表示。在心理學上這字的較確定的意義是指"快"與"痛"的感覺（the feeling of pleasure and pain）。由此引申到溫度感覺（例如説"我感覺冷"），再引申到情感發動時種種生理變化的感覺（例如説"她感覺害羞"，"他感覺恐懼"）。Feeling 大半指器官變化所生的感覺，這種感覺向來沒有象對外界事物的知覺那麽清楚，所以近於"知覺"（perception）而仍不是"知覺"；可是它比"感受"（sensation）又進一步，"感受"只是"感官領受"，實際上在這階段時我們還没有"覺"，"感覺"則於"感"時即有明暗不同的"覺"。這"感覺"的對象有時有"情"的成分，有時卻不一定有。比如我們可以説有"痛的感覺"，"冷的感覺"，"身體不適的感覺"，卻不能説有這些生理狀態的"感情"。①

在克羅齊，feeling 或 impression 是無形式的，這些感受、印象通過直覺（intuition）被賦予形式，形成形象（image, representation），朱光潛譯爲意象、表象②。朱光潛詮釋説："感受和印象都還是被動的，自然的，物質的。心靈觀照對象，於是印象纔有形式（即形象），爲心靈所掌握。這個心靈的活動即直覺，印象由直覺而得形式，即得表現。表現是内心成就的工作。"③在直覺過程中，印象、情趣得到了表現，正是在這種意義上，克羅齊説，藝術是諸印象的表現（Art is the expression of impressions）④。通過直覺，賦予感覺印象以形式，這是克羅齊所説藝術創作四階段之最重要階段。至於第四階段，即用媒介將其變成物質的存在，這一階段在克羅齊而言只是"翻譯"，不具有真正的審美意義。

關於直覺即表現，克羅齊説：

每一個真直覺或表象同時也是表現。没有在表現中對象化了的

---

① 朱光潛譯《美學原理》，《朱光潛全集》第十一卷，第 149 頁注 2。
② 朱光潛譯《美學原理》脚注："'表象'（representation）：事物投射一個形影在心裏，心裏那個形影便'代表'事物本身，它就是事物在心中的'表象'。'意象'或'形象'（image），是一個比較通行的名詞。"《朱光潛全集》第十一卷，第 138 頁。
③ 朱光潛譯《美學原理》，《朱光潛全集》第十一卷，第 144 頁注 1。
④ 見 Benedetto Croce, *Aesthetic*, p.21.

東西就不是直覺或表象,就還只是感受和自然的事實。心靈只有借造作、賦形、表現纔能直覺。若把知覺與表現分開,就永没有辦法把它們再聯合起來。①

朱光潛解釋"表現"(expression)説:

  一般人以爲表現是把在心内的已經心靈綜合掌握的印象(即直覺品)外射出去,即借文字等媒介傳達於旁人。克羅齊反對此説,以爲印象經心靈觀照、綜合、掌握,賦予形式,即已經得到表現。
  克羅齊用這個字,和普通的用法大異。普通是:心裏有一個意思,把它説出來(用文字或用其它媒介)叫做"表現"。……據克羅齊的意思,事物觸到感官(感受),心力抓住它的完整的形象(直覺),這完整形象的形成即是表現,即是直覺,亦即是藝術。這一點是他的基本原理,對於了解他的美學極爲重要。②

在《詩論》一書中,朱光潛將 feeling 翻譯爲"情趣",顯然注重其有情感的一面。

克羅齊認爲,藝術就是直覺。他在其著名的演講《藝術是什麼》中説:

  藝術是什麽呢?我可以立刻用極簡單的話回答説:藝術就是靈悟(vision)或直覺(intuition)。藝術家捧出一個意象(image)來,欣賞者把眼光移注到藝術家所指的那一點上去,從藝術家所開的一個孔隙中審視,把藝術家所造的意象在自己的心眼中再造起來。"直覺""靈悟""觀賞""想象""幻想""造形""再現"等字樣在討論藝術時當被用爲

---

① 此節英文爲:"Every true intuition or representation is, also, *expression*. That which does not objectify itself in expression is not intuition or representation, but sensation and natureality. The spirit does not obtain intuitions, otherwise than by making, foming, expressing. He who separates intuition form expression never succeeds in reuniting them." 見 Benedetto Croce, *Aesthetic*, p.13. 中譯參見朱光潛譯《美學原理》,《朱光潛全集》第十一卷,第 138—139 頁。
② 朱光潛譯《美學原理》,《朱光潛全集》第十一卷,第 139 頁脚注 1。

同義字,他們所指的是同一概念。①

直覺説何以能夠跟境界説銜接起來？關鍵其涉及兩個基本要素：一、情趣（feeling）或印象（impression），二、形象（image）或表象（representation）。克羅齊説："藝術把一種情趣寄託在一個意象裏,情趣離意象,或是意象離情趣,都不能獨立。"②朱光潛在此基礎上引出其詩論的核心命題,詩就是情趣（feeling）與意象（image）的融合,換成中國詩學的表述,即"詩的境界是情景的契合"③。《詩論》稱,每個詩的境界都必有"情趣"（feeling）和"意象"（image）兩個要素。"情趣""意象"是西方的術語,"情""景"是中國的術語。朱光潛以情與克羅齊之 feeling 相當,而以景與克羅齊之 image 相當,兩者的契合是在直覺（intuition）活動中完成的。在西文中,無論是直覺的心理活動還是直覺活動所得之結果皆可稱作 intuition,朱光潛欲分別兩者,故將直覺活動譯爲"直覺",而將直覺的產品譯爲"直覺品"④。按照朱光潛的理解,王國維之所謂境界由感情與景物兩個基本元素構成,情景結合過程相當於直覺過程,情景結合所形成之境界相當於"直覺品",故朱氏在《詩學》中乃將直覺所得之"直覺品"稱作"境界"。朱光潛將王國維境界説納入克羅齊的直覺説中,使王國維之境界説成爲克羅齊之直覺説的中文版表述。在克羅齊的理論脈絡中詮釋境界,境界便是直覺活動的產物,在直覺過程中,

---

① 《藝術是什麼》（What is art）,英文爲："the question as to what is art, — I will say at once, in the simplest manner, that art is *vision or intuition*. The artist produces an image or a phantasm; and he who enjoys art turns his gaze upon the point which the artist has indicated, looks through the chink which he has opened, and reproduces that image in himself. 'Intuition,' 'vision,' 'contemplation,' 'imagination,' 'fancy,' 'figurations,' 'representations,' and so on, are words continually recurring, like synonyms, when discoursing upon art, and they all lead the mind to the same conceptual sphere, which indicates general agreement." 載 Benedetto Croce, *The Essence of Aesthetic*, trans. Douglas Ainslie, London: William Heinemann, 1921, p.8. 朱光潛譯《朱光潛全集》第二十卷,第 21 頁。
② 此段爲朱光潛《詩論》所引,謂出克羅齊《美學》,見《朱光潛全集》第三卷,第 53—55 頁。其實出自克羅齊之講演《藝術是什麼》："An aspiration enclosed in the circle of a representation—that is art; and in it the aspiration alone stands for the representation, and the representation alone for the aspiration." 見 Benedetto Croce, *The Essence of Aesthetic*, p.30. 中譯參見朱光潛《藝術是什麼》,《朱光潛全集》第二十卷,第 37 頁。
③ 朱光潛《詩論》,《朱光潛全集》第三卷,第 54 頁。
④ 參見朱光潛譯《美學原理》,《朱光潛全集》第十卷,第 132 頁脚注 1："西文把直覺的心理活動和直覺所得到的意象通稱爲 intuition,不加分別,頗易混淆。現在把直覺的活動叫做'直覺',直覺的產品叫做'直覺品'。"

情與景兩相契合,此情適由此景而達,此景恰能表此情(在朱光潛看來,此說正相當於克羅齊所謂 in it the aspiration alone stands for the representation, and the representation alone for the aspiration)。在朱光潛的詮釋下,中國傳統的情景範疇與現代西方美學範疇具有了密切的對應,王國維的境界說與克羅齊直覺產生了關聯,因而中國傳統詩學獲得了現代的意義。

朱光潛在《詩論》中借用王國維的境界說,乃是爲了建構自己的詩學理論,但從對王國維境界說的詮釋角度看,我們可以說朱光潛對王氏境界說作了克羅齊式的詮釋。在朱光潛看來,其如此詮釋的前提是兩者確實相通,故以境界說可以印證直覺論。朱光潛通過直覺與境界的對接將克羅齊美學與王國維詩學貫通起來。這種貫通自朱光潛建立自己的詩學角度言固無問題,乃取他人之說爲我所用,不必切合原說,但是,若從理解與詮釋王國維詩學的角度言之,則就存在切合王氏原說與否的問題,借用王國維本人術語說,便有"隔"與"不隔"之别,而這一層面恰是學術史研究所當關注者。

在王國維本人而言,其境界說與西方美學的直覺理論是否相關?王國維本人是否瞭解西方美學的"直覺"理論?答案是肯定的。"直覺"在王國維的著作中譯作"直觀",是 Intuition 之譯名。王國維《論新學語之輸入》論日譯 Intuition 爲"直觀",Idea 爲"觀念"時云:

> 夫 intuition 者,謂吾心直覺五官之感覺,故聽、嗅、嘗、觸,苟於五官之作用外加以心之作用,皆謂之 intuition。不獨目之所觀而已。觀念亦然。觀念者,謂直觀之事物,其物既去,而其象留於心者。……Intuition 之語源出於拉丁之 In 及 tuitus 二語,tuitus 者,觀之意味也。蓋觀之作用,於五官中最要,故悉取由他官之知覺,而以其最要之名名之也。Idea 之語源出於希臘語之 Idea 及 Idein,亦觀之意也,以其源來自五官,故謂之觀;以其所觀之物既去,而象尚存,故謂之念。[1]

由上可見,王國維對"直覺"或"直觀"之意義及語源都非常瞭解。不僅如此。王國維還認爲,文藝的本質即直觀。其《叔本華之哲學及其教育學說》:

---

[1] 王國維《論新學語之輸入》,《王國維遺書》第三卷,上海:上海古籍書店 1983 年版,第 532 頁。

美術之知識，全爲直觀之知識，而無概念雜乎其間。……科學上之所表者概念而已矣，美術上之所表者則非概念，又非個象，而以個象代表其物之一種之全體，即上所謂實念是也。故在在得直觀之，如建築、雕刻、圖畫、音樂等，皆呈於吾人之耳目者，唯詩歌（並戲劇小說言之）一道，雖藉概念之助益喚起吾人之直觀，然其價值全存於能直觀與否。詩之所以多用比興者，其源全由於此也。①

此節雖敍述叔本華（1788—1860）之説，但王國維完全是肯定式引述，並在其説基礎上解釋中國詩學之重比興問題。從重直觀角度説，克羅齊與叔本華具有一致性。克羅齊《美學》開首即區別兩種知識："知識之形式有二：一爲直覺知識，一爲邏輯知識。一由想象而得，一由理智而致；一爲個體知識，一爲普遍知識；一爲對個別事物之知識，一爲對個別事物之關係的知識；一產生意象，一產生概念。"②克羅齊"直覺知識"與叔本華"美術之知識"正相一致。但在叔本華，藝術所表現的雖非概念，但也並非個別事物，而是在個體中代表其種類的共同本質，即 Idea，柏拉圖所謂理念，王國維譯爲"實念"，以與"觀念"相對。蓋 Idea 一語，在西方學術語境中有不同的含意，其譯爲"觀念"者，如前引王國維所解，指外物通過五官感知留在心中的形象，故"觀念"之"觀"保留了其與感官尤其是視覺之間的關聯。在叔本華美學中，Idea 具有另外的意義，王國維解釋説，"美的對象，非特別之物，而此物之種類之形式"③，當處於審美狀態時，"不視此物與我有利害之關係，而但觀其物，則此物已非特別之物，而代表其物之全種，叔氏謂之實念"④。此即"以個象代表其物之一種之全體"。王國維譯爲"實念"者，即突出其作爲某類之物的形式的意義，如柏拉圖的理念，此乃一類物之本，而與"觀念"即感官特徵在心中留下的印象相區別。在叔本華美學中，直覺固然也有形象，也有具體性，但其中呈現的卻是種類的共同性形式。這一點叔本華與

---

① 王國維《叔本華之哲學及其教育學説》，《王國維遺書》第三卷，第 409—410 頁。
② 英文爲："Human knowledge has two forms: it is either intuitive knowledge or logical knowledge; knowledge obtained through the imagination or knowledge obtained through the intellect; knowledge of the individual or knowledge of the universal; of individual things or of the relations between them: it is, in fact, productive either of images or of concepts." 見 Croce, *Aesthetic*, p.1. 中譯參見朱光潛譯《美學原理》，見《朱光潛全集》第十一卷，第 131 頁。
③ 王國維《叔本華之哲學及其教育學説》，《王國維遺書》第三卷，第 391 頁。
④ 王國維《叔本華之哲學及其教育學説》，《王國維遺書》第三卷，第 392 頁。

克羅齊直覺說有別。至於叔本華直覺美學背後的獨特人生哲學,則更爲克羅齊美學所未具。

若就西學背景説,王國維之重直覺實與叔本華有關聯,若從王國維詩學的理解與詮釋角度説,朱光潛以克羅齊之直覺説詮釋王國維詩學就產生問題。王國維之境界若從叔本華之美學解之,其境界非止個别之情、景,其情、景當能體現人類共同之情感、境遇,乃相當於叔本華所謂"實念"。《人間詞話删稿》載其語云:

> "君王枉把平陳業,换得雷塘數畝田。"政治家之言也。"長陵亦是閑丘壠,異日誰知與仲多?"詩人之言也。政治家之眼,域於一人一事,詩人之眼,則通古今而觀之。詞人觀物,須用詩人之眼,不可用政治家之眼,故感事、懷古等作,當與壽詞同爲詞家所禁也。①

詩人觀物,按照叔本華的理論,已脱個人之意志,不含個人之利害,故其所觀之物已非個别之物,而是代表了全種類之物,此所謂"通古今而觀之",即強調其非個别之物而代表了此種類之全體;政治家之觀物,受制於個人意志,不脱個人之利害,故其眼"域於一人一事",不離個别的事物。故從叔本華的觀念基礎上看,境界應是"通古今而觀之"的結果。《人間詞話》又云:

> 尼采謂:"一切文學,余愛以血書者。"後主之詞,真所謂以血書者也。宋道君皇帝《燕山亭》詞亦略似之。然道君不過自道身世之戚,後主則儼有釋迦、基督擔荷人類罪惡之意,其大小固不同矣。②

在王國維看來,徽宗詞"不過自道身世之戚",其悲哀實際是"域於一人一事",而後主詞"儼有釋迦、基督擔荷人類罪惡之意",即謂後主詞之情感已超越"一人一事",不僅是個人身世命運之感,乃是"通古今而觀之",體現了人類的共同命運之感,即代表了人類的"實念"。《人間詞話》評"詞至李後主而眼界始大,感慨遂深",所舉其詞句"自是人生長恨水長東"、"流水落花春去也,天上人間",其感慨已經超出個人之感慨,乃是對整個宇宙人生的

---

① 王國維著,徐調孚注,王幼安校訂《人間詞話》,北京:人民文學出版社 1960 年版,第 238 頁。
② 王國維著,徐調孚注,王幼安校訂《人間詞話》,第 198 頁。

感慨,王國維所謂"感慨遂深"者在此。叔本華之直覺説不僅有審美層面的涵義,更有人生觀層面的意義,王國維實吸收了叔本華之兩個層面的内容,而朱光潛以克羅齊直覺説解釋境界,僅涉及審美層,而未涉人生層。

三、有我之境、無我之境與移情

朱光潛借用了克羅齊的直覺理論作爲其詩論的基礎,但朱光潛並未局限於克羅齊氏之直覺説,按照朱光潛後來的説法,克羅齊認爲藝術只是反應直覺者的主觀情感,所以他把藝術的直覺叫做"抒情的直覺"。朱光潛認爲克羅齊對於"抒情"未加闡明,乃是一個"漏洞",又吸收了移情説、距離説對直覺進行補充,以彌補克羅齊"直覺説"之漏洞[1]。

王國維論境界分"有我之境"與"無我之境",朱光潛在《詩論》中認爲,"有我之境"與"無我之境"之分"實在是一個很精微的分别"[2],朱氏看到了王國維兩種境界説的現代美學意義,於是在其《詩學》中吸收了王氏之對境界的劃分,將其與西方美學的相關命題關聯起來,加以詮釋,使之成爲本人詩論系統的一個重要層次。

王國維《人間詞話》:

> 有有我之境,有無我之境。"淚眼問花花不語,亂紅飛過秋千去。""可堪孤館閉春寒,杜鵑聲裏斜陽暮。"有我之境也。"采菊東籬下,悠然見南山。""寒波淡淡起,白鳥悠悠下。"無我之境也。有我之境,以我觀物,故物皆著我之色彩。無我之境,以物觀物,故不知何者爲我,何者爲物。……無我之境,人惟於靜中得之。有我之境,於由動之靜時得之。故一優美,一宏壯也。[3]

《詩論》云:

---

[1] 朱光潛《我的文藝思想的反動性》(1956),《朱光潛全集》第五卷,合肥:安徽教育出版社,1996年,第20—22頁。
[2] 朱光潛《詩論》,《朱光潛全集》第三卷,第59頁。
[3] 王國維著,徐調孚注,王幼安校訂《人間詞話》,第191—192頁。

他所謂"以我觀物,故物皆著我之色彩",就是"移情作用","淚眼問花花不語"一例可證。移情作用是凝神注視,物我兩忘的結果,叔本華所謂"消失自我"。所以王氏所謂"有我之境"其實是"無我之境"(即忘我之境)。他的"無我之境"的實例爲"採菊東籬下,悠然見南山","寒波澹澹起,白鳥悠悠下",都是使人在冷靜中所回味出來的妙境(所謂"於靜中得之"),没有經過移情作用,所以實在是"有我之境"。與其説"有我之境"與"無我之境",似不如説"超物之境"和"同物之境",因爲嚴格地説,詩在任何境界中都必須有我,都必須爲自我性格、情趣和經驗的返照。①

朱光潛認爲,王國維的兩種境界之别與近代美學的兩種美感經驗的劃分相通。近代美學對於美感經驗分爲移情作用與非移情作用兩種,王國維所謂"有我之境"即"移情作用"的美感經驗,"無我之境"即非"移情作用"的美感經驗。在朱光潛看來,王氏的劃分與西方近代美學恰相一致,朱氏謂其"精微"者蓋由於此,故朱光潛在其詩學中吸收了王氏的二種境界説,作爲西方移情説的中國版本。不過朱光潛雖吸收了王國維之説,卻對其也有指摘:"從近代美學觀點看,王氏所用名詞似待商酌。"②

朱光潛認爲,王氏所謂"有我之境"即近代美學的移情作用(empathy)。其《近代美學與文學批評》中説:"移情作用是原始人和嬰兒的看世界的方法,也可以説是詩人和藝術家的看世界的方法。因爲有移情作用,無生命無情感的事物可以變爲有生命有情感的。"③其《文藝心理學》中稱這種"移情作用"爲"物我同一"④,"這種物我同一的現象就是近代德國美學家討論最劇烈的'移情作用'。"⑤在《詩論》中,朱光潛則稱之"同物之境"。其《談美》論述這種"物我同一"的移情作用特徵説:"美感經驗中的移情作用不單是由我及物的,同時也是由物及我的;它不僅把我的性格和情感移注於物,同時也把物的姿態吸收於我。所謂美感經驗,其實不過是在聚精會神之

---

① 朱光潛《詩論》,《朱光潛全集》第三卷,第59—60頁。
② 朱光潛《詩論》,《朱光潛全集》第三卷,第59頁。
③ 朱光潛《朱光潛全集》第三卷,第411頁。
④ 朱光潛《朱光潛全集》第一卷,第233頁。
⑤ 朱光潛《朱光潛全集》第一卷,第233頁。

中,我的情趣和物的情趣往復回流而已。"①朱光潛認爲,"真正的美感經驗""都要達到物我同一的境界"②。這裏實是把移情作用看作美感經驗的普遍特徵。

按照朱光潛的説法,移情作用的"同物之境"或"物我同一"乃是"物我兩忘的結果"。其《文藝心理學》云:"在凝神觀照時,我們心中除開所觀照的對象,別無所有,於是在不知不覺之中,由物我兩忘進到物我同一的境界。"③在這裏,朱光潛把美感經驗描述爲"凝神觀照"狀態下從"物我兩忘"到"物我同一"的過程。此一過程涉及三個環節,這三個環節乃是綜合吸收了不同派別的學説。

第一環節即朱氏所謂凝神觀照(contemplation)的狀態,要"心中除開所觀照的對象,別無所有",這一部分吸收了哈曼和閔斯特堡的理論。其《悲劇心理學》云:

> 審美感覺恰恰在不把一事物與他事物聯繫起來看待這一點上,區別於理性認識。因此可以像哈曼(R. Haman)和閔斯特堡(H. Müsterberg)那樣,把審美感覺描述爲對象的"孤立"④。整個意識領域都被孤立的對象所獨佔。⑤

此一段解釋審美觀照時的所謂"凝神",就是將對象從與其他事物的關聯中孤立出來,而專注於對象。

---

① 朱光潛《談美》,《朱光潛全集》第二卷,第 22 頁。
② 朱光潛《談美》,《朱光潛全集》第二卷,第 23 頁。
③ 朱光潛《朱光潛全集》第一卷,第 233 頁。
④ 朱光潛《悲劇心理學》原注:"閔斯特堡:《藝術教育原理》,1905 年,第一九至二○頁。"見《朱光潛全集》第二卷,第 227 頁。按朱光潛所述閔斯特堡《藝術教育原理》(The Principles of Art Education)説:"If you really want the thing itself, there is only one way to get it: you must separate it from everything else, you must disconnect it from causes and effects, you must bring it before the mind so that nothing else but this one presentation fills the mind, so that there remains no room for anything besides it. If that ever can be reached, the result must be clear: for the object it means complete isolation; for the subject, it means complete repose in the object, and that is complete satisfaction with the object; and that is, finally, merely another name for the enjoyment of beauty." 見 Hugo Münsterberg, *The Principles of Art Education*, New York, Boston, Chicago: The Prang Educational Co., 1904, p.20.
⑤ 朱光潛《悲劇心理學》,《朱光潛全集》第二卷,第 227 頁。

第二環節乃是在凝神觀照的狀態下,達到"物我兩忘",此吸收了叔本華的理論。朱光潛《悲劇心理學》説:

> 由於全部注意力都凝聚在一個孤立的對象上,主體和客體的區别就在意識中消失了。二者合而爲一。叔本華曾很好地描述過這一現象。他説,在審美經驗中,主體"不再考慮事物的時間、地點、原因和去向,而只看孤立著的事物本身"①。然後,"他迷失在對象之中,即甚至忘記自己的個性、意志,而僅僅作爲純粹的主體繼續存在,像是對象的一面明鏡,好像那兒只有對象存在,而没有任何人感知它,他再也分不出感覺和感覺者,兩者已經完全合一,因爲整個意識都充滿了一幅美的圖畫。"②

此即上文所引朱光潛論"移情作用"時所稱叔本華"消失自我"之説。《悲劇心理學》又云:

> 他(叔本華)把對藝術和自然的審美觀照作爲一個典型例子,説明主體暫時超越一切意願和煩惱,不受充足理由原則束縛的幸福狀態。主體在審美對象中忘卻自己,感知者和被感知者之間的差别消失了,主體和客體合爲一體,成爲一個自足的世界,與它本身以來的一切都擺脱了聯繫。在這種審美的迷醉狀態中,主體不再是某個人,而是"一個純粹的、無意志、無痛苦、無時間局限的認識主體",客體也不再是某

---

① 朱光潛所引叔本華的論述出自《作爲意志與表象的世界》(*The World as Will and Idea*)第三卷第三十四節。朱先生所據英文本爲:"if he thus ceases to consider the where, the when, the why, and the whither of things, and looks simply and solely at the *what*." 見英譯本 Arthur Schopenhauer, *The World as Will and Idea*, trans. R. B. Haldane and J. Kemp, London: Kegan Paul, Trench, Trübner & Co., 1909, p.231。
② 朱光潛《悲劇心理學》,《朱光潛全集》第二卷,第227—228頁。朱光潛所引叔本華語出《作爲意志與表象的世界》第三卷第三十節。英文爲:"he loses himself in this object (to use a pregnant German idiom), i.e., forgets even his individuality, his will, and only continues to exist as the pure subject, the clear mirror of the object, so that it is as if the object alone were there, without any one to perceive it, and he can no longer separate the perceiver from the perception, but both have become one, because the whole consciousness is filled and occupied with one single sensuous picture." 見 Arthur Schopenhauer, *The World as Will and Idea*, p.231. 朱光潛《悲劇心理學》,《朱光潛全集》第二卷,第227—228頁。

一個個別事物,而是表象(觀念),即外在形式。①

按照叔本華的學説,人們對於優美之物的美感經驗,乃是在審美静觀中,吾人不再區分感知者與被感知者,忘卻了自我,達到"物我同一"。在此基礎上,朱光潛再借移情説、内模仿説去解釋並補充"物我同一",稱"在物我同一的境界中,移情作用最容易發生"②。這是第三環節。在此處表述中,"物我同一"與"移情作用"並不等同,前者是後者發生的前提條件,後者是在前者的條件下出現的心理狀態;前者是叔本華的理論,後者是移情派的學説。朱光潛將兩者關聯綜合在一起,把"移情作用"作爲"物我同一"的内容。《悲劇心理學》即以"移情作用"來解釋"物我同一",指出美感經驗中的"物我同一"有兩種傾向:一種是"把主觀感情投射到客體中去的傾向",立普斯(Lipps)的"移情作用"屬於此種;另一種是"把客觀情調吸收到主體中來的傾向",谷魯斯(Groos)的"内模仿"屬於此種。通過"移情作用","無知覺的客體有了知覺,它被人格化,開始有感覺、感情和活動能力"。通過"内模仿","主體分享著外在客體的生命,並仿照它們形成自己的感覺、感情和活動"③。朱光潛在《談美》中以觀照古松爲例解釋此一美感經驗過程道:"我的注意力完全集中在古松本身的形象上,我的意識之中除了古松的意象之外,一無所有。在這個時候,我的實用的意志和科學的思考都完全失其作用,我没有心思去分别我是我而古松是古松。……我忘記古松和我是兩件事。"④這正是"凝神觀照"下的"物我兩忘"。正是在這種心理狀態之下而有"物我同一",有"移情作用":"因爲我忘記古松和我是兩件事,我就於無意之中把這種清風的氣概(引者按:指人對於松樹的聯想)移植到古松上面去,仿佛古松原來就有這種性格。同時我又不知不覺地受古松的這種性格影響,自己也振作起來,模仿它那一副蒼老勁拔的姿態。所以古松儼然變成一個人,人也儼然變成一棵古松。"⑤朱光潛有時又將美感經驗特徵的三個環節合併起來統稱"物我兩忘"。其《近代美學與文學批評》指出,"美感經驗的最大的特徵就是物我兩忘","如果心中只有一個意象,我們便

---

① 朱光潛《悲劇心理學》,《朱光潛全集》第二卷,第346頁。
② 朱光潛《談美》,《朱光潛全集》第二卷,第23頁。
③ 朱光潛《悲劇心理學》,《朱光潛全集》第二卷,第228頁。
④ 朱光潛《談美》,《朱光潛全集》第二卷,第22頁。
⑤ 朱光潛《談美》,《朱光潛全集》第二卷,第22—23頁。

不覺得我是我,物是物,便把整個的心靈寄託在那個孤立絕緣的意象上,於是我和物便打成一片,我的生命便是物的生命,物的生命也便是我的生命"①。"心中只有一個意象"即"凝神觀照"狀態;"不覺得我是我,物是物"即"物我兩忘";"我和物便打成一片"即"物我同一";"我的生命"云云兩句則是解釋"移情作用"。整個美感經驗的過程,朱光潛便用"物我兩忘"概括。在"凝神觀照"中,假如觀照花,覺得花"凝愁帶恨",這是"移情狀態",在此狀態中,"我決無暇回想花與我是兩回事"②,在這種意義上説,移情作用一定是"忘我"的。

在以上理論背景下,朱光潛認爲,王國維所謂"有我之境",其所舉詞例"淚眼問花花不語"二句,所描述的現象即是"移情作用",在朱光潛看來,"移情作用"的狀態乃是所謂"物我同一"或"同物之境",其特徵恰恰是"忘我",若以王國維的術語説當是"無我之境"。這就是朱光潛認爲王國維所謂"有我之境"應稱爲"無我之境"的原因。

至於王國維所謂"無我之境",朱光潛認爲恰恰當是王氏所謂"有我之境",用朱氏本人的術語稱爲"超物之境"。按照朱光潛的説法,美感經驗是"凝神觀照"狀態下從"物我兩忘"到"物我同一"的過程。這是站在他本人的吸收了叔本華理論和移情派美學的立場上説的,移情派美學將移情作用視爲所有美感經驗的共同特徵,朱光潛在引述移情派論述時往往也是如此,但當朱光潛跳出移情派美學的立場時,又不認爲"移情作用"是一切美感經驗的普遍特徵,稱"移情作用只是一種美感經驗,不能起移情作用也往往可以有很高的審美力"③。在論述非"移情作用"的美感經驗時,朱光潛引述德國美學家弗萊因斐爾斯(Richard Müller-Freienfels, 1882-1949)之説,將美感經驗分爲"分享者"(mitspieler, participant)與"旁觀者"(zuschauer, contemplator)兩類,認爲"分享者"觀賞事物,必起移情作用,"旁觀者"則不起移情作用。當朱光潛站在"旁觀"説的美學立場上時,便稱:"移情作用與物我同一雖然常與美感經驗相伴,卻不是美感經驗本身,也不是美感經驗的必要條件。"④朱氏在論述移情作用時稱"移情作用"是美感經驗的特徵,其本人表述的立場不一,甚至互相矛盾,此乃因爲朱光潛

---

① 朱光潛《近代美學與文學批評》,《朱光潛全集》第三卷,第410—411頁。
② 朱光潛《文藝心理學》,《朱光潛全集》第一卷,第235頁。
③ 朱光潛《文藝心理學》,《朱光潛全集》第一卷,第248頁。
④ 朱光潛《文藝心理學》,《朱光潛全集》第一卷,第251頁。

之美學理論是綜合不同立場的學說而成,有時顧此失彼。朱光潛闡述"分享者"與"旁觀者"兩類美感經驗道:"分享者""把我放在物里","分享它的活動和生命",即"物我同一","旁觀者"則"分明覺察物是物,我是我"①。換言之,"旁觀者"在審美過程中並非"物我兩忘",並非"物我同一",而是意識到物我兩分。換言之,"旁觀者"在審美過程中有清醒的自我意識,分明意識到主體與客體的對待二分,因而其美感經驗並非"無我",恰是"有我"。朱光潛認爲,王國維所謂"無我之境"實即"旁觀者"之美感經驗,而非"移情作用"的美感經驗,在他看來,這恰恰是"有我之境"②。爲與"移情作用"的"同物之境"術語相對照,朱光潛又自擬一術語"超物之境"。"超物"即不與物同一,超然於物,與"同物"相對。

關於朱光潛對王國維的詮釋,後來學者多有評論。其最具代表性者爲葉嘉瑩、佛雛兩位學者的評論。兩位都指出朱氏的理解與王氏本意不合,認爲二人分歧的原因在於王國維主要受叔本華美學的影響,而朱光潛則受立普斯移情派美學的影響。葉嘉瑩在其《王國維及其文學批評》中認爲朱氏用"同物"與"超物"來解説王氏的"有我"與"無我","實在並不切合"。她指出,王國維"有我""無我"兩境之説乃受康德、叔本華影響,"有我之境"指"當吾人存有'我'之意志,因而與外物有某種相對立之利害關係時之境界","無我之境"指"當吾人已泯滅了自我的意志,因而與外物並無利害關係相對立時的境界"。在"無我之境",因自始就無利害關係,故王氏言"於靜中得之";在"有我之境",因其本有物我之對立衝突,然"只有在寫作時纔使這種衝突得到詩人冷靜的觀照",故王氏言"由靜之動時得之"。而朱光潛"同物"、及"超物"之別,源於立普斯"移情作用"之説,朱氏以立普斯之説論述王國維源於康德、叔本華的"有我""物我"兩境,實不能切合。葉嘉瑩指出,王國維所舉兩個"有我之境"的詩例,"淚眼問花花不語"一例可説是移情作用,但"可堪孤館閉春寒,杜鵑聲裏斜陽暮"一例,並無明顯的移情作用③,以證朱氏以"移情作用"解釋王氏"境界"説之不當。佛雛大體沿葉嘉瑩之説,而更強調王國維受叔本華影響,指出掌握叔本華式的"認識的純粹主體"乃是理解"有我""無我"之境的關鍵。純粹的主體是"無意

---

① 朱光潛《文藝心理學》,《朱光潛全集》第一卷,第 248 頁。
② 朱光潛《文藝心理學》,《朱光潛全集》第一卷,第 249 頁。
③ 葉嘉瑩《王國維及其文學批評》,香港:中華書局 1980 年版,第 226—285 頁。

志"的,也是"無我"的,"有我"乃有意志①。

葉嘉瑩、佛雛都指出,朱光潛立足立普斯美學,而王國維則立足叔本華美學,朱、王二人所依據的美學系統不同,故朱光潛對王國維之解讀實是誤讀。其實朱光潛完全明白王國維受尼采、叔本華的影響。《朱光潛教授談美學》(1981)稱:"《人間詞話》反映了不少尼采、叔本華的影響。他在美學中強調'有我之境'與'無我之境'的區別。"②此談話雖出自1981年,但並非意味著朱光潛晚年纔知道王國維境界說受二人影響。朱光潛本人對叔本華、尼采的哲學美學有深入的瞭解。他的博士論文《悲劇心理學》(1933)有專章論述叔本華、尼采的悲劇美學。不僅如此,朱氏人生觀也深受叔本華、尼采的影響③。事實上,朱氏對王國維的解讀並非僅是立足於立普斯的美學,同時也吸收了叔本華的美學。他在解釋王國維"有我之境"時說:"移情作用是凝神注視,物我兩忘的結果,叔本華所謂'消失自我'。"朱光潛在以移情作用論述王說的同時,亦援據了叔本華、尼采的美學。這一點葉嘉瑩、佛雛都未能指出,但此一點恰恰值得關注。

朱光潛將直覺的審美經驗分爲移情與非移情兩類,即所謂"分享者"與"旁觀者"兩種美感經驗,認爲這兩種劃分"和尼采的意見暗合"④,故朱氏又將上述的二分與尼采的美學聯繫起來,以"分享者"對應尼采所謂狄俄倪索斯精神,以"旁觀者"對應尼采所謂阿波羅精神⑤。其《談冷靜》(1942)云:"德國哲學家尼采把人類精神分兩種,一是阿波羅的,一是狄俄倪索斯的。這兩個名稱起源於希臘神話。阿波羅是日神,是光的來源,世界一切事物得著光纔顯現形相。"希臘人想象阿波羅"普照世間一切,妍醜悲歡,同供賞玩,風帆自動而此心不爲之動,他永遠是一個冷靜的旁觀者"。而"狄俄倪索斯是酒神,是生命的來源",生命變化無常,狄俄倪索斯要在無常的痛苦中求得歡樂,"他永遠是生命劇場中一個熱烈的扮演者"。尼采將人類精神分爲兩種,"一静一動,一冷一熱,一旁觀,一表演",而"藝術是精神的

---

① 佛雛《王國維詩學研究》,北京:北京大學出版社1987年版,第229—232頁。
② 朱光潛《朱光潛全集》第十卷,第528頁。
③ 朱光潛在《悲劇心理學》之中譯本自序中承認"我實在是尼采式的唯心主義信徒",但從1933年回國後,除《看戲和演戲:兩種人生觀》一文外,很少談論叔本華和尼采,原因是"有顧忌,膽怯,不誠實"。見《朱光潛全集》第二卷,第210頁。
④ 朱光潛《文藝心理學》,《朱光潛全集》第一卷,第248頁。
⑤ 朱光潛《文藝心理學》,《朱光潛全集》第一卷,第248頁。

表現,也有這兩種分別,例如圖畫雕刻等造形藝術是代表阿波羅精神的,音樂舞蹈等非造形藝術是代表狄俄倪索斯精神的"。朱光潛所謂冷静的客觀的旁觀者的態度即阿波羅式的態度,非冷静的熱烈的扮演者的態度即是狄俄倪索斯式的態度。從藝術史角度看,"古典的"藝術體現的是阿波羅精神,"冷静、有節制、有含蓄,全體必須和諧完美";"浪漫的"藝術體現是狄俄倪索斯精神,"熱烈、自由流露、儘量表現、想象豐富、情感深至,而全體形式則偶不免有瑕疵"。尼采以爲希臘藝術的長處"在以阿波羅精神化狄俄倪索斯精神",朱光潛本人試圖以中國傳統的"出入説"對應以上兩種精神,他引華兹華斯"詩起於沉静中所回味得來的情緒",並解釋説,"人人都能够感受情緒,感受情緒而能在沉静中回味,纔是文藝家的特殊修養。感受是能入,回味是能出。能入是主觀的,熱烈的;回味是客觀的、冷静的。前者是尼采所謂狄俄倪索斯精神的表現,而後者是阿波羅精神的表現"①。按照朱光潛的解釋,狄俄倪索斯精神是"入",是感受情緒,這是人所共同的本能,而阿波羅精神是"出",是回味情緒,這纔是藝術家的特殊修養。故朱光潛强調冷静、静觀,認爲這是美學的態度,"美學家所説的'觀照',它的唯一條件是冷静超脱"②。

朱光潛把尼采的兩種精神的劃分溯源至叔本華。其《看戲與演戲——兩種人生理想》(1947)述叔本華之哲學美學云:

（叔本華説）人生一切苦惱的源泉就在意志,行動的原動力。意志起於需要或缺乏,一個缺乏填起來了,另一個缺乏就又隨之而來,所以意志永無饜足的時候。……這意志雖是苦因,却與生俱來,不易消除,唯一的解脱在把它放射爲意象,化成看的對象。意志既化成意象,人就可以由受苦的地位移到藝術觀照的地位,於是罪孽苦難變成莊嚴幽美。"生命和它的形象於是成爲飄忽的幻相掠過他的眼前,猶如輕夢掠過朝睡中半醒的眼,真實世界已由它裏面照耀出來,它就不再能蒙昧他。"换句話説,人生苦惱起於演,人生解脱在看。③

---

① 朱光潛《談冷静》,《朱光潛全集》第四卷,第 75—82 頁。
② 朱光潛《談冷静》,《朱光潛全集》第四卷,第 82 頁。
③ 朱光潛《朱光潛全集》第九卷,第 261 頁。

"演"就是參與者的態度,"看"就是旁觀者的態度。尼采所謂酒神精神相當於前者,日神精神相當於後者。朱光潛云:

> 尼采把叔本華的這個意思發揮成一個更較具體的形式。他認爲人類生來有兩種不同的精神,一是日神阿波羅的,一是酒神狄俄倪索斯的。日神高踞奧林波斯峰頂,一切事物借他的光輝而得形象,他憑高靜觀,世界投影於他的眼簾如同投影於一面鏡,他如實吸納,却恬然不起憂喜。酒神則趁生命最繁盛的世界,酣飲高歌狂舞,在不斷的生命跳動中忘去生命的本來注定的苦惱。從此可知日神是觀照的象徵,酒神是行動的象徵。①

按照朱光潛的論述,尼采所謂狄俄倪索斯精神即酒神精神來自叔本華所謂有意志的我,尼采所謂阿波羅精神即日神精神來自叔本華無意志的純粹的知的主體。有意志的我是在表演,無意志的知之我是在觀看。在叔本華,當主體處於無意志的知的狀態時,便是一種審美境界。按照朱光潛的論述,叔本華關於審美觀照的描述正相當於尼采的阿波羅即日神精神,這是一種冷靜的"旁觀者"的審美經驗。

但是,當朱光潛將"參與者""旁觀者"之二分與尼采酒神精神、日神精神之二分關聯起來時,便引發了問題。若根據朱光潛的論述,王氏所謂"有我之境"乃"參與者"的審美經驗,對應於尼采所謂狄俄倪索斯精神,因這種經驗物我同一,故在朱光潛看來,恰恰是無我的。王國維所謂"無我之境"乃"旁觀者"的美感經驗,對應於尼采所謂阿波羅精神,因爲物我兩分,故在朱光潛看來,恰恰是有我的。然朱光潛《談冷靜》(1942)云:

> 凡是不能持冷靜的客觀的態度的人,毛病都在把"我"看得太大。他們從"我"這一副著色的望遠鏡裏看世界,一切事物於是都失去它們的本來面目。所謂冷靜的客觀的態度就是丢開這副望遠鏡,讓"我"跳到圈子以外,不當作世界裏有"我"而去看世界,還是把"我"與類似"我"的一切東西同樣看待。這是文藝的觀世法。②

---

① 朱光潛《朱光潛全集》第九卷,第261頁。
② 朱光潛《談冷靜》,《朱光潛全集》第四卷,第78—79頁。

朱光潛所謂"不能持冷静的客觀的態度的人",即所謂"參與者""表演者",即尼采所謂狄俄倪索斯精神,其觀物的方法即以"我"爲中心爲基本立場,"從'我'這一副著色的望遠鏡裏看世界",此實即王國維所謂"以我觀物";"一切事物於是都失去它們的本來面目"即王氏所謂"物皆著我之色彩",按照朱光潛這裏的論述,這種經驗分明是有我的,分明是"有我之境",而在《詩論》及《悲劇心理學》中卻被稱作"無我之境"或"同物之境"!朱氏所謂"冷静的客觀的態度"的人,即所謂"旁觀者""静觀者",其觀物的方法乃是"讓'我'跳到圈子以外,不當作世界裏有'我'而去看世界",朱氏又稱這種觀物法是"丢開'我'去看世界","丢開'我'去看'我'"①,此實即王國維所謂"以物觀物"。這種"丢開'我'"的美感經驗乃是"無我",分明是"無我之境",而《詩論》及《悲劇心理學》中卻謂是"有我",是"有我之境"。故關於"有我""無我"的劃分,《談冷静》中的論述與《詩論》及《悲劇心理學》矛盾。朱光潛《談冷静》中的理解與王國維較接近,王國維的"有我之境",以我觀物,實近朱光潛所謂"不能持冷静的客觀的態度的人",是狄俄倪索斯精神的體現;"無我之境",以物觀物,近於朱氏所謂"冷静的客觀的態度",乃是阿波羅精神的體現②。

《悲劇心理學》爲朱光潛的博士論文(英文),1933年出版;《詩論》初稿成於1931年左右,經一再修改,於1943年出版。《談冷静》出自朱光潛《談修養》一書,著於1940至1942年,1943年出版。朱光潛關於"有我"與"無我"的論述之所以會出現自我衝突,乃在於他試圖集成不同的美學理論所致。其《悲劇心理學》中批評叔本華學說的邏輯矛盾,稱其矛盾的"原因在於他企圖在一個包羅萬象的體系裏,把柏拉圖唯心主義、原始佛教和他自己的唯生論觀點糅成一體,卻不問這三種思潮是否能夠互相調和並存"③。但朱先生本人也有同樣的問題。他試圖把不同學派的美學糅和一體,同樣存在難以調和的問題。當朱光潛沿著叔本華的理論脈絡論述,"有我"與"無我"是以有無意志爲標準的,有意志乃"有我",無意志乃"無我";當他將移情説與叔本華對接時,移情與"無我"關聯,是無我的審美經驗;當他將弗萊因斐爾斯之"分享者""旁觀者"理論與移情説拼接時,"分享者"對應

---

① 朱光潛《談冷静》,《朱光潛全集》第四卷,第79頁。
② 蔡宗齊認爲王國維美學大受尼采影響。見蔡宗齊《尼采對王國維〈紅樓夢評論〉之影響》,載於陳平原主編《今古齊觀》,香港:香港中文大學中國語言及文學系2016年版,第441—464頁。
③ 朱光潛《悲劇心理學》,《朱光潛全集》第二卷,第351頁。

移情,按照他對移情説的論述,移情是無我的。當他將"分享者""旁觀者"與叔本華、尼采之説對接時,"分享者"相當於酒神精神,關聯"有我","旁觀者"相當於日神精神,對應"無我"。在朱光潛的理論拼接過程中,移情本對應"無我",而"分享"既對應移情,邏輯上應該是"無我",但"分享"又對應"有我"。那麼移情究竟是"無我"還是"有我"?朱光潛本人出現了矛盾的説法。

朱光潛注意到王國維以爲"有我之境"比"無我之境"品格較低。王國維《人間詞話》云:"古人爲詞,寫有我之境者爲多,然未始不能寫無我之境,此在豪傑之士能自樹立耳。"朱光潛指出王國維"沒有説明此優於彼的理由"[1]。其實王國維劃分"有我""無我"的依據來自叔本華,即以有意志者爲"有我",以無意志者爲"無我"。按照叔本華的理論,常人皆受意志左右,當人進入審美狀態時,便暫時處於"無我"狀態,而天才往往能夠易於處於"無我"。正因爲如此,在王國維看來,"無我之境"極少人能之,唯"豪傑之士能自樹立"者優爲之。正惟如此,詩歌史上更多寫"有我之境"的作品。在朱光潛看來,王國維所謂"有我之境"應是"無我之境",朱氏本人稱"同物之境",認爲"同物之境"起於移情作用。朱光潛認爲,"移情作用爲原始民族與嬰兒的心理特色,神話、宗教都是它的産品"。依此道理,"古代詩應多'同物之境',而事實適得其反。在歐洲從十九世紀起,詩中纔多移情實例。中國詩在魏晉以前,移情實例極不易尋,到魏晉以後,它纔逐漸多起來,尤其是詞和律詩中。"[2]何以理當如此而事實如彼?朱光潛認爲,其主要原因在於古人不很注意自然本身,自然只是作比興之用,不值得單獨描繪。其後人們關注自然,歌詠自然,"同物之境"(即王國維"有我之境")纔隨之出現。朱光潛指出,英國文藝批評家羅斯金(Ruskin)也貶低這種移情的詩歌境界,稱其爲"情感的錯覺"(pathetic fallacy),而認爲第一流的詩人都必能"以理智控制情感"[3]。

朱光潛將王國維的兩種境界説放到西方現代美學的兩類審美經驗理論中透視,認爲兩種境界説的理論內涵相當於西方美學中移情與非移情、分享與旁觀、酒神精神與日神精神兩類審美經驗的劃分,將中西詩學銜接

---

[1] 朱光潛《詩論》,《朱光潛全集》第三卷,第60頁。
[2] 朱光潛《詩論》,《朱光潛全集》第三卷,第61頁。
[3] 朱光潛《詩論》,《朱光潛全集》第三卷,第60頁。

了起來。事實上,王國維兩種境界説固然上承中國傳統思想,但實亦藴涵西方理論的脈絡,已有銜接中西詩學之意圖,在大方向上朱光潛與王國維實相一致。不過王國維基於叔本華的哲學,審美境界同時是人生境界,因而"無我之境"代表了更高的人生境界與審美境界。朱光潛在《詩論》中基於克羅齊之直覺説則對審美觀與人生觀作了分割,儘管朱光潛承認"情趣"與人生相關,通向人生觀,但朱光潛論述的核心是審美的問題。

四、隔、不隔與表現

按照朱光潛的理解,直覺就是情趣與意象的契合,換成中國文論的表述就是情景的融合。直覺的過程以中國文論言就是境界形成的過程。王國維論境界有"隔"與"不隔"之説,朱光潛在克羅齊直覺説的理論架構中將王國維的"隔"與"不隔"視爲直覺過程即境界形成方面的問題。

《人間詞話》:

> 白石寫景之作……雖格韻高絶,然如霧裏看花,終隔一層。……陶謝之詩不隔,延年之詩稍隔矣。東坡之詩不隔,山谷則稍隔矣。"池塘生春草""空梁落燕泥"等二句,妙處唯在不隔。詞亦如是。即以一人一詞論。如歐陽公《少年遊》詠春草上半闋云:"闌干十二獨凭春,晴碧遠連雲。千里萬里,二月三月,行色苦愁人。"語語都在目前,便是不隔。至云:"謝家池上,江淹浦畔。"則隔矣。白石《翠樓吟》:"此地。宜有詞仙,擁素雲黄鶴,與君游戲。玉梯凝望久,歎芳草、萋萋千里。"便是不隔。至"酒祓清愁,花消英氣",則隔矣。[1]

《詩論》:

> 隔與不隔的分别就從情趣和意象的關係上面見出。情趣與意象恰相熨貼,使人見到意象,便感到情趣,便是不隔。意象模糊零亂或空

---

[1] 王國維著,徐調孚注,王幼安校訂《人間詞話》,第210—211頁。

洞,情趣淺薄或粗疏,不能在讀者心中現出明瞭深刻的境界,便是隔。①

在朱光潛看來,所謂"隔"與"不隔"涉及兩個方面:其一是情趣與意象的關係,其二是讀者所感受的效果。就情趣與意象之間的關係言,朱光潛認爲,王國維所謂"隔"與"不隔"乃是克羅齊所説創作過程的第二階段的問題,即直覺的問題。境界是在直覺過程中形成的,"情景相生而且相契合無間,情恰能稱景,景也恰能傳情,這便是詩的境界"。在這個過程中,情寄託在景中,得到了表現,兩者交融,便是境界。因"情趣是可比喻而不可直接描繪的實感",故單有情趣,"不附麗到具體的意象上去,就根本没有可見的形象"。若單有意象,無情趣,則紛至沓來的意象"零亂破碎,不成章法,不具生命",只有經過情趣的融化、貫注之後,這些意象纔"内有生命,外有完整形象"②。朱光潛在這種理論脈絡中詮釋與評論王國維的"隔"與"不隔"説,所謂"不隔",是情趣與意象"恰相熨貼",此意象(景)正好是此情趣的完全表現,此情趣恰好被完美表現在此意象中,换用中國傳統術語説,此景恰能達出此情,此情正好寄於此景,情趣化爲意象,得到了完美的表現,這是直覺或表現過程的"不隔"。

朱光潛以直覺論隔與不隔是否合乎王國維之本意？王國維之隔與不隔説確乎與直覺有關。其論不隔謂"語語都在目前,便是不隔",稿本作"語語可以直觀,便是不隔"③。所謂"直觀",乃 Intuition 之譯名,又譯直覺。本文第一節曾引及王國維對直觀的解説,以王國維之解説,所謂"語語可以直觀",就是詩句所寫之情、景都能直接呈現於感官而現感於心。王國維改爲"語語都在目前",所表達者正是此意。"在目前",非謂皆獨呈現於視覺,而是呈現於各種感覺之謂也。作品所寫之情景皆能直接呈現於感官,是能直觀。能直觀者謂之不隔,不能直觀者謂之隔。以此標準看,"謝家池上,江淹浦畔"乃是用典,作者不是直接描繪景物,不能具體呈人耳目,讀者須熟悉典故,透過典故,聯想謝靈運的詩句"池塘生春草",江淹《别賦》"春草碧色,春水緑波,送君南浦,送君南浦",再將二人的描繪的景象重構成詞人當下的景象。其景象不是直接呈現出來的,故王國維謂之隔。

---

① 朱光潛《詩論》,《朱光潛全集》第三卷,第 57 頁。
② 朱光潛《詩論》,《朱光潛全集》第三卷,第 54 頁。
③ 彭玉平《人間詞話疏證》,北京:中華書局 2011 年版,第 288—290 頁。

朱光潛從情景融合的熨貼關係詮釋隔與不隔,與王國維之説並不能契合。在王國維的境界説中,抒情或寫景皆可成境界,未必情景結合,故其所舉詩例尤多寫景詩句。按照克羅齊的直覺説,情趣(feeling)一定要經過直覺成爲意象(image)纔是得到表現,建立在這種觀念基礎上,情景必須結合纔能成境界。但是,創作的實際與詩歌史事實并非如此。情未必一定要借景來表現,朱光潛本人也承認,"詩的最高理想在情景吻合""只能就大體説",從詩歌史上説,古詩有許多專從"情"出發,魏晉以後詩有許多專從"景"出發,兩者都不能達到朱氏所謂"情景訴合無間的標準",但"也還可以成爲上品詩"①。那麽,按照克羅齊直覺説的理論邏輯,專從"情"出發的作品,並未寫景,其情是否獲得了意象,得到了克羅齊所謂的表現呢? 朱光潛并未從理論上回答此有問題。如果朱光潛承認詩歌史上有偏向抒情者,有偏向寫景者,若非以景抒情的作品並不存在情趣與意象的契合問題,那麽在理論上就不會有"隔"與"不隔"的問題。事實上,王國維本人論"不隔",每有言情、寫景分論者,如他舉《古詩十九首》之詩例"生年不滿百,常懷千歲憂。晝短苦夜長,何不秉燭遊"與"服食求神仙,多爲藥所誤。不如飲美酒,被服紈與素",評論説:"寫情如此,方爲不隔。"他又舉陶淵明"採菊東籬下,悠然見南山。山氣日夕佳,飛鳥相與還",與北朝民歌"天似穹廬,籠蓋四野,天蒼蒼,夜茫茫,風吹草低見牛羊",評論云:"寫景如此,方爲不隔。"王國維所説的這種"不隔"若用朱光潛所謂情景熨貼來解釋便有困難。

從讀者角度言,讀者見到意象便感到情趣,睹景而會情,這是閲讀過程的"不隔"。所謂"隔",朱光潛解釋説:"意象模糊零亂或空洞,情趣淺薄或粗疏,不能在讀者心中現出明瞭深刻的境界。"在克羅齊美學的語境中,Image, Representation,都是在心中所呈現的形象,當然此形象不一定僅限視覺的圖畫。所謂模糊是就形象的清晰性而言,零亂是指組織結構的有序性而論,空洞則是指形象没有内容,實指没有寄託情趣在形象當中。情趣淺薄可由兩方面造成,一是缺乏意義深度,内涵不深,一是情不夠濃厚。情趣粗疏,謂不細膩。按照朱光潛的解説,以上情趣與意象的諸缺點都不能在讀者心中現出清晰而深刻的境界,故是"隔"。但是,朱光潛的詮釋在這裏也出現了問題。根據朱先生論不隔所言,隔與不隔是就意象與情趣的關係言,關鍵在兩者是否貼合,意象是否完美表現了情趣,因而必須從兩者的

---

① 朱光潛《詩論》,《朱光潛全集》第三卷,第72—73頁。

關係中解説隔與不隔,而不能單純從一個因素解説隔。情趣之淺薄粗疏與否是情趣自身的問題,而隔與不隔是情趣的表現問題。情趣自身的淺薄粗疏與否可以獨立地評價,而隔與不隔必須看其是否得到完全的表現,必須關涉到意象,必須看意象是否能夠將情趣原原本本呈現出來。淺薄粗疏的情趣若能表現出來,讓讀者如實感受到,便是不隔。朱光潛所謂意象的模糊與零亂只是就形象自身言,單就意象本身言,其模糊或零亂並不能判定是隔,零亂的意象在讀者心目中引起的印象與感受未必不是清晰的,若模糊的意象直接讓讀者感受到意象的模糊,也應是不隔。此一點錢鍾書《論不隔》中已辨之,實是針對朱光潛的詮釋而發,本人另有論述。

朱光潛又將王國維"隔""不隔"説與境界的隱與顯關聯起來,指出:

> 王氏論隔與不隔的分別,説隔如"霧裏看花",不隔爲"語語都在目前",似有可商酌處。詩原有偏重"顯"與偏重"隱"的兩種。……王氏的……標準似太偏重顯。①

按照朱光潛對境界的論述,情趣要寄託在意象中,從意象可以直接感受到情趣,此意不正是主張顯麽? 那麽,朱光潛所謂隱具體的内涵爲何? 朱光潛指出,意象並非全由視覺産生,"各種感覺器官都可以産生意象"。視覺意象顯,"有人接受詩偏重視覺器官,一切要能眼睛看得見,所以要求詩須'顯'";聽覺及筋肉感覺的意象隱,"有人接受詩偏重聽覺與筋肉感覺,最易受音樂節奏的感動,所以要求詩須'隱'"②。朱光潛把隱顯問題與意象的種類關聯起來,按照其理解,王國維論不隔所謂"語語如在目前",指的是視覺意象,故他認爲王國維偏向顯;王國維説隔的特徵是"霧裏看花",實屬於於聽覺及筋肉感覺的意象,故屬於隱,王國維本人貶低隔,故是不重隱。若按朱光潛的論述邏輯,"隔"與"不隔"關乎情趣與意象的契合關係,若兩者熨貼是不隔,假若情趣與聽覺意象也貼合的話,也應該是不隔,也可以稱作顯。王國維所舉的"霧裏看花"的例子並非聽覺或筋肉感覺意象。王氏本人不僅不排斥朱光潛所謂隱,而且認爲:"古今詞人格調之高,無如白石。

---

① 朱光潛《詩論》,《朱光潛全集》第三卷,第57—58頁。
② 朱光潛《詩論》,《朱光潛全集》第三卷,第58頁。

惜不於意境上用力，故覺無言外之味，絃外之響，終不能與於第一流之作者也。"①他評周邦彥説"美成深遠之致不及歐秦"②，可見深遠之致乃是其評論詞作的一個價值標準，"深遠之致"正是隱。朱光潛對隱、顯的解釋亦難以切合王國維之本意。

王國維所謂"隔"與"不隔"一方面有中國文論的傳統，即表現的"如在目前"，另一方面也有西方文論的觀念基礎，即直觀（直覺）説，王國維溝通了兩者。在王國維的理論中，"隔""不隔"與表現相關，既涉及克羅齊所謂直覺方面的問題，也涉及傳達的問題，即語言文字層面的問題。朱光潛從情趣與意象的契合關係詮釋"隔"與"不隔"，即是將此只看作直覺過程的問題，而未觸及傳達的層面。

錢鍾書《論不隔》稱：

> 在翻譯學裏，"不隔"的正面就是"達"，嚴復《天演論》緒例所謂"信達雅的'達'"，翻譯學裏"達"的標準擴廣到一切藝術便變成了美學上所謂"傳達"説（theory of communication）——作者把所感受的經驗，所認識的價值，用語言文字，或其他的媒介物來傳給讀者。因此，假使我們只把"不隔"説作爲根據，我們可以説：王氏的藝術觀是接近瑞恰慈（Richards）派而跟柯羅采（Croce）派絶然相反的。③

將王國維的境界説與克羅齊的直覺説聯繫起來，這是朱光潛《詩論》的基本内容。錢鍾書説王國維的藝術觀與克羅齊派"絶然相反"，這顯然話中有話，是在與朱光潛對話。錢鍾書認爲王氏藝術觀與瑞恰慈接近，那麽，錢先生如何在瑞恰慈的傳達説脈絡中詮釋王國維的境界説？本人將專文討論。

（作者單位：澳門大學中國語言文學系）

---

① 王國維著，徐調孚注，王幼安校訂《人間詞話》，第212頁。
② 王國維著，徐調孚注，王幼安校訂《人間詞話》，第206頁。
③ 錢鍾書《錢鍾書散文》，杭州：浙江文藝出版社1997年版，第497—498頁。

Intuition and Inscape: Zhu Guangqian's Interpretation of and Dialogue with Wang Guowei's Theory of Inscape

Zhang Jian

Although written in "poetry talk" form developed in traditional Chinese poetry criticism, Wang Guowei's *The Ci Poetry Talk of the World* introduces a perspective of modern aesthetics and establishes his theory of "Inscape." After Wang Guowei, Zhu Guangqian adopted Croce's theory of intuition as a broad conceptual framework to rethink and transform Wang's theory into a broader aesthetic paradigm. His sustained dialogue with Wang raises an interesting question of an interplay between lucidity and opaqueness concerning his expositions on Wang's critical insights. The rise of Wang's and Zhu's theories betoken the profound transition of Chinese intellectual thought during the late Qing and early Republican periods.

Keywords: Inscape, Intuition, Wang Guowei, Benedetto Croce, Zhu Guangqian

徵引書目

（一）中文書目

1. 王國維：《王國維遺書》，上海：上海古籍書店，1983 年版。Wang Guowei. *Wang Guowei yishu* (*Posthumous Writings of Wang Guowei*). Shanghai: Shanghai guji shudian, 1983.
2. 王國維著，徐調孚注，王幼安校訂：《人間詞話》，北京：人民文學出版社，1960 年版。Wang Guowei. *Renjian cihua* (*Remarks on the Song Lyric and the Human Condition*). Annotated by Xu Diaofu, edited by Wang Youan. Beijing: Renmin wenxue chubanshe, 1960.
3. 朱光潛：《朱光潛全集》，全二十卷，合肥：安徽教育出版社，1996 年版。Zhu Guangqian. *Zhu Guangqian quanji* (*Complete Works of Zhu Guangqian*). 20 volumes. Hefei: Anhui jiaoyu chubanshe, 1996.
4. 佛雛：《王國維詩學研究》，北京：北京大學出版社，1987 年版。Fu chu. *Wang Guowei shixue yanjiu* (*A Study of Wang Guowei's Poetics*). Beijing: Beijing daxue chubanshe, 1987.
5. 陳平原主編：《今古齊觀》，香港：香港中文大學中國語言及文學系，2016 年版。Chen Pingyuan edited. *Jingu qiguan* (*Past and Present: Chinese Literary Tradition and Modernity*). Hong Kong: Department of Chinese Language and Literature, The Chinese University of Hong Kong, 2016.
6. 彭玉平：《人間詞話疏證》，北京：中華書局，2011 年版。Peng Yuping. *Renjian cihua* (*Explanatory Commentary on Remarks on the Song Lyric and the Human Condition*). Beijing: Zhonghua shuju, 2011.
7. 葉嘉瑩：《王國維及其文學批評》，香港：中華書局，1980 年版。Ye Jiaying. *Wang Guowei jiqi wenxue piping* (*Wang Guowei and his Literary Criticism*). Hong Kong: Zhonghua shuju, 1980.
8. 錢鍾書：《錢鍾書散文》，杭州：浙江文藝出版社，1997 年版。Qian Zhongshu. *Qian Zhongshu sanwen* (*The Essays of Qian Zhongshu*). Hangzhou: Zhejiang wenyi chubanshe, 1997.

（二）英文書目

1. Croce, Benedetto. *Aesthetic*. Trans. Douglas Ainslie, London: Macmillan and Co., Limited, 1909.
2. Croce, Benedetto. *The Essence of Aesthetic*. Trans. Douglas Ainslie, London: William Heinemann, 1921.
3. Münsterberg, Hugo. *The Principles of Art Education*. New York, Boston, Chicago: The Prang Educational Co., 1904.
4. Schopenhauer, Arthur. *The World as Will and Idea*. Trans. R. B. Haldane and J. Kemp, London: Kegan Paul, Trench, Trübner & Co., 1909.

塑造"中國"：成康大分封與成周王畿區的空間整合*

葉先闖

【摘　要】後世多將《詩經·北山》"溥天之下，莫非王土"視爲西周王朝美好政治願景，實際這句話真切反映出周人欲實現大一統的宏圖。而要達成這一政治鵠的，藉由分封制的推廣來重構新的"中心—四土"地理格局勢在必行。西周統治核心區爲《漢書·地理志》所言的"洛邑與宗周通封畿"，與西部宗周王畿的形成不同，東部的成周王畿區是周公東征以來軍政謀略運用下的塑造結果，突出展現在成康大分封時代異姓諸侯的徙封和姬姓子弟的新封中。商末周初異國楚、鄂原居中原要地，因其阻礙周人地盤擴張和核心區穩固，迫其南遷，而姻戚陳國的襃封因不合於成王封建佈局，亦徙封至南土。成王在令康叔徙封至衛以領有殷舊畿大部基礎上，再於中原新封邢、凡、共、柞、密諸姬姓國。康王更進一步將姜姓焦國遷出三門峽，另封以姬姓焦國來穩固兩畿之間，並將本居邢丘的邢國徙封至北土邢臺以抗戎，從而真正起到蕃屏功效。每一分封（含徙封）諸侯的背後，都體現周初統治者精心建構其地緣空間、優化國土結構的高超設計，最終令後世爲華夏代名詞的"中國"區域在成康時代基本奠定下來。

---

* 本文係國家社科基金重大項目"多卷本《西周史》"（17ZDA179）以及2024年度廣西高校中青年教師科研基礎能力提升項目（2024KY0032）的階段性成果。承蒙兩位匿名審稿專家提出寶貴且富有建設性的修改意見，謹深致謝忱。

【關鍵詞】成康時代　大分封　成周王畿區　空間整合　國族遷徙

一、導　論

不管是從後世的儒家典籍還是西周時代的金文資料分析，西周王朝已經形成一個大面積領土連接成片的"廣域"國家①。在這片"溥天之下，莫非王土"的疆域内，由於政治上分封制的推廣，大體可將國土分爲周王直接控制區和大量諸侯予以"權力代理"的地域兩大部分，前者一般也約定俗成，稱作"王畿"，是周王居中央而禦四方的空間基礎，後者多以"四土"（或謂"四方"）代之。學界有關分封制的研究成果豐碩，然多數還是置於制度史框架内論述，熱衷討論分封制時代、内容、作用、因果等等②，其中多以考察所封諸侯國的地理方位爲重，而於宏觀層面理解周初封邦建國與西周"中心—四土"格局如何產生互動，並促使後者最終隨著成康大分封而奠定下來的實證研究，仍有待加強③。西周國土中心——王畿區的形塑，並不是一個簡單的地理擴張問題，它展現了周初以周公爲首的政治家們如何思考並實踐了利用地理因素來解決政治問題的具體過程。

雖然商、周二王統治核心區不同，但以"中商+四土/方"爲模式的空間結構，日後被周人所繼承並加以改造，而代表商王直轄區的"中商"地④，在周滅商後的半個世紀軍事與政治運作下，逐漸爲地域偏西的西周兩大王畿區所取代，此即《漢書·地理志》所言的"洛邑與宗周通封畿"。這裏的"洛邑"和"宗周"並非兩座孤城，而是以此爲中心形成的一大片區域。宗周王

---

① 參見王坤鵬《"廣域"國家：早期中國疆域形態與觀念再討論》，《社會科學》2023年第2期。
② 詳參楊善群《關於西周分封制的幾個問題》，《求是學刊》1984年第3期；黄中業《西周分封制在歷史上的進步作用》，《社會科學戰線》1986年第3期；李紹連《試論西周實行分封制的前因後果》，《中州學刊》1998年第5期；葛志毅《周代分封制度研究》（修訂本），哈爾濱：黑龍江人民出版社2005年版，等等。
③ 李峰《西周的滅亡》（上海古籍出版社2016年版）一書在宏觀上討論了封建制度給西周王朝興亡帶來的制度性危機。于薇《徙封：西周封國政治地理的結構——過程》（上海古籍出版社2022年版）一書代表對這一課題的最新研究，於本文寫作亦有啓發意義。
④ 商族起源於豫北冀南地區，而其政治中心則自湯建國後，一直以河南北部爲中心，並向四周擴展。參見孫亞冰、林歡《商代地理與方國》，北京：中國社會科學出版社2010年版，第39頁。

畿區處於關中渭河谷地，個中都邑如豳、岐、豐、鎬、畢、程在周人克商前已基本進入統治核心區，屬周人經營數百年的西部大本營，這與洛邑爲東都的東部王畿區形成過程迥然不同，後者實是伴隨周初領土擴張和封建制推行而有意規劃塑造的結果。這從洛邑在定爲新都之前依然稱"東國洛"便能略知一二①。

春秋時期的王室大臣詹桓伯曾論及周代疆域，説："我自夏以后稷，魏、駘、芮、岐、畢，吾西土也。及武王克商，蒲姑、商奄，吾東土也；巴、濮、楚、鄧，吾南土也；肅慎、燕、亳，吾北土也。"②這句話不僅以成周爲中心概括出周代"四土"範圍，而且言語間似也表明周在武王克商前只有"西土"，及克商以後，纔將新拓疆土（即東征以來所擴張的東方土地）一分爲三，分稱東土、南土、北土，當然詹桓伯重點在強調疆域之至，且未提及"中土"或"中國"，但在新拓疆域內，肯定是包括洛陽一帶的"中國"在內③。周初何尊銘文所言"余其宅兹中國"與《尚書·梓材》"皇天既付中國民，越厥疆土于先王"中的"中國"大體就表現出周武王欲建立東都且統治中原要地的雄心④。孔安國傳曰："大天已付周家治中國民矣，能遠拓其界壤，則於先王之道遂大。"⑤在這個意義上講，西周建國後對東國（土）的經營，重心工作就是先對中原故地進行拆分重組，包括對殷遺民的四方遷徙，更含有對舊商王畿地的空間整合，可以想見商畿的一部分將重新納入西周東都畿內⑥，並由新封姬周子弟掌控，另有部分土地將變成西周的東土或南土，也將佈置新的諸侯國來監管。

---

① 《逸周書·作雒解》記載周公"作大邑成周於土中""俘殷獻民，遷於九畢""俾康叔宇於殷，俾中旄父宇于東"，其中"九畢"或在商丘縣南，"殷"謂朝歌，"東"或在衛輝東北。由此亦可推知東都王畿周圍，當有一系列主要城池作爲周王建構其蕃屏界點。"東國洛"成爲東都，至早始於周公東征歸來後。
② 參見楊伯峻編著《春秋左傳注（修訂本）》，北京：中華書局2016年版，第1449—1450頁。
③ 參見劉緒《西周疆至的考古學考察》，載於《夏商周文化與田野考古》，上海：上海古籍出版社2022年版，第334頁。
④ 參見曹音《尚書周書釋疑》，上海：上海三聯書店2015年版，第64頁；王冠英《殷周的外服及其演變》，《歷史研究》1984年第5期；田廣林、翟超《從多元到一體的轉折：五帝三王時代的早期"中國"認同》，《陝西師範大學學報（哲學社會科學版）》2018年第1期。
⑤ 參見孔安國傳，馮先思、周煦陽整理《尚書傳》，北京：商務印書館2023年版，第219頁。
⑥ 有學者指出，洛邑的營建和遷殷遺民，意味著商王故邦正式併入西周王畿。參見田廣林、任妮娜《中華民族共同體視域下夏商周王制時代的"中國"認同》，《陝西師範大學學報（哲學社會科學版）》2022年第1期。按：田氏所言"商王故邦"應指狹義"中商"即商王畿地區，實際並沒有完全劃入周東都畿內。

将洛邑作爲統治東方的中心城，除了已基本達成的共識即它擁有神權、經濟乃至政治認同方面的優勢外，伊洛一帶"居易無固"（適宜居住且空間不封閉）的地理特點，似乎還彰顯了新生周朝更爲開放包容的國家性格①。此外，根據《逸周書·世俘》《禮記·樂記》的記載，武王還曾有過經略南國的舉動②，如《禮記·樂記》："且夫《武》，始而北出，再成而滅商，三成而南，四成而南國是疆。"所記《大武》樂章，其中第三成"象武王克紂而南還也"，第四成"象武王伐紂之後，南方之國於是疆理也"③。這裏的"南國是疆"非西周南國，從《逸周書·世俘》可知，武王所伐之南國諸侯如越戲方、陳、衛、磨（曆）、宣方、蜀、厲等，大致方位似在殷畿以南及以東地區④，實未超出今河南省範圍，其中多數處於殷商王畿一帶⑤。這些殷商南國中部分諸侯被伐或征服，是武王東拓的重要成果，也由此實際控制了中原部分戰略要地（河南中南部），並順勢建立了一些軍事據點⑥，爲日後重新規劃"中國"暨成周王畿區提供了有利條件。

不管是周武王規擬東都洛邑，還是打擊殷商南國諸侯，都表明重新爭奪、規劃中原地域進而塑造新"中國"的宏圖偉願，早已進入周初統治者的頭腦中。惜武王克商後僅兩年便猝然崩逝，其定都洛邑的計劃不僅未及實施，而且封建子弟予以藩屏新朝的構想，也只能有俟後來之君。周人營建洛邑並將其作爲統治東方的中心，完成於周公攝政期間，其定洛邑爲東都當出於一種戰略安排⑦，這爲西周根基性政治制度——分封制在東部地域的推廣確立由近及遠的地理格局，是進行國土結構優化的關鍵一步。接下來，筆者便以成、康二王時代的分封史事爲綫索，以成周王畿區的塑造爲中心議題，系統探究周初統治者如何施展軍政謀略進而完成東部核心區的空

---

① 有學者指出，基於空間控制戰略的考慮，"控制了洛陽盆地就可以通過'三塗'壓制淮河流域及長江流域；利用秦嶺可與關中地區聯絡，實現河洛之地與關中協同；近則可以利用伊洛灌溉飲用，遠可以通過伊洛河控制黄河，進而控制廣大的下游地區"。參見王魯民《塑造中國：東亞大陸腹地早期聚落組織與空間架構》，鄭州：大象出版社 2023 年版，第 281—282 頁。
② 學者指出，武王在朝歌停留未久，便匆匆南下，應與武王接下來要做的三件大事有關，即經略南國、天室祭天、規擬洛邑。參見杜勇《武王伐紂日譜的重新構擬》，《古代文明》2020 年第 1 期。
③ 孔穎達《禮記正義》卷三九，阮元校刻《十三經注疏》本，北京：中華書局 2009 年版，第 3343 頁。
④ 杜勇《武王伐紂日譜的重新構擬》，《古代文明》2020 年第 1 期。
⑤ 周書燦《〈逸周書·世俘〉所見周初方國地理考》，《商丘師範學院學報》2010 年第 2 期。
⑥ 宫長爲、徐義華《殷遺與殷鑒》，北京：中國社會科學出版社 2011 年版，第 109—110 頁。
⑦ 李峰《西周的滅亡：中國早期國家的地理和政治危機》（增訂本），徐峰譯，上海：上海古籍出版社 2016 年版，第 96 頁。

間整合進程。

二、異國南遷與成周王畿的調整佈局

對於西周王畿區的規劃或開拓，瞿同祖先生曾在其名著《中國封建社會》一書中寫道：

> 周滅殷，以政治的力量實行封建，封建成爲社會組織的中心，纔入於完成時期。……但因爲領土太廣，人民衆多，一人的精力實在管不到，於是大封諸侯。在分封以前，他不能不先爲自己打算打算。於是第一件事他先劃出一部分土地作爲自己的，正如分家産與子女，自己先留出一筆贍養費來。所劃出來的地方稱"王畿"，一共有千里。這塊土地是完全屬於他的，由他的卿大夫來治理，賦役供王室之用。王畿以外的地方，便分封給同姓及異姓的諸侯，使他們各自爲政，各自治理他們的封地。①

瞿氏這番饒有趣味的説辭，用來説明周王在大封諸侯前，先有劃出王畿以供王室取用的良苦用心，令人印象深刻。但需要補充説明的是，王畿的形成，並非是先有一整塊早已形成的"大蛋糕"，坐等周王率先切分出佔據中心的那塊，然後再行封建。它其實是伴隨周王朝早期開拓疆土、封邦建國的進程而逐步完成，非手定於一王一時。可以説，一些同姓封國在畿内的分封，以及某些異姓諸侯往邊域的遷徙，就是爲了更好地規劃、奠定和鞏固這塊周王的直轄地盤而必須去做的工作。易言之，成周王畿區既不能視爲因武王克商而坐享其成的一種結果，也不應看作周初一味武力征服或任由部族隨時遷徙的地域構成，它是通過設計、規劃而新塑出來的（説詳後文）。

周武王雖能成功克商，但其天下共主地位卻有名無實。近出清華簡《四告》中的周公告辭記載武王死後"四方禍亂未定，多侯邦伯，率去不朝"的混亂局面，周公輔佐孺子成王"用肇强三台，以討征不服"，最終達成"方

---

① 瞿同祖《中國封建社會》，北京：商務印書館2017年版，第30頁。

行天下，至於海表出日，無不率比，既服於天，效命于周"的結果①，顯示周人真正具備了主宰四方諸侯的命運始於周公東征勝利後，封建制的大力推廣也在其後正式拉開大幕。周初統治者如何在新拓的廣闊地域內充分施展政治謀略，怎樣將內、外諸侯安放在合適的地方，既要爲天子直轄留夠地盤，又要在"王國"和"四土"之間設置好屏障，成爲考驗成、康二王的一大政治難題。而這一核心問題的解決，正是利用地理因素並摻入政治手段（分封制）取得成功的，誠如于薇所言："徙封是奠定西周分封制的關鍵環節。封國位置的調整不僅進一步從地理上改變了長期以來中原及周邊傳統族群的分佈，更重要的是在過程中逐漸形成了一套周人應對大地域國家的制度辦法。"②舊有方國諸侯，因其地理位置與周之分封設想不合，有被重新調整的可能，另有些京畿周邊重地需要周人重新安置姬姓子弟，以便更好鞏固天子畿內地盤。新封與徙封的交互使用，令成周王畿地在成康時代具體的分封舉措實施下最終奠定下來。

　　西周大分封集中於成康時代。學者指出，周初分封宗室子弟和功臣謀士有兩類：一類是安置在周王畿之內，如毛、榮、畢等其封皆"關中平原"，另一類是安置在原商朝地區的子弟和功臣，其安置體現出極强的策略性，是經過周密安排的③。其實畢、毛、榮等封建早在克商前就已完成，本文主要縷析周王朝是如何周密安排功臣、子弟於東部地域，這與成周王畿區的形成有必然關聯。從國家結構上來説，分封制實爲調整西周中央和地方空間關係的一種重要方式④，吕思勉先生説："封者列土之謂，建者樹立之義，必能替彼舊酋，改樹我之同姓、外戚、功臣、故舊，然後封建二字，可謂名稱其實。"⑤就周人的中原戰略以形塑王畿而論，舊有佔據中原地區的異國諸侯，將會被周人調整地理方位，重新洗牌佈局。下文先論述異姓諸侯的徙封對於新塑成周王畿區所起的作用，實際在安排異國遷徙的過程中，新封姬姓諸侯也隨之開始了。

────────

① 參見清華大學出土文獻研究與保護中心編、黃德寬主編《清華大學藏戰國竹簡（拾）》，上海：中西書局 2020 年版，第 110—111 頁。
② 于薇《徙封：西周封國政治地理的結構——過程》，上海：上海古籍出版社 2022 年版，第 173 頁。
③ 宫長爲、徐義華《殷遺與殷鑒》，第 107 頁。
④ 周初叛亂的爆發，一大原因在於西周國家結構延襲商舊制，從而導致周王朝控制地方的制度性缺失。參見杜勇、李玲玲《三監之亂迅即爆發之謎》，《西華師範大學學報（哲學社會科學版）》2020 年第 5 期。
⑤ 吕思勉《先秦史》，南京：譯林出版社 2016 年版，第 303 頁。

（一）陳之南遷與成周王畿東部規劃

據《史記·周本紀》載，武王曾襃封帝舜之後於陳。《史記·陳杞世家》也説：“至于周武王克殷紂，乃復求舜後，得嬀滿，封之於陳，以奉帝舜祀，是爲胡公。”《史記索隱》引《左傳》曰：“武王以元女太姬配虞胡公，而封之陳，以備三恪。”① 《史記正義》引《括地志》：“陳州宛丘縣在陳城中，即古陳國也。帝舜後遏父爲周武王陶正，武王賴其器用，封其子嬀滿於陳，都宛丘之側。”② 宛丘即今淮陽，《漢書·地理志下》記有淮陽國，下有九縣，陳即其一。但《史記·三代世表》卻大不同於前者，徑在成王世記"陳胡公滿初封，舜之後"③。《史記》對陳國始封年代並存兩説，當有一誤，其中應另有隱情可尋。

《左傳·襄公二十五年》載："昔虞閼父爲周陶正，以服事我先王。我先王……以元女大姬配胡公，而封諸陳，以備三恪。"清梁玉繩指出："胡公是閼父之子，《唐書·世系表》謂武王以元女妻遏父生胡公，妄也。"④ 閼父曾爲武王陶正，其子胡公與武王之女婚配，當與成王同時。陳不可能有兩次始封，若武王曾封過陳，那麽《三代世表》所記成王所封胡公滿，就不是初封，更可能是徙封。且武王始封周陶正閼父于陳，地望不會如《地理志》《括地志》所言在宛丘。這可舉應、許二國分封實情以作旁證。

應國爲武王之子所立，始封在成王世，而其地望，業經現代考古發掘證實，故地在平頂山⑤，其地理範圍大體在今河南寶豐以東、魯山東南及今平頂山市、葉縣、襄縣一帶⑥。且"應國自始封以來沒有遷徙，公室墓葬一直就在這裏"⑦。至於許國分封，學界原多信奉許慎與杜預説，認爲是周武王封文叔于許。但清華簡《封許之命》證實許國始封在成王世⑧。簡文記載："亦惟汝呂丁，扞輔武王……余小子，余惟鞏文王明刑，非敢荒怠，畏天之非

---

① 司馬遷《史記》卷三六《陳杞世家》，北京：中華書局 2014 年修訂本，第 1905 頁。
② 司馬遷《史記》卷四《周本紀》，第 163—164 頁。
③ 司馬遷《史記》卷一三《三代世表》，第 637 頁。
④ 梁玉繩《史記志疑》，北京：中華書局 1981 年版，第 914 頁。
⑤ 河南省文物考古研究所、平頂山文物管理局《平頂山應國墓地Ⅰ上》，鄭州：大象出版社 2012 年版，第 85—91 頁。
⑥ 姜濤、賀全法、廖佳行《商周時期的應國考辨及其相關問題》，載於《河南文物考古論集》，鄭州：河南人民出版社 1996 年版，第 317—318 頁。
⑦ 李學勤《探尋久被遺忘的周代應國》，《文史知識》2010 年第 11 期。
⑧ 劉成群《清華簡〈封許之命〉"侯于許"初探》，《中原文化研究》2016 年第 5 期。

忱,册羞折人,審民之若不(否)。今朕永念乃勳,命汝侯于許。"①吕丁曾輔助文、武二王克商伐紂,建立功勳,簡文"余小子"爲成王自稱,封許"更可能是在成王親政後不久的時候,否則吕丁的年紀就會太大了"②,而許國始封地在今許昌市東的張潘鄉古城村③。應、許二國的分封皆在成王世,一在平頂山、一在許昌,説明周能佔據其地予以分封功臣、子弟之事,至少要等到周公東征結束後纔能實現。淮陽地處平頂山、許昌東南,是不可能在武王之世就納入王朝版圖而封陳於此的。職是之故,陳國都於宛丘(淮陽)當在成王徙封時。那麽武王褒封的陳國又處於何地呢?有學者據《逸周書·世俘》提出陳國於武王克紂後不久初封殷之陳邑的觀點④,值得重視。

《逸周書·世俘》記載武王伐紂戰事結束後,繼續命手下大將四處討伐,"吕他命伐越戲方","侯來命伐靡集于陳"。孔晁云:"侯來,亦將也。靡、陳,紂二邑也。"朱右曾則説:"靡集,紂黨。《寰宇記》曰:'衛州汲縣,古陳城也。'"⑤衛州汲縣即今河南衛輝市。此地在商紂時應屬殷畿内重邑,故武王遣將攻取之。若武王在攻取該邑後,將其封給爲自己提供器用的陶正閼父,似也符合《禮記·樂記》所説"武王克殷反商,未及下車而封黄帝之後於薊……封帝舜之後於陳"的情形。武王褒封陳於殷紂舊邑,看起來只是出於當時政治形勢的需要,以防殷人居故地而反叛,算不得真正授民授疆土。大約到了成王世,出於封國重新佈局的現實考量,另行分封胡公滿於宛丘一帶,協助周人對南土的開發,客觀上也成爲成周王畿東部國族調整的重要一環。而陳原本佔據的衛州汲縣一帶,後來在平叛三監之亂並將康侯徙封至衛後,便成爲衛國轄域。也許正是出於要將原殷畿大部爲衛國所覆蓋的意圖,陳國纔不能繼續留居此地,而有南遷的必要。不僅陳有南遷之舉,原汲縣東北一帶的邶日後消亡,其地也劃給了近畿地區的姬姓衛國。

不惟如此,周人還在緊鄰原陳國故地西部即輝縣一帶重新設置了一個封國,即周公之胤的凡國。凡乃畿内諸侯,如孔穎達説:"(凡伯)世在王朝,

---

① 賈連翔《〈封許之命〉綴補及相關問題探研》,《出土文獻》2020 年第 3 期。
② 參見清華大學出土文獻研究與保護中心編、李學勤主編《清華大學藏戰國竹簡(伍)》,上海:中西書局 2015 年版,第 117 頁。
③ 陳昌遠《許國始封地望及其遷徙的歷史地理問題》,《中國歷史地理論叢》1993 年第 4 期。
④ 周書燦《有關周初陳、杞封建的幾個問題》,《河北師範學院學報(社會科學版)》1996 年第 4 期。
⑤ 黄懷信、張懋鎔、田旭東《逸周書匯校集注(修訂本)》,上海:上海古籍出版社 2007 年版,第 420 頁。

蓋畿內之國。杜預云'汲郡共縣東南有凡城',共縣於漢屬河內郡,蓋在周東都之畿內也。"①《讀史方輿紀要》和《春秋大事表》均謂凡地在輝縣西南二十里。大體可信。晚商卜辭有"監凡"之載,如"叀瞽髭令監凡"(《合集》27742),監凡的人物"髭",另見於1952年輝縣褚丘村出土的一組青銅器,時代在前舉卜辭之後,約屬帝乙帝辛時期,可見商代"凡"地就在河南輝縣②。商代之凡是商王田獵地,土地肥美,地位又較重要,故入周後,周人有意將此地重新納入到王畿內,並將周公之胤的凡伯世封於此。概言之,異姓陳國因成王世的形勢和國土佈局所需南遷淮陽,另將其故地劃入康叔封所領衛境,並在附近再置姬姓凡國,不僅有對原殷畿內重要都邑佔據的意圖,也成爲周人掌控成周王畿東部的重要棋子。

(二)鄂國南遷與成周王畿西部調整

商代即有鄂國。《殷本紀》載:"(紂)以西伯昌、九侯、鄂侯爲三公。九侯有好女,入之紂。九侯女不憙淫,紂怒,殺之,而醢九侯。鄂侯爭之彊,辨之疾,並脯鄂侯。"③商末鄂侯與商王室關係匪淺,後來竟因諫言遭到殺戮,對於鄂國繼任者的立場選擇或將產生一定影響。關於商鄂地望,《史記集解》引徐廣曰:"一作'邘'。野王縣有邘城。"野王縣即今河南沁陽。而在《史記·魯仲連鄒陽列傳》中,《史記集解》又引徐廣曰:"鄂,一作邘。"④其說或來自皇甫謐《帝王世紀》⑤。由於鄂、邘二字形體差異顯著,音韻亦不能通,除梁玉繩曾對二字發生混訛表示贊同外⑥,鮮有信從者。以鄂爲邘說,幾可捨棄。而徐廣所云"鄂"又作"邘",值得細細品味。從鄂、邘二字形音方面看,金文鄂一般作噩,後用爲地名分化出䣌字,在戰國秦漢隸書中又寫作鄂、鄂等⑦,且上古音鄂在鐸部、邘屬魚部⑧,音近可通。不過從史源學

---

① 孔穎達《毛詩正義》卷一七,北京:中華書局2009年版,第1182頁。
② 王玉《清華簡〈楚居〉所見"盤"地望考——兼談周代凡國的始封》,載於宋鎮豪主編《甲骨文與殷商史(新九輯)》,上海:上海古籍出版社2019年版,第186—194頁。
③ 司馬遷《史記》卷三《殷本紀》,第137頁。
④ 司馬遷《史記》卷八三《魯仲連鄒陽列傳》,第2986頁。
⑤ 徐少華《鄂國銅器及其歷史地理綜考》,《考古與文物》1994年第2期。
⑥ 梁玉繩《史記志疑》,第63頁。
⑦ 羅運環《甲骨文金文中"鄂"字考辨——湖北省簡稱"鄂"字溯源》,載於《出土文獻與楚史研究》,北京:商務印書館2011年版,第26頁。
⑧ 唐作藩《上古音手册(增訂本)》,北京:中華書局2013年版,第39、192頁。

上分析,鄂爲本字,邘爲借字,考索商末鄂國地望,只能從本字求證,而不能以借字大肆推演①。其實關於這個問題,似不能太執著于鄂、邘是否爲形、音相近而發生傳訛上,而在於爲什麽會有"鄂"又作"邘"的認知出現?拋卻二字音形考釋,從國族遷徙和分封制角度也許更能得到破解。

商周鄂之所在,郭沫若在考釋鄂侯鼎銘時給出三説:一是湖北鄂城,二是山西鄉寧,三是河南沁陽西北,並把作紂王三公之鄂侯定在沁陽②。遺憾郭氏没能爲鄂地變遷提供時代劃分。陳夢家則謂地名鄂者有四:一、沁陽之鄂;二、夏縣之鄂;三、鄧縣之鄂;四、武昌之鄂。並推測殷代之鄂侯在沁陽,晉之鄂侯在夏縣,西周初期之鄂侯爲夏縣或武昌之鄂,西周中期之鄂侯在武昌③。陳氏推斷周初之鄂或在武昌,或因上海博物館所藏鄂叔、鄂季三器據説出於湖北,"有可能屬於武昌之鄂,那麽楚地之有'鄂侯',遠在西周之初"④。也有學者認爲鄂在晚商時已是雄踞南方一大國,其地望應在楚東⑤。後來隨著湖北隨州安居羊子山鄂國器的出土,使得鄂在周初即已存於漢東隨州一帶的觀點⑥,一度頗得學者追從。但是羊子山所見鄂國器,李學勤先生曾推斷可能是康昭時期的,有學者對其斷代稍作調整,認爲可能有早到成王末年的⑦,迄今尚未發現一器時代在成王之前,如果説商代鄂國早已立國於此,爲何墓中不見任何商代鄂器呢?而且不管是隨州還是武昌,江漢一帶距離商王統治中心何止千里,若説鄂國君安然身處商廷且位居三公輔政,似有未然。即便鄂國已在周初居於江漢,也並不代表鄂早在商代即立國於此,隨州之鄂恐是定點遷徙的結果,或即出於成王世的政治安排。這一點,新發現的疑尊、疑卣同銘器爲此提供了證據。尊銘記:

  唯仲義父于卜噩(鄂)侯於盩城,誕兄臣于宋伯。公妣呼疑逆仲氏於侃。丁卯,疑至告。妣賞貝,揚皇君休,用作父乙寶尊彝。(《銘圖續》792)

---

① 杜勇《新出金文與鄂國史地問題考辨》,《寶雞文理學院學報(社會科學版)》2018年第2期。
② 郭沫若《兩周金文辭大系圖録考釋》,北京:科學出版社1957年版,第107—108頁。
③ 陳夢家《西周銅器斷代(上册)》,北京:中華書局2004年版,第70—71頁。
④ 陳夢家《西周銅器斷代(上册)》,第71頁。
⑤ 曹淑琴《噩器初探》,《江漢考古》1993年第2期。
⑥ 李學勤《由新見青銅器看西周早期的鄂、曾、楚》,《文物》2010年第1期。
⑦ 陳榮軍《新出金文與鄂國歷史地理問題探析》,《中華文化論壇》2016年第4期。

首句"鄂侯"前一字，或以爲釋"入"，指送某人進入都邑爲君①，更多學者則認爲應隸作"卜"②，占卜之意。后説近是。銘文主要講述的是，仲義父奉王命前往占卜鄂侯到甓城建都，並貺贈玉珥給宋伯（或爲宋國君），然後其夫人公姒派遣大臣疑到侃地迎接仲氏。丁卯日，疑完成任務並向公姒覆命，另得到貝的賞賜。李學勤先生曾參以近來著録的疑鼎以及卿尊、卣，推斷諸器可能爲成王親政後所作③，或謂尊、卣作於西周早期偏早時④，另有主張二器爲成王晚期器⑤，可見學者大都認可器物時代在成王世。周王爲什麽特意派遣大臣仲義父去占卜鄂侯建都之事呢？首句中的"鄂侯"，張海認爲是西周鄂侯，與商末鄂侯兩不相關⑥。李學勤先生以爲"仲義父于卜鄂侯於甓城"是仲義父去爲鄂侯占卜建都之事，這有可能就是周代鄂國的始封⑦。據銘文可知，在周王派大臣仲義父占卜協助鄂侯去往甓城建都前已稱"鄂侯"，並非是建都後纔得"侯"稱。猶如衛侯遷居衛地前已稱"康侯"。這至少説明成王世必有一"鄂侯"存立於世，這個"鄂侯"最大的可能，就是曾爲紂王三公的鄂侯之子。文王、武王在征伐殷商與國或親殷勢力時，凡應予以打擊、消滅的國族如豐、鎬、黎、崇、邘（非武王子之邘國）等無一倖免，卻始終不見任何伐鄂記載，極有可能是因爲原本親殷的鄂侯，在遭到紂王屠戮後，其繼任者對商王徹底失去信心，轉而投向文王翦商聯盟。但是鄂佔據中原要地，在商滅後已不能固守沁陽舊地，一來，阻礙了西周王朝在中原地區的擴張；再者，將鄂國遷徙出去，或與陳國類似，協助周人開發南土，或至少不再對東都安全構成潛在威脅。西周前期的南遷鄂國始終與周王室交好，已爲多篇銘文所載，可作旁證。

　　馬承源先生曾在解讀鄂叔簋銘時説："此爲西周早期之鄂，原爲商代國名，在今河南省沁陽縣。後武王封子於此，鄂南遷，至於今南陽，史稱西

---

① 董珊《疑尊、疑卣考釋》，《中國國家博物館館刊》2012年第9期。
② 參見李學勤《疑尊、疑卣别解》，《饒宗頤國學院院刊（創刊號）》，2014年，第2—3頁；黃傑《疑尊、疑卣及"栗成左"戈銘文補釋》，《中國國家博物館館刊》2014年第5期；張海《疑尊、疑卣銘文及相關歷史問題》，《中國國家博物館館刊》2017年第5期。
③ 李學勤《疑尊、疑卣别解》，《饒宗頤國學院院刊（創刊號）》，第4頁。
④ 許夢陽《疑尊、疑卣補議》，載於《青銅器與金文》第三輯，上海：上海古籍出版社2019年版，第50—60頁。
⑤ 張海《疑尊、疑卣銘文及相關歷史問題》，《中國國家博物館館刊》2017年第5期。
⑥ 張海《疑尊、疑卣銘文及相關歷史問題》，《中國國家博物館館刊》2017年第5期。
⑦ 李學勤《疑尊、疑卣别解》，《饒宗頤國學院院刊（創刊號）》，第3頁。

鄂。"後又在釋讀鄂侯馭方鼎銘時重申此説:"商鄂侯之國原在野王,鄂亦作邘。武王子封於此,則鄂南遷,至於南陽,爲此地一强邦。"①馬氏認爲鄂南遷之後都於西鄂南陽未妥,在羊子山出土鄂國墓葬、銅器的審視下,這裏纔應是鄂南遷後立都之地。但馬氏將邘國封於鄂舊地和鄂國南遷二事構成邏輯關聯,頗有預見性。董珊先生也指出,疑尊、疑卣銘所説仲義父"于納鄂侯於鳌城",有可能正是協助鄂侯遷徙的事情②。鄂國南遷,其故地纔能另封以姬姓子弟。邘國,杜預注曰:"河内野王縣西北有邘城也。"《通志·氏族略》引京相璠云:"野王縣西北三十里有故邘城及邘臺。"姬姓邘國正與商末鄂之地望重合。另可對《銘文選》稍作修正的是,邘國始封在成王世,鄂南遷在前,姬姓邘國封於商鄂舊地在後。只有先行將異邦鄂國遷徙出去,空出這塊地盤,纔能順勢由宗親子弟分封在此。概言之,出於空間整合目的和政治上有意安排,鄂國在周成王授意下有重新選都立國之事,新鄂都所在的鳌城或是位於靠近羊子山的某處③。鄂從沁陽一帶遷出,然後將空出地盤就勢封予姬姓邘國,是對成周王畿西部所作的一次規劃調整,體現了周人塑造成周王畿的深刻用意。

(三)楚國南遷與成周王畿地拓展

《史記·楚世家》載:"周文王之時,季連之苗裔曰鬻熊。鬻熊子事文王,蚤卒。其子曰熊麗。熊麗生熊狂,熊狂生熊繹。熊繹當周成王之時……封以子男之田,姓芈氏,居丹陽。"④楚是夏商一古老部族,有關於楚國的族源、族居地、遷徙路徑、建國時間等,在楚史學界還存在不小爭議,就連司馬遷對周初熊繹受封丹陽的地理記述,也不免惹人懷疑。近出清華簡《楚居》問世,若參以甲金文資料,或能對楚國在商末周初的遷徙、建國有更清楚的認知。《周本紀》載文王時"太顛、閎夭、散宜生、鬻子、辛甲大夫之徒皆往歸之"。即是説這些異邦首領紛紛舉族投奔文王,所言"鬻子"即是楚先祖鬻熊,見諸周原卜辭有"楚子來告",講的或是鬻熊率族西來投奔文王之事⑤。還有一條卜辭"其微、楚厥燎,師氏受燎",表明微、楚二族曾參與周燎祭活

---

① 馬承源主編《商周青銅器銘文選(三)》,北京:文物出版社1988年版,第102、281頁。
② 董珊《疑尊、疑卣考釋》,《中國國家博物館館刊》2012年第9期。
③ 張海《疑尊、疑卣銘文及相關歷史問題》,《中國國家博物館館刊》2017年第5期。
④ 司馬遷《史記》卷四〇《楚世家》,第2042頁。
⑤ 杜勇《令簋、禽簋中的"伐楚"問題》,《中國歷史文物》2002年第2期。

動，微氏受封在武王世，地處關中，推想楚族此時也在北方，有學者以爲楚初封就在宗周與成周之間①，不無可取。《楚居》載：

　　季連初降於騩山，抵於穴窮。前出於喬山，宅處爰陂。逆上洲水，見盤庚之子，處於方山……毓徜徉，先處於京宗。穴酓遲徙於京宗，爰得妣列，逆流哉水，厥狀聶耳，乃妻之，生侸叔、麗季。麗不從行，潰自脅出，妣列賓於天，巫咸該其脅以楚，抵今日楚人。至酓狂，亦居京宗。至酓繹，與屈紃，思郢嗌，卜徙於夷屯，爲楩室。

有關簡文出現的地名方位，尚未達成統一意見。它講季連降於騩山，抵於穴窮，經洲水後娶妻，處於方山，生子後處於京宗，到穴酓（鬻熊）、麗季（熊麗）皆居京宗，至熊狂亦居京宗，一直到酓繹（熊繹）纔徙於夷屯。經專家考釋，季連所居的騩山或即《山海經》所言的具茨山，在河南新鄭、密縣一帶②。喬山可能即文獻所稱郩山，在滎陽一帶，處於黃河岸邊③。方山或在淇縣境內，京宗或在洛陽附近④。《楚居》中的人、地一一對應，頗能補《楚世家》之闕，説明楚人不僅源起中原，而且經常盤踞之地就在洛陽、鄭州一帶，這些地方在周獲得天下後，已有意被規劃入成周王畿區，不會任由一個異族舊邦在此繁衍坐大。

據金文顯示，周公東征時，曾對楚國進行過軍事征伐。1929年出土於洛陽邙山馬坡村的作册夨令簋，銘云"唯王于伐楚伯，在炎"（《銘圖》5352—5353）。出於學者對康宮斷代原則的遵從，令簋此前多被定於昭王世，其所言"伐楚"與昭王南征荆楚相聯。但近出曾公求編鐘銘文言及南宮括在康宮受封之事，或已對"康宮原則"構成挑戰⑤，令簋當作於成王世，"伐楚"也與南征荆楚之事無關。沈長雲先生指出令簋中的楚伯之國不是荆楚，而是成王末年對東夷戰爭中所征伐一地，在河南滑縣與濮陽之間⑥。

---

① 地處華山北之荆山與商縣及淅川之間。參見周聘《西周楚國初封及南遷原因解》，《史學月刊》2001年第6期。
② 李學勤《論清華簡〈楚居〉中的古史傳説》，《中國史研究》2011年第1期。
③ 鄭傑祥《清華簡〈楚居〉所記楚族起源地的探討》，《中國國家博物館》2015年第1期。
④ 杜勇《清華簡〈楚居〉所見楚人早期居邑考》，《中國國家博物館館刊》2013年第11期。
⑤ 杜勇《曾公求編鐘破解康宮難題》，《中國社會科學報》，2020年6月8日，第5版。
⑥ 沈長雲《談〈令簋〉中的楚及相關諸問題》，載於《上古史探研》，北京：中華書局2002年版，第175—182頁。

滑縣東的楚丘是周初伐東夷的必經交通要衝，楚丘應即是這個周初中原楚國留下的歷史遺跡①。令簋中的楚和南方荊楚究竟是怎樣一種關係？沈氏雖不認同二者就是一個國家，但揭示二者存在淵源，都是從楚族中分化出去的支族，楚丘即爲其祖族根據地。若在《楚居》審視下，令簋中的楚或即荊楚前身，易言之，令簋所言"伐楚"就是尚未能在南方立國前的荊楚所遭受的軍事打擊，而成王時代的東征伐楚，或是迫使其南遷的重要因素。

荊楚不僅長期在中原盤踞，而且佔據核心統治區，對周人早期軍事擴張構成阻礙，對其予以征伐勢所難免。據研究，《楚居》所説熊麗"潰自脅出"即坼剖而生的傳説，顯示熊麗實爲楚開國之君②。而熊麗所居在中原，其生存年限上至文王、下不過成王世，尚未能遠徙江漢立國③。直到其孫熊繹時才被成王封於南方楚蠻。《左傳》昭公十二年載楚靈王語："昔我先王熊繹與吕伋、王孫牟、燮父、禽父並事康王，四國皆有分，我獨無有。"杜預注："四國，齊、晉、魯、衛。分，珍寶之器。"④其實從《左傳》定公四年追述魯、衛等分封之事可知，這個"分"非單純的"分器"，實有"分封"意味，楚大夫子革接著説："昔我先王熊繹辟在荊山，篳路藍縷以處草莽，跋涉山林以事天子……齊，王舅也；晉及魯、衛，王母弟也。楚是以無分，而彼皆有。"⑤子革不提熊繹受封之事，而論及他辟居荊山、篳路藍縷以啓山林的創業過程，再一針見血地指出，楚國之所以會"無分"，在於它既非母弟，又非姻戚。這個分封標準，正是從宗法分封制的角度予以把握的。楚對於周王朝來説，實屬庶姓異邦，與王室既無宗親之實，又無姻戚之聯，且一度盤踞中原要地，成爲周人東擴障礙。像這樣一個方國，周人在成王大封諸侯之時，料

---

① 杜勇《令簋、禽簋中的"伐楚"問題》，《中國歷史文物》2002年第2期。
② 笪浩波《從清華簡〈楚居〉看楚史的若干問題》，《中國史研究》2015年第1期。
③ 《墨子·非攻下》載"昔者楚熊麗始討此雎山之間"，清儒畢沅認爲這裏的"討"字當作"封"，後世多從之。而且據畢沅注，其中的"雎山"之"雎"即作爲"楚之望"的江漢沮漳之"沮"，如此很容易便認爲熊麗已經始封於江漢一帶。（參見孫詒讓注、孫啓治點校《墨子閒詁》，北京：中華書局2001年版，第153頁。）按：不管是《墨子》還是後世的注解，似皆不能作爲熊麗可遷徙江漢的證明，甚至文本自身都有錯訛的可能。畢氏以爲"討"作"封"，"雎"乃"沮"，有改字解經之嫌疑。特別是作爲地理坐標的"雎山"，孫詒讓還特意指出"雎"原作"睢"，二字形似，古書多有混同，且雎、睢二字音義迥别。若《墨子》原文作"睢山"，恐怕就無法再和日後楚國山望直接進行聯繫。何況《潛夫論·志氏姓》還有熊嚴爲楚始封君一説，與《墨子》《史記》皆不同。《墨子》關於熊麗居地的説法屬於孤證，筆者不取。
④ 參見楊伯峻編著《春秋左傳注（修訂本）》，第1485頁。
⑤ 楊伯峻編著《春秋左傳注（修訂本）》，第1485頁。

想不會對其青眼相加。在成王一世,恐怕還不能在長江中下游一帶爲諸侯指定城邑(丹陽)分封授土。而王朝將重心轉向經略南土,予以開疆拓邊實在康世及後。可見《史記》所載楚君熊繹受封之事與周人總體發展戰略和宗法分封原則實不相協調。即便真有其事,或也應看作是成王對熊繹能立國江漢既成事實的一種追認,不能作爲成王封楚的一種實録。楚的南遷應是周人予以軍事打擊之後的結果。荆楚南遷後,原爲楚族所盤踞的中原鄭洛一帶直接劃入成周王畿區,大大拓展了周天子在中原的直轄地盤。

　　鄂、楚二異國久居中原要地,阻礙周人發展。故周人對其或予以軍事打擊迫其南遷,或爲其指定城邑去往南方重新建國。這主要是因爲他們自身實力較强,而與王朝親疏無常,不好控制。出於國家安全和國土結構優劃考慮,不允許在中原一帶居留。然而也會有些異族古國因實力較弱,不會給王朝統治帶來威脅,在征服之後仍可原地存留,世代衍息,鄶國即是一代表性的例子,從中也能感受一下周初的恢宏格局,今再稍作説明。

　　鄭玄《詩譜·檜鄭譜》云:"檜者,古高辛氏火正祝融之墟。檜國在《禹貢》豫州,外方之北,滎波之南,居溱、洧之間。祝融氏名黎,其後八姓,唯妘姓檜者,處其地焉。"①唐蘭先生認爲,鄶國在今河南省新鄭、密縣一帶,本是帝嚳時代祝融氏的故國,他們的後裔還在那裏,周初就他們的原來國家而加封②。鄶國久居中原,也曾受到王室攻伐。成王時器員卣③銘云:"員從史旗伐鄶(鄶),員先入邑,員鼎俘金,用作旅彝。"(《銘圖》13292)員所作器另見於員鼎,銘記:"唯正月既望癸酉,王狩于眂林,王令員執犬,休善。"(《銘圖》2293)意即周王在眂林之地狩獵時,命令員負責爲其執犬(捕捉野獸之類),員工作做得很好。推知員應是伴王隨駕的近臣。卣銘所記伐鄶主將乃一史官,其與員同行出征,討伐鄶國,竟也很快令戰事告捷。而且員率先攻入鄶都,戰事規模不僅小,而且收效大,可見鄶似乎對王室征伐没有什麽抵抗力。像這樣一個小國,即便放置於成周王畿,也不會對國家安全構成實質威脅。何況鄶還是祝融之後,褒封於此,有體現周政權開放包容性的作用。然鄶國族人也未能於王廷有所作爲(鮮作王官大夫),或表明周

---

① 毛亨傳、鄭玄箋、孔祥軍點校《毛詩傳箋》,北京:中華書局 2018 年版,第 504 頁。
② 唐蘭《西周青銅器銘文分代史徵》,上海:上海古籍出版社 2016 年版,第 226 頁。
③ 參見郭沫若《兩周金文辭大系圖録考釋》,第 28 頁;陳夢家《西周銅器斷代(上册)》,將其歸入成王之器中,但未作詳細討論。

王室有意限制其勢力發展。且可能出於監視或防範意圖，從早期金文材料分析，至遲在西周康昭世又在鄶國附近新建姬姓密國，地望就在河南密縣一帶①。這是周人爲有力掌控成周王畿東部而新設的又一同姓國。

三、姬姓國的分封與成周王畿戰略佈局

（一）衛、凡、共、柞的封建

前揭陳國南遷，實有出於將原有陳國故土悉納入姬姓宗親衛國境的目的。至於衛國及其周邊姬姓國的分封，還可再進一步研討。只不過和楚、鄂、陳三國自北向南遷徙不同，衛國則是自南往北徙封，以至成爲掌控殷舊畿的主要封國。《史記·衛康叔世家》載："周公旦以成王命興師伐殷，殺武庚祿父、管叔，放蔡叔，以武庚殷餘民封康叔爲衛君，居河、淇間故商墟。"②《史記索隱》引宋衷曰："今定昌也。"③表明衛之始封即居河淇間商墟，即朝歌一帶。但據金文、簡帛愈發清晰地證明，衛國始封之地並不是河、淇間故商墟，故殷墟定昌之地實乃遷封所致。

衛國前身是爲康。曾於河南浚縣辛村衛國墓地出土周初銅器沫司土疑簋，楊樹達先生指出："誕令康侯啚于衛，即封康叔于衛也。《史記·周本紀》云：'以微子開代殷後，國于宋。'此言啚于衛，猶彼言國于宋也。"④杜勇先生也認爲首句説"王來伐商邑"，次言"誕令康侯鄙于衛"，前後構成事件因果關係，表明周公平定武庚之亂後，即以商邑爲都封建衛國⑤。説明康叔分封康實在徙衛以前。清華簡《繫年》更直言："乃先建衛叔封於康丘，以侯殷之餘民。衛人自康丘遷於淇衛。"⑥簡文明言衛國初封在康丘，後來從康丘遷到淇衛，後者即《史記》"河、淇間故商墟"另一種表達。至於前者，僞孔傳指出康是圻内國名，漢末宋衷徑言"畿内之康不知所在"，今爲清華簡證

---

① 參見葉先闖《周代二密史事探論》，《中國典籍與文化》2021年第2期。
② 司馬遷《史記》卷三七《衛康叔世家》，第1923頁。
③ 司馬遷《史記》卷三七《衛康叔世家》索隱，第1923—1924頁。
④ 楊樹達《積微居金文説（增訂本）》，長沙：湖南教育出版社2007年版，第265頁。
⑤ 杜勇《關於沫司土疑簋考釋的幾個問題》，《西華師範大學學報（哲學社會科學版）》2018年第3期。
⑥ 清華大學出土文獻保護與研究中心編、李學勤主編《清華大學藏戰國竹簡（貳）》，上海：中西書局2011年版，第144頁。

明康就是康丘,其地或在成周東南,即今禹州與汝州之間、潁水之北[1],但這個"畿内"指商畿,不是周畿[2]。《史記》所説的河淇間故商墟,實爲康叔奉成王命而北遷之地。將康叔封地由原來的康北遷至淇衛一帶,主要就是爲更好地控制原殷畿並分治殷遺民。而且《繫年》所言成王"先建衛叔封于康丘"應在《尚書大傳》言周公"四年建侯衛"即大封諸侯之"先"[3]。

衛叔封從康丘遷出,便將康地空出,西周金文有"康公","康"或爲畿内氏名[4],表明此地日後有可能再次收歸王室,作畿内采邑封授所用。另需補充説明的是,西周"衛"的得名,應是在滅掉商代之衛的基礎上而來。現存新鄉市博物館的"衛父己"銅觶,出土於輝縣,係商代晚期器[5],"衛"很可能爲族氏徽號。表明商代在輝縣一帶原有衛國,由於輝縣與淇縣鄰近,這個"衛"的名號可能被康叔封繼續領有,改變上層統治者族氏而繼續領有此地。而在原商衛被滅之後,周王室又重新於輝縣設置一個封國——共國。

商時已有共國,《詩經·皇矣》:"密人不恭,敢距大邦,侵阮徂共,王赫斯怒,爰整其旅。"毛傳:"國有密須氏,侵阮,遂往侵共。"而鄭玄箋:"阮也、徂也、共也,三國犯周而文王伐之。"馬瑞辰引《竹書紀年》"帝辛三十三年,密人侵阮,西伯率師伐密"之文,謂:"正與毛傳合,箋從魯詩,以阮、徂、共爲三國,不若毛傳爲允。"[6]然對"共"乃國名的認識,鄭玄未必有錯。陳奂説:"阮、共,二國名,文王之屬。王肅云'周地',非也。阮國無考。《方輿紀要》云:'涇州共池,在州北五里。《詩》侵阮徂共,今之共池是也。'侵阮徂共,是密須侵我周之屬國,故下文即言伐密須。"[7]商代共國(地在涇川縣北[8])一般多認爲被文王所滅[9],但據考古勘察,在共池附近的盤頂子有大量西周文化遺

---

[1] 杜勇、孔華《從清華簡〈繫年〉説康叔的始封地問題》,《管子學刊》2017年第2期。
[2] 劉起釪《古史續辨》,北京:中國社會科學出版社1991年版,第528—529頁。
[3] 王紅亮《邶、康丘與殷墟——清華簡〈繫年〉與周初史事重構》,《"中研院"歷史語言研究所集刊》第九十一本第四分,2020年,第600—612頁。王氏更進一步指出衛先封在成王二年。
[4] 參見魏芃《西周春秋時期"五等爵稱"研究》,博士學位論文,南開大學2012年,第42頁。
[5] 饒勝、王雪《新鄉市博物館藏輝縣出土青銅器》,《東方收藏》2020年第1期。
[6] 馬瑞辰撰、陳金生點校《毛詩傳箋通釋》,北京:中華書局1989年版,第849頁。
[7] 陳奂撰、滕志賢整理《詩毛氏傳疏》,南京:鳳凰出版社2019年版,第663頁。
[8] 參見程俊英、蔣見元《詩經注析》,北京:中華書局1991年版,第783頁。
[9] 現今通行的大型工具書如《辭海》《辭源》《中國古今地名大辭典》及一些較通俗的歷史讀物大都論及共國乃周文王所滅,實際舉不出可靠證據,有可能是因誤讀《詩經》所致。而且據筆者研究,像密須這樣的周之敵對國,都有被文王攻滅後而復封以同伐商紂王之可能,文王又怎會對周之屬國阮、共等揮起屠刀以滅其國呢?這顯然不符合文王受天命、結盟邦、行天道的正面形象和政治訴求。

存，或爲共國所遺①，似從側面印證文王不曾有滅共之舉。由商入周的涇州共國，究爲何時何人所滅，因史料闕如無法探考。

除此一共國外，西周另有一畿内共國。由於晚期共伯和曾在厲王流彘後入主王廷，執掌王政大權，有必要對其母國稍作考察。鄭樵《通志·氏族略二》云："共氏，亦作恭，商末侯國，今河内共城即其地也。文王侵阮徂共，其子孫以國爲氏。"鄭氏將商代共國與河内共城牽合，有混淆周代二共國之嫌。《左傳·隱公元年》："大叔出奔共。"杜預注："共國，今汲郡共縣。"②楊伯峻注："共即閔二年'益之以共、滕之民'之共，本爲國，後爲衛别邑，即今河南省輝縣。"③將共國地望定在河南輝縣，鮮有異議。但該共國封於何時，又是否爲姬姓，仍不明晰。武王伐紂時曾途經此"共"地，《荀子·儒效》曾載："武王之誅紂也……至氾而汎，至懷而壞，至共頭而山隧。"楊倞注："共，河内縣名。共頭，蓋共縣之山名。"④上博簡《容成氏》云："（武王）戊午之日，涉于孟津，至於共、滕之間，三軍大犯。"其中"共，在今河南輝縣"⑤，"共"距殷都朝歌甚近，戰略位置重要，其地在武王之世或已爲周所控制，"共"有可能類似周初三監中的管叔、蔡叔，在武王滅紂後已先行在此設邑以監管之。西周晚期三公有共伯和，家世、身份撲朔迷離，有"商氏後""周王之孫""厲王後"或衛武公等不同意見，莫衷一是。若謂共伯爲姬姓，尚無直接證據，然有爵稱而任職王室者，大多爲姬姓貴族。類推共爲姬姓，或與事實相近⑥。共伯和所領畿内共國或與畿内大世族榮氏、南宮氏等相仿，像南宫氏建有曾國，雖不在《左傳》所載姬姓二十六國中，始祖南宫括仍能自稱"余文王孫子"⑦，照此推理，雖不知前賢爲何將共伯和視爲"周王之孫"，但此説最貼近對畿内共伯的身份描述。畿内之"共"國被封於河南輝縣一帶，若非武王親爲，至遲在成王世也應立國於此。

除凡、共外，畿内柞（胙）國的分封也在此附近。曾於平頂山應國墓地

---

① 魏海峰《涇川商周阮、共古國（古文化）研究綜述與存疑摭釋》，《平凉日報》2015年4月1日，第3版。
② 杜預《春秋經傳集解》，上海：上海古籍出版社1988年版，第9頁。
③ 楊伯峻編著《春秋左傳注（修訂本）》，第14頁。
④ 王先謙撰、沈嘯寰、王星賢點校《荀子集解》，北京：中華書局2016年版，第160頁。
⑤ 馬承源主編《上海博物館藏戰國楚竹書（二）》，上海：上海古籍出版社2002年版，第290—291頁。
⑥ 杜勇《西周"共和行政"歷史真相新探》，《人文雜誌》2019年第5期。
⑦ 郭長江等《嬭加編鐘銘文的初步釋讀》，《江漢考古》2019年第3期。

M242出土的柞伯簋一度引起關注，銘記柞伯參加周王舉行的大射禮並受賞，爲周公作器。發掘報告認爲柞伯是第一任胙國國君的嫡長子[1]，另有學者主張應是柞國始封君[2]，見諸M242隨葬器物的年代，絕大多數都屬於西周康昭時期，最晚者甚至到穆世，因此發掘報告將該墓年代推定在昭王晚期，甚或昭穆之際[3]。而近出厲宣重器柞伯鼎銘[4]，出現器主先祖"烈祖幽叔"之稱，韓巍先生認爲，西周、春秋時期，大多數從大宗中析分出的小宗旁支都會採用新的氏名，小宗的宗子一般都會以"新氏名+本人實際排行"爲稱謂；第一代一般是非嫡長子，故以"新氏名+仲、叔、季"爲稱[5]。因此，柞伯鼎銘出現的"烈祖幽叔"，更可能實指第一任胙國始封君，如史牆盤"微史烈祖"、六年琱生盤"烈祖召公"、師奧鐘"烈祖虢季"，均係第一代家族長。"幽"係謚號，"叔"爲族内排行。柞氏從大宗周公家族分出另立柞國，至第二代就可以"柞+伯"指稱宗子，故柞伯簋之"柞伯"應爲第二代胙國君，發掘報告的説法更具説服力。

柞國始封應在成王世，地望就在河南延津縣北故胙城東[6]。已有學者指出，這個柞國是商代子姓的瓦國被周滅後，故封周公子於此，佔有河南延津縣地[7]，體現以姬周子弟取代殷遺宗親以統治中原的戰略意圖。柞與凡、共一道，被封於成周王畿東北邊，這裏就是直面東方諸侯的第一道防綫，不僅有加强原殷畿控制力量、更好穩固成周王畿的意圖，而且如晚期柞伯鼎銘顯示，以虢仲、柞伯爲代表的中央高官可以直接指揮地方諸侯——蔡國軍隊抗禦淮夷，起到蕃屏周室的國防作用。李峰先生曾指出，西周諸侯國的建立並不是一個隨意賜予其親屬和地方首領以土地的過程，而是西周國家精心構建其地緣空間，並從而鞏固其政治基礎的過程[8]。於上述諸國的封建進程，體現周初戰略性的分封設計，正可證其説不誣。

---

[1] 河南省文物考古研究所、平頂山市文物管理局《平頂山應國墓地Ⅰ上》，第171—172頁。
[2] 李學勤《柞伯簋銘考釋》，《文物》1998年第11期；袁俊傑《胙國史事探析》，《河南大學學報(社會科學版)》2008年第3期。
[3] 河南省文物考古研究所、平頂山市文物管理局《平頂山應國墓地Ⅰ上》，第182頁。
[4] 朱鳳瀚《柞伯鼎與周公南征》，《文物》2006年第5期。
[5] 韓巍《重論西周單氏家族世系》，載於朱鳳瀚主編《新出金文與西周歷史》，上海：上海古籍出版社2011年版，第184頁。
[6] 參見黄盛璋《關於柞伯鼎關鍵問題質疑解難》，《中原文物》2011年第5期。
[7] 楊東晨《論西周時期河南地區的民族與文化》，《河南大學學報(社會科學版)》2001年第4期。
[8] 李峰《西周的滅亡：中國早期國家的地理和政治危機(增訂本)》，第96頁。

(二) 焦、邢諸國的戰略性徙封

《左傳》昭公二十六年載王子朝所言："昔武王克商,成王靖四方,康王息民,並建母弟,以蕃屏周。"實際康王初封諸侯之事少見,遠不如其徙封諸侯更有國土戰略意義。康王始封諸侯,以賈、焦二國爲代表。《左傳·桓公九年》:"秋,虢仲、芮伯、梁伯、荀侯、賈伯伐曲沃。"其中"賈伯"就是姬姓賈國君,乃畿外諸侯。唐《元和姓纂》:"唐叔虞少子公明,康王封于賈,後爲晉所滅,以國爲氏。"①其地在今山西襄汾縣東②。地處晉南汾河中下游的賈國,離成周王畿較近,距宗周王畿亦不遠,堪謂近畿北方的一道屏障。比賈國分封效果更明顯的守衛兩畿之間的封國,似非姬姓焦國莫屬。焦國之封更能看出康王在其父基礎上進一步營建成周王畿區的苦心。據文獻可知,焦似有二,武王曾經褒封神農之後於焦,是一姜姓國。北魏酈道元在《水經注·河水》"又東過陝縣北"條下説:"故焦國也,武王以封神農之後於此。"③而《左傳·襄公二十九年》記:"虞、虢、焦、滑、楊、韓、魏,皆姬姓也。"杜預注:"焦在陝縣。"即今河南三門峽市東二里④。二焦國似在一處。這裏面是否存在國族遷徙、再分封問題,有待辨説。

《史記·秦本紀》正義引《括地志》:"焦城在陝州城内東北百步,因焦水爲名。周同姓所封。"張守節按:"武王克商,封神農之後於焦,而後封姬姓也。"⑤推知周人是在武王褒封焦國之後纔將其地封於姬姓之焦。與之同處唐代的吳通徵説:"舊史稱,周武王克殷紂,封神農之後於焦。至武王孫康王,生子曰文,手中有畫,如焦字之數,又以封焉。爰初啓土,實居峽服。"⑥言語間也透露出先封神農之後於焦,再由康王封姬焦的意味。唐人觀點有沒有道理?張應橋先生從考古角度切入,認爲姜姓焦國始封確在武王世,地望就在河南陝縣靈寶一帶,而靈寶西坡遺址即爲姜姓焦國所有,其墓葬方向爲東西向,且大多爲西周早期,最晚墓葬爲中期早段。或意味著姜姓焦國從早期偏晚便開始遷徙,其東遷或因地處京畿要地,"引起姬周統治者的猜忌,從而對焦國進行脅迫……姜姓焦國東遷後不久,周王朝又封

---

① 林寶《元和姓纂》,北京:中華書局1994年版,第1044頁。
② 楊伯峻編著《春秋左傳注(修訂本)》,第136頁。
③ 酈道元著、陳橋驛校證《水經注校證》,北京:中華書局2007年版,第114頁。
④ 參見楊伯峻編著《春秋左傳注(修訂本)》,第1282頁。
⑤ 司馬遷《史記》卷五《秦本紀》正義,第261頁。
⑥ 李昉等編《文苑英華》卷九三一,北京:中華書局1966年版,第4900頁。

姬姓焦國於此"①。恰從考古上印證了唐人說法的可信性。康王有意遷出姜姓焦國，重立姬姓焦國於三門峽陝縣（今爲陝州區）一帶，是鞏固兩大王畿區中間地帶、把守兩畿間的交通要道的重要一步，客觀上也起到優化國土結構的作用。

此外，康王雖然不像成王那樣大規模地封邦建國，但在調整諸侯國的佈局方面做了更多的努力，就是甚爲引人注目的諸侯"徙封"②。徙封著名的例子有兩個，一是邢侯由中原遷出，轉而在北土重新安置。另一個就是宜侯夨簋所見虞侯向宜地的遷封③。本文只討論前者。

有學者堅持認爲，邢國始封就在河北邢臺④。然這實在無法與銘文相協，難以遵從。《左傳》僖公二十四年云："凡、蔣、邢、茅、胙、祭，周公之胤也。"《漢書·王莽傳上》："成王廣封周公庶子，六子皆有茅土。"邢的初封當在成王時，但這一步分封在康王之世的地理格局審視下，顯得不夠理想。在成周畿內留下這一諸侯，幾乎起不到蕃屏周室的作用，故而康王有意調整邢的地理位置，另在北土重新安置。著名的麥氏四器記載了邢的遷封及其蕃屏意義。

麥方尊銘有云："王令辟邢侯出衹，侯于邢。"銘末又記邢侯受賞後"用恭儀寅侯，覜孝于邢侯"（《銘圖》11820），或以爲首句"侯于邢"就是指邢侯初封⑤。但據後文可知，這個"侯于邢"的邢侯不當爲第一任邢侯⑥，否則再說他"覜孝于邢侯"頗顯不類。麥方尊的年代，有成⑦、康⑧、昭⑨等不同意

---

① 張應橋《河南地區西周墓葬研究》，博士學位論文，鄭州大學2006年，第84—85頁。
② 晁福林《〈史牆盤〉銘文補釋——兼論"成康之治"》，《學術月刊》2019年第11期。
③ 宜侯夨簋並非吳國銅器，宜侯夨在徙封宜地前爲虞國君，後來康王將虞侯夨徙封至宜（河南宜陽）。康王徙封虞侯夨於宜，使其與應國相互配合，共同組成抵抗淮夷、南向拓疆的防綫，以便實現周初經略南土的戰略目標。參見姚草鮮《宜侯夨簋中"宜"非江南吳國新考》，《古代文明》2023年第4期。
④ 參見陳昌遠《古邢國始封地望考辨》，《中國歷史地理論叢》1991年第3期；周書燦《邢侯簋與西周服制》，《四川文物》2010年第3期；張渭蓮、段宏振《邢臺西周考古與西周邢國》，《文物》2012年第1期。
⑤ 李學勤、唐雲明《元氏銅器與西周的邢國》，《考古》1979年第1期。
⑥ 唐蘭指出，本銘之"覜孝于邢侯"，明邢侯出坯並非第一代邢侯。此說王命侯于邢，是嗣位需受王命。第一代邢侯封于康王時，見邢侯簋。載於《西周青銅器銘文分代史徵》，第257頁。
⑦ 參見袁俊傑《再論麥方尊與賓射禮》，《中原文物》2013年第4期。作者在文中揭舉朱鳳瀚、王冠英等多主張與成王時器類似，而陳夢家、李學勤等以爲該器應定于成康之際。
⑧ 郭沫若《兩周金文辭大系圖錄考釋》，第40頁；馬承源主編《商周青銅器銘文選（三）》，第46頁。
⑨ 唐蘭《西周青銅器銘文分代史徵》，第255頁；彭裕商《西周青銅器年代綜合研究》，第281頁。

見，筆者以爲定於康世較妥。因爲從銘文來看，這裏出現前後兩任邢侯，首任邢侯即邢侯簋中"邢侯"，始封已在成世，而麥方尊銘所言"侯于邢"的繼任者排在成世之後，但又不能晚至昭王世，因爲大分封到康王世就基本結束了。至於麥方尊中的"王"也應爲康王，康王對麥的國君邢侯説"出秅，侯于邢"是讓他從"秅"地遷出，去往"邢"地就封。《漢書·地理志》在"襄國"下注"故邢國"，把邢國始封地確定在河北邢臺。這和把燕國始封地對應在薊縣、鄭國始封定在鄭縣類似，班固採用的這種古今地名對照法，都是在利用某一諸侯國爲人熟知而又有影響力的都邑來確定始封之地，是很有問題的①。從麥方尊銘來看，邢侯的始封地就是他準備遷出的"秅"地。早年王國維結合鄂侯馭方鼎、競卣諸銘，主張該字讀爲"壞"，亦即大伾山之"伾"。郭沫若加以續證，以爲在今河南汜縣西北里許之大伾山。

關於此山地望，劉起釪對前説詳作梳理，主要有河內（修武、武德）、成皋、黎陽三説②。王法星已指出大伾山是"成皋縣山"向東北延伸數十里至"修武武德界"，就是一山的兩端③。劉起釪贊同其説，指出在被黃河腰斬以前，成皋與河內的二山確爲一山，呈西南東北走向，阻擋黃河使之北流。意即大伾山北端在河內（今修武、武陟縣境），南端在成皋（今榮陽汜水鎮），且南段成皋猶有故丘。《左傳·宣公六年》："秋，赤狄伐晉。圍懷及邢丘。"《史記·秦本紀》："（昭襄王）攻魏，取邢丘、懷。"《史記集解》引徐廣曰："邢丘在平皋。"《史記正義》引《括地志》："平皋故城本邢丘邑，漢置平皋縣，在懷州武德縣東南二十里。"④《續漢書郡國志》在"平皋"下記："有邢丘，故邢國，周公子所封。"⑤這個"周公子"就是第一任邢侯，始封在平皋邢丘，也就是麥方尊中的"伾"（伾山北段）。許慎説："邢，周公子所封，地近河內懷。"楊伯峻指出："懷在今河南省武陟縣西南……邢丘即今河南省溫縣東二十里之平皋故城，懷與邢丘僅相近。"⑥1979年考古工作者在河南溫縣東南十公里的北平皋村發現了古代城垣遺址，另採集到印有"邢公"的東周陶文，邢丘地望由此得到確證⑦。

---

① 參見葉先闖《鄭桓公早期居地變遷考》，《中國地方誌》2023年第2期。
② 劉起釪《古史續辨》，第488—491頁。
③ 王法星《大伾山古貌粗探》，《史學月刊》1991年第2期。
④ 參見司馬遷《史記》卷五《秦本紀》，第272頁。
⑤ 錢林書編著《續漢書郡國志匯釋》，合肥：安徽教育出版社2007年版，第25頁。
⑥ 楊伯峻編著《春秋左傳注（修訂本）》，第751頁。
⑦ 北京大學考古專業商周考古組等《晉豫鄂三省考古調查簡報》，《文物》1982年第7期。

經這一番遷封,邢侯實已轉變爲獨當一面的北土諸侯了。河北元氏西張村曾出土康世臣諫簋,銘記:"唯戎大出[於]軧,邢侯搏戎,誕令臣諫□□亞旅處於軧。"(《銘圖》5288)大意是説因爲戎人侵犯了軧國,故而邢侯出兵與戎人搏殺,並且還令其臣下諫率領軍隊駐扎在軧地(以防再次被攻擊)①。它表明邢侯北遷邢臺後,在抵禦戎人、保護弱小方國方面確對王朝有所貢獻,成爲充實北土藩屏力量的重要諸侯,而且康王將邢侯徙封出去,空出的邢丘便自然劃入成周王畿,成爲調整諸侯佈局、優化國土結構的又一妙招。

四、餘　論

《新唐書·陸贄列傳》載名相陸贄向唐德宗獻策,指出:"立國之權,在審輕重,本大而末小,所以能固。……王畿者,四方之本也。京邑者,王畿之本也。其勢當京邑如身,王畿如臂,而四方如指,此天子大權也。"②陸贄以政治家的眼光,向皇帝建言治國要居重馭輕、需本大末小,故應尤重王畿建設。這雖是針對唐代政治格局而發,但對理解西周王畿功能、作用,同樣適用。通過梳理異邦陳、鄂、楚紛紛南遷,姬姓國邢、衛之北遷經過,以及邢、共、凡、柞、焦、密的新封,基本闡明成、康二王如何藉由分封(含徙封)手段,從而精心建構起西周掌控中原的空間整合過程。從中可看到周人的國土優化、建構策略是:

第一,凡自身實力較强,與王朝親疏無常的異姓諸侯須清除在周王核心區外,如楚、鄂不能留居中原要地。東都洛邑周邊只會保留一些弱小古國(如鄀),而主要將大部分姬姓子弟或功臣分封在洛邑周圍,以形成衆星拱月的藩屏態勢。像凡、共、胙、衛、應、許、陳等國的封建,基本在成周王畿東北、東南一綫形成了一條半月形屏障,將周天子直轄地與東土、南土隔開,有利於維護中央所在核心區安全。

第二,清代崔述曾指出周初的封建是"滅一國始封一國",現在可以在此説基礎上,增加一條即"遷一國始封一國"。陳的南遷令凡國建立成爲可

---

① 參見楊文山《青銅器臣諫簋與"邢侯搏戎"》,《文物春秋》2005 年第 6 期。
② 歐陽修、宋祁《新唐書》卷一五七,北京:中華書局 1975 年版,第 4912—4913 頁。

能,鄂之南遷則讓邢國佔據故地順理成章,姜姓焦國東遷使得姬姓焦國就此填補空地。這些異姓諸侯的遷徙,基本都是在周王特意安排下完成的,爲的就是讓更多的姬姓宗親子弟掌控千里王畿地。

第三,畿内各封國的設置,大都有著各自建立的政治目的,像姬密安置於鄶國附近以監視異族,溫、檀、原等國的分封有利於控制河内①,姬焦安置於三門峽一帶,正處在宗周王畿向成周王畿的交通要道上。此外,由於楚、邢、衛國的地理變動,又爲中原增加大量空地,他們直接爲王室所有,爲周天子日後在畿内封授采邑提供了更從容的地理空間。

成周王畿區的建設,展示了周初統治者高超政治智慧和精心建構地理空間的努力。首先是武王時開始有伊洛間建都的規劃,後被武王之弟周公正式選址營建洛邑告終。待洛邑中心確立,著手遷徙原居中原的異姓諸侯,並以宗親子弟爲核心分封一批新諸侯,最終令成周王畿區大體成型。成周王畿的塑造,是西周王畿得以發揮重大作用的關鍵步驟,它實際意味著西周國家"天下"格局的重整基本完成。周因克商而借重的"西土"觀念,背後反映出周人仍將自己置於商"天下"框架内②,不利於建國後重塑周的共主地位。周初三監以及東部各國的叛亂無不顯示西周延續舊商國家結構的弊端。但在周公東征、平叛勝利歸來後,東土親殷勢力土崩瓦解,周人第一次號稱自己爲"大邦周"③,顯示周已自認爲"天下"的中心,徹底走出"大國殷"的陰影。周初一系列軍事征伐更切實讓周人擁有廣袤的東部疆域,有了建構屬於自己的中心和四土的地理空間,王畿的形成標示著西周國家中心地域真正確立,自然也成爲周王室統治四方的强有力基礎。

經濟上,王畿的形成讓中央政府有了直接統轄的大量土地,這片領地除了分封一些爲王官采邑外,周王自己也擁有不少土地以及公邑,他們直接歸周王支配,生產之物也完全納入王室。洛邑的興建,還令各地諸侯進貢王室的貢納體制得以建立,從此洛邑成爲全國貢賦接收的總中心,在淮夷等貢賦不濟的年歲裏,統治者還會以成周爲始點,通過周道派遣軍隊或

---

① 《左傳·成公十一年》載:"昔武王克商,使諸侯撫封,蘇忿生以溫爲司寇,與檀伯達封于河。"另有武王之弟原伯,也被封於河内。參見吕文郁《周代的采邑制度》(增訂版),北京:社會科學文獻出版社 2006 年版,第 68—69、88 頁。
② 王健《西周政治地理結構研究》,鄭州:中州古籍出版社 2004 年版,第 76—78 頁。
③ 清華簡《四告》周公誥辭出現"經緯大邦周""(成王)氏尹九州"等字句,顯示周共主地位的真正確立。參見清華大學出土文獻研究與保護中心編、黄德寬主編《清華大學藏戰國竹簡(拾)》,第 109 頁。

工(貢)吏進駐四夷邊地催討貢稅。軍事上，隨著東部王畿形成，又擴充了成周八師，這讓西周軍力大爲增强，金文所見成師、古師、柯師、牧師、堂師等大都建在成周王畿内，它們和關中的西六師一起，爲整個國家的强力統治注入國防力量。思想上，"中國"由此前的洛邑都城逐步演變成國家的中心地域——中原，再後來成爲"華夏"的代名詞，爲以同質文化爲聚合要素的中華民族的形成增添思想内核，意義非凡。

　　總之，經過從武王規擬洛邑到康王徙封邢侯至北土這一系列精巧設計，成周王畿區得以有了基本的輪廓。加之克商前經營的關中一帶，爲儒家豔説的"千里王畿"之地，最終在康王世大體確定下來。從此周人不僅有了有力統治全國疆域的兩大中心，同時也爲天子的賦稅和生計，確立了一塊自岐周、豐鎬到洛陽、鄭州逶迤一綫的廣袤地盤。這片地域爲周王室的政治、經濟生活提供了保障。這是周初統治者軍事征服的結果，更是充分施展政治謀略以合理規劃、塑造"中國"的成就。周爲長治久安所謀定的天下格局，在確立西周王朝的中心區域暨成周王畿一事上，展現了無與倫比的心術與規摩。

（作者單位：廣西師範大學歷史系、歷史地理研究所）

Shaping "China": The Large-Scale Enfeoffment of the Chengkang Era and the Regional Integration of the Chengzhou Royal Domain

Ye Xianchuang

"Under the vast heaven, all is the king's land" a line from *The Book of Songs* "Beishan" has often been interpreted as an expression of the Western Zhou Dynasty's ideal political vision. However, this phrase more accurately reflects the Zhou people's ambition for great unification. To achieve this political goal, the promotion of the feudal enfeoffment system to restructure the new "center-periphery" geographical pattern was essential. The core ruling area of the Western Zhou was the region described in *The Book of Han* "Geography Records" as "Luoyi and Zongzhou's joint royal domain." Unlike the formation of the western Zongzhou royal domain, the eastern Chengzhou royal domain was the result of military and political strategizing that began with the Duke of Zhou's eastern campaign, notably during the large-scale enfeoffment in the Chengkang era. This period was characterized by the relocation of non-kin dukes and the enfeoffment of new kin lords. At the end of the Shang and beginning of the Zhou dynasty, the Chu and E states occupied central territories critical to the Zhou expansion and stability, necessitating their southern migration, while the enfeoffment of the related Chen state was also moved southward due to its incompatibility with King Cheng's feudal layout. King Cheng further solidified control over the old Yin royal domain through Kangshu's relocation to Wei and the enfeoffment of new Ji-kin states in the Central Plains, such as Yu, Fan, Gong, Zuo, and Mi. King Kang went further by relocating the Jiang-kin Jiao state from the Sanmenxia area and replacing it with a Ji-kin Jiao state to strengthen the area between the two royal domains, and moved the Xing state from Xingqiu to Xingtai in the northern lands to resist the Rong, effectively serving as a protective screen. Each enfeoffment (including relocations) reflects early Zhou rulers' meticulous design in constructing their geopolitical region and optimizing the national territory structure, ultimately laying the foundational concept of the region known to later generations as "China" during the Chengkang era.

Keywords: Chengkang era, large-scale enfeoffment, Chengzhou royal domain, regional integration, national migration

徵引書目

1. 于薇：《徙封：西周封國政治地理的結構——過程》，上海：上海古籍出版社，2022年版。Yu Wei. *Xifeng: Xizhou fengguo zhengzhi dili de jiegou-guocheng*（*Relocating Fiefdoms: The Structuring of Political Geography in the Western Zhou Dynasty*）. Shanghai：Shanghai guji chubanshe，2022.
2. 毛亨傳、鄭玄箋，孔祥軍點校：《毛詩傳箋》，北京：中華書局，2018年版。Mao Heng, Zheng Xuan. *Maoshi zhuanjian*（*Annotated and Commentaries on Maoshi*）. Punctuated and collated by Kong Xiangjun. Beijing：Zhonghua shuju, 2018.
3. 孔安國傳，馮先思、周煦陽整理：《尚書傳》，北京：商務印書館，2023年版。Kong Anguo. *Shangshu zhuan*（*Commentaries on Shangshu*）. Edited by Feng Xiansi, Zhou Xuyang. Beijing：Shangwu yinshuguan, 2023.
4. 孔穎達：《毛詩正義》，北京：中華書局，2009年版。Kong Yingda. *Maoshi Zhengyi*（*Correct Meaning of the Mao Commentary to the Book of Odes*）. Beijing：Zhonghua shuju, 2009.
5. 孔穎達：《禮記正義》，北京：中華書局，2009年版。Kong Yingda. *Liji Zhengyi*（*Correct Meanings of the Record of Rites*）. Beijing：Zhonghua shuju, 2009.
6. 王先謙撰，沈嘯寰、王星賢點校：《荀子集解》，北京：中華書局，2016年版。Wang Xianqian. *Xunzi ji jie*（*Xunzi with Collected Explications*）. Punctuated and collated by Shen Xiaohuan, Wang Xingxian. Beijing：Zhonghua shuju, 2016.
7. 王健：《西周政治地理結構研究》，鄭州：中州古籍出版社，2004年版。Wang Jian. *Xizhou zhengzhi dili jiegou yanjiu*（*Study on the Political Geographical Structure of the Western Zhou Dynasty*）. Zhengzhou：Zhongzhou guji chubanshe, 2004.
8. 王魯民：《塑造中國：東亞大陸腹地早期聚落組織與空間架構》，鄭州：大象出版社，2023年版。Wang Lumin. *Suzao Zhongguo: Dongya dalu fudi zaoqi juluo zuzhi yu kongjian jiagou*（*Shaping China: Organizational and Spatial Structures of Early Settlements in the Hinterlands of East Asia*）. Zhengzhou：Daxiang chubanshe, 2023.
9. 司馬遷：《史記》，北京：中華書局，2014年修訂本。Si Maqian. *Shiji: Xiuding ben*（*Records of the Grand Historian*）. Revised edition. Beijing：Zhonghua shuju, 2014.
10. 呂文郁：《周代的采邑制度（增訂版）》，北京：社會科學文獻出版社，2006年版。Lu Wenyu. *Zhoudai de caiyi zhidu: zengding ban*（*The Fief System in Zhou Dynasty: Enlarged Edition*）. Beijing：Shehui kexue wenxian chubanshe, 2006.
11. 呂思勉：《先秦史》，南京：譯林出版社，2016年版。Lu Simian. *Xianqin shi*（*History of Pre-Qin Period*）. Nanjing：Yi lin chubanshe, 2016.
12. 朱鳳瀚：《新出金文與西周歷史》，上海：上海古籍出版社，2011年版。Zhu Fenghan. *Xinchu jinwen yu xizhou lishi*（*Newly Discovered Chinese bronze inscriptions and the History of Western Zhou*）. Shanghai：Shanghai guji chubanshe, 2011.
13. 沈長雲：《上古史探研》，北京：中華書局，2002年版。Shen Changyun. *Shanggushi tanyan*（*Exploration of History in Ancient China*）. Beijing：Zhonghua shuju, 2002.

14. 李峰著、徐峰譯：《西周的滅亡：中國早期國家的地理和政治危機》（增訂本），上海：上海古籍出版社，2016年版。Li Feng. *Xizhou de miewang: Zhongguo zaoqi guojia de dili he zhengzhi weiji: zengding ben* (*Landscape and Power in Early China: The Crisis and Fall of the Western Zhou , 1045 – 771BC: Enlarged Edition*). Translated by Xufeng. Shanghai: Shanghai guji chubanshe, 2016.
15. 李昉等編：《文苑英華》，北京：中華書局，1966年版。Li Fang. *Wenyuan yinghua* (*Finest Blossoms in the Garden of Literature*). Beijing: Zhonghua shuju, 1966.
16. 杜預：《春秋經傳集解》，上海：上海古籍出版社，1988年版。Du Yu. *Chunqiu jingzhuan jijie* (*Collected Explanations on the Spring and Autumn Annals Classic*). Shanghai: Shanghai guji chubanshe, 1988.
17. 林寶：《元和姓纂》，北京：中華書局，1994年版。Lin Bao. *Yuanhe xingzuan* (*Completed Collection of Surnames in Yuanhe age*). Beijing: Zhonghua shuju, 1994.
18. 河南省文物考古研究所、平頂山文物管理局：《平頂山應國墓地Ⅰ上》，鄭州：大象出版社，2012年版。Henansheng wenwu-kaogu yanjiusuo, Pingdingshan wenwu-guanli ju. *Pingdingshan yingguo mudi* Ⅰ (*Cemetery of Yingguo in Pingdingshan* Ⅰ). Zhengzhou: Daxiang chubanshe, 2012.
19. 宮長爲、徐義華：《殷遺與殷鑒》，北京：中國社會科學出版社，2011年版。Gong Changwei, Xu Yihua.*Yinyi yu Yinjian* (*Archaeological Discoveries and Documentation of the Remnants of Yin*). Beijing: Zhongguo shehui kexue chubanshe, 2011.
20. 姜濤、賀全法、廖佳行：《河南文物考古論集》，鄭州：河南人民出版社，1996年版。Jiang Tao, He Quanfa, Liao Jiaxing. *Henan wenwu-kaogu lunji* (*Collected Essays on Cultural Relics and Archaeology of Henan*). Zhengzhou: Henan renmin chubanshe,1996.
21. 唐作藩：《上古音手册（增訂本）》，北京：中華書局，2013年版。Tang Zuofan. *Shangguyin shouce: Zengdingben* (*A Handbook of Old Chinese Phonology: Enlarged Edition*). Beijing: Zhonghua shuju, 2013.
22. 唐蘭：《西周青銅器銘文分代史徵》，上海：上海古籍出版社，2016年版。Tang Lan. *Xizhou qingtongqi mingwen fendai shizheng* (*Historical Verification of the Periodization of Inscriptions on Western Zhou Bronze Objects*). Shanghai: Shanghai guji chubanshe,2016.
23. 陳奐撰、滕志賢整理：《詩毛氏傳疏》，南京：鳳凰出版社，2019年版。Chen Huan. *Shi maoshi zhuanshu* (*Explaining the Mao Commentary on Book of Odes*). Collated by Teng Zhixian. Nanjing: Fenghuang chubanshe, 2019.
24. 郭沫若：《兩周金文辭大系圖録考釋》，北京：科學出版社，1957年版。Guo Moruo. *Liangzhou jinwenci daxi tulu kaoshi* (*Great Collection of Bronze Inscriptions from the Two Zhou Dynasties , Illustrated and Annotated*).Beijing: Kexue chubanshe, 1957.
25. 陳夢家：《西周銅器斷代（上册）》，北京：中華書局，2004年版。Chen Mengjia. *Xizhou tongqi duandai: shangce* (*Periodization of Western Zhou Bronze Vessels: Volume one*). Beijing: Zhonghua shuju, 2004.
26. 馬瑞辰撰、陳金生點校：《毛詩傳箋通釋》，北京：中華書局，1989年版。Ma Ruichen. *Maoshi zhuanjian tongshi* (*The Annotation on Mao Heng's Commentaries on the Book of*

Songs). Beijing: Zhonghua shuju, 1989.
27. 馬承源:《商周青銅器銘文選(三)》,北京:文物出版社,1988 年版。Ma Chengyuan. *Shangzhou qingtongqi mingwen xuan: 3 (The Selected and Explanation of inscriptions on bronze in Shang and Zhou: volume 3)*.Beijing: Wenwu chubanshe, 1988.
28. 馬承源:《上海博物館藏戰國楚竹書(二)》,上海:上海古籍出版社,2002 年版。Ma Chengyuan. *Shanghai bowuguan cang zhanguo chu zhushu: 2 (Collection of Chu Bamboo Books of Warring States in Shanghai Museum: volume 2)*. Shanghai: Shanghai guji chubanshe, 2002.
29. 孫亞冰、林歡:《商代地理與方國》,北京:中國社會科學出版社,2010 年版。Sun Yabing, Lin Huan. *Shangdai dili yu fangguo (The Geography and States in Shang Dynasty)*. Beijing: Zhongguo shehui kexue chubanshe, 2011.
30. 孫詒讓注、孫啓治點校《墨子閒詁》,北京:中華書局,2001 年版。Sun Yirang.*Mozhi jiangu (Inquiries and Interpretations on Mozi)*. Punctuated and collated by Sun Qizhi. Beijing: Zhonghua shuju, 2001.
31. 清華大學出土文獻保護與研究中心編,李學勤主編:《清華大學藏戰國竹簡(貳)》, 上海:中西書局,2011 年版。Qinghuadaxue chutuwenxian baohu yu yanjiu zhongxin, Li Xueqin edited. *Qinghuadaxue cang zhanguo zhushu: 2 (Collection of Bamboo Slips of Warring States in Tsing hua University: volume 2)*. Shanghai: Zhongxi shuju, 2011.
32. 清華大學出土文獻研究與保護中心編、李學勤主編:《清華大學藏戰國竹簡(伍)》, 上海:中西書局,2015 年版。Qinghuadaxue chutuwenxian baohu yu yanjiu zhongxin, Li Xueqin edited. *Qinghuadaxue cang zhanguo zhushu: 5 (Collection of Bamboo Slips of Warring States in Tsing hua University: volume 5)*. Shanghai: Zhongxi shuju, 2015.
33. 清華大學出土文獻研究與保護中心編、黃德寬主編:《清華大學藏戰國竹簡(拾)》, 上海:中西書局,2020 年版。Qinghuadaxue chutuwenxian baohu yu yanjiu zhongxin, Huang Dekuan.*Qinghuadaxue cang zhanguo zhushu: 10 (Collection of Bamboo Slips of Warring States in Tsing hua University: volume 10)*. Shanghai: Zhongxi shuju, 2020.
34. 曹音:《尚書周書釋疑》,上海:上海三聯書店,2015 年版。Cao Yin. *Shangshu zhoushu shiyi (Interpret the Doubts and Suspicions of Zhoushu in Shangshu)*. Shanghai: Shanghai sanlian shudian, 2015.
35. 梁玉繩:《史記志疑》,北京:中華書局,1981 年版。Liang Yusheng. *Shiji zhiyi (Problematic Accounts from the Records of the Grand Historian)*. Beijing: Zhonghua shuju, 1981.
36. 程俊英、蔣見元:《詩經注析》,北京:中華書局,1991 年版。Cheng Junying, Jiang Jianyuan. *Shijing zhuxi (Analytical Comments on Shijing)*. Beijing: Zhonghua shuju, 1991.
37. 葛志毅:《周代分封制度研究(修訂本)》,哈爾濱:黑龍江人民出版社,2005 年版。 Ge Zhiyi. *Zhoudai fenfeng zhidu yanjiu: Xiudingben (Study of Enfeoffment System in Zhou Peroid: Revised edition)*. Haerbin: Heilongjiang renmin chubanshe, 2005.
38. 彭裕商:《西周青銅器年代綜合研究》,成都:巴蜀書社,2003 年版。Peng Yushang.

Xizhou qingtongqi niandai zonghe yanjiu (*Comprehensive study on age of bronze wares in Western Zhou Period*). Chengdu：Bashu shushe, 2003.

39. 楊伯峻：《春秋左傳注（修訂本）》，北京：中華書局，2016 年版。Yang Bojun. *Chunqiu zuozhuan zhu: Xiuding ben* (*Explain with notes on Chunqiu Zuozhuan: Revised edition*). Beijing：Zhonghua shuju, 2016.

40. 楊樹達：《積微居金文説（增訂本）》，長沙：湖南教育出版社，2007 年版。Yang Shuda. *Jiwei ju jinwen shuo: Zengding ben* (*Study of inscriptions on bronze wares in Jiwei ju: Enlarged Edition*). Changsha：Hunan jiaoyu chubanshe, 2007.

41. 黄懷信、張懋鎔、田旭東：《逸周書彙校集注（修訂本）》，上海：上海古籍出版社，2007 年版。Huang Huaixin, Zhang Maorong, Tian Xudong. *Yi Zhoushu huijiao jizhu: Xiuding ben* (*Emendated and variorum of Yi Zhoushu: Revised edition*). Shanghai：Shanghai guji chubanshe, 2007.

42. 劉起釪：《古史續辨》，北京：中國社會科學出版社，1991 年版。Liu Qiyu. *Gushi xubian* (*Further Differentiate and Analyse of History in Ancient China*). Beijing：Zhongguo shehui kexue chubanshe, 1991.

43. 劉緒：《夏商周文化與田野考古》，上海：上海古籍出版社，2022 年版。Liu Xu. *Xiashangzhou wenhua yu tianye kaogu* (*Culture and Field Archaeology in Xia Shang Zhou*). Shanghai：Shanghai guji chubanshe, 2022.

44. 歐陽修、宋祁：《新唐書》，北京：中華書局，1975 年版。O Yangxiu, Song Qi. *Xin Tangshu* (*New Book of Tang*). Beijing：Zhonghua shuju, 1975.

45. 錢林書：《續漢書郡國志彙釋》，合肥：安徽教育出版社，2007 年版。Qian Linshu. *Xuhanshu junguozhi huishi* (*Interpreted and variorum of Junguozhi in Xu-Hanshu*). Hefei：Anhui jiaoyu chubanshe, 2007.

46. 瞿同祖：《中國封建社會》，北京：商務印書館，2017 年版。Qu Tongzu. *Zhongguo fengjian shehui* (*Feudal Society of China*). Beijing：Shangwu yinshuguan, 2017.

47. 羅運環：《出土文獻與楚史研究》，北京：商務印書館，2011 年版。Luo Yunhuan. *Chutu wenxian yu chushi yanjiu* (*Study of Unearthed documents and history of Chu*). Beijing：Shangwu yinshuguan, 2011.

48. 顧炎武著、張京華校釋：《日知録校釋》，長沙：岳麓書社，2011 年版。Gu Yanwu. *Rizhilu jiaoshi* (*Collected Explanatory Annotations on Record of Daily Knowledge*). Interpreted and collated by Zhang Jinghua. Changsha：Yuelu shushe, 2011.

49. 酈道元著、陳橋驛校證：《水經注校證》，北京：中華書局，2007 年版。Li Daoyuan. *Shuijingzhu jiaozheng* (*Annotated Water Classic: Collation and Verifications*). Proofread and collated by Chen Qiaoyi. Beijing：Zhonghua shuju, 2007.

宋玉"負俗"與
《文心雕龍·雜文》立篇之義

沈燕燕　許云和

【摘　要】"負俗"是劉勰對宋玉的評價，也是其設置的解讀對問一體的重要語境。負俗意即與世俗相違而遭受譏議，負俗者則多爲含才高士，他們不媚俗、不合衆，往往能做出超越俗衆的卓越成就。宋玉負俗不僅體現在其爲人與世不諧，亦體現在其負俗、抗俗的文學創作當中，具體言之，則是開創對問一體、關注世俗題材、創作導向諧趣化以及敘述虛構化、戲劇化。此外，在劉勰列舉的七體、連珠及創作者本人身上，也可見出其含才負俗的鮮明特徵，説明在劉勰的思想意識中，負俗是作家可貴的爲人品質與文學品格，而雜文則是文人含才負俗的綜合體現，是其以遊戲心態創作、表現文人情志、展示文學技藝的文類。認識雜文的特徵，劉勰所謂"負俗"無疑是一個重要的基點。

【關鍵詞】宋玉　劉勰　負俗　雜文　遊戲筆墨

《文心雕龍》論雜文，一開始即探其原而溯其本，謂"宋玉含才，頗亦負俗，始造對問，以申其志"，認爲"對問"是最早的"雜文"，形成於戰國時文學家宋玉之手。毫無疑問，這是一條研究雜文起源的重要文獻，但對於這段話包藴的批評内涵，後人關注點多在"始造對問，以申其志"上，藉此認爲《對楚王問》的特徵在於述志，而於其前提"含才"與"負俗"卻隱而不論。實際上，"含才"與"負俗"正是劉勰設置的一個重要語境，它與宋玉的"始造對問，以申其志"存在著密不可分的因果關係。此外，對問作爲最早出現的雜文代表文體，其出現的原初語境及内涵，也與雜文的起源、特徵等問題密切相關，捨"含才""負俗"的語境而論雜文，顯然是失去了一個重要的觀察視角。

宋玉"含才"，意即宋玉在文學創作上富有卓越的創作才能，劉勰所謂"屈平聯藻於日月，宋玉交彩於風雲"①，就是對此最好的賅括。然"負俗"究竟該作何解釋？"負俗"與"含才"有何聯繫？宋玉的"含才""負俗"對對問這一雜文形式的形成又起到了怎樣的作用？這些都是需要進一步釐清的問題。唯其如此，纔能對對問的起源、形成及特徵獲得一個清晰的瞭解，充分認識劉勰所謂雜文的內涵和特徵。

一、宋玉負俗的社會內涵

"負俗"一詞最早見於《漢書》。西漢元封五年（前 106 年）四月，漢武帝下詔求賢：

> 蓋有非常之功，必待非常之人，故馬或奔踶而致千里，士或有負俗之累而立功名。夫泛駕之馬，跅弛之士，亦在御之而已。其令州郡察吏民有茂材異等可爲將相及使絶國者。②

"負，違也。"③"負俗"意即行爲或理念有違世俗標準，但這一行爲本身也往往預設了由此帶來的結果，此即晉灼所謂"被世譏論"。在漢武帝求賢詔中，"負俗"則具指士因放蕩不拘、有違禮法的"跅弛"④之行而不爲世人所喜，招致世人譏議。然而漢武帝卻認爲這些負俗之士是立非常之功的不二人選，只要主政者善"御"，負俗之士往往能成爲治國高才。其後袁康《越絶書》載文種進諫越王任用"不與於世"的范蠡，亦談到了高才與負俗的關係："《易》曰：'有高世之材，必有負俗之累；有至智之明者，必破庶衆之議。成

---

① 劉勰著，范文瀾注《文心雕龍注・時序》，北京：人民文學出版社 2006 年版，第 672 頁。
② 班固撰，顏師古注《漢書》，北京：中華書局 1962 年版，第 197 頁。蕭統《文選》題爲《求茂才異等詔》。
③ 參張守節《史記正義》，載司馬遷《史記・五帝本紀》，北京：中華書局 1982 年版，第 21 頁。
④ 顏師古注曰："跅者，跅落無檢局也。弛者，放廢不遵禮度也。"見《漢書・武帝紀》，第 198 頁。

大功者,不拘於俗;論大道者,不合於衆。'唯大王察之。"①文種強調,高才至智者多不合衆,因爲其智識水準遠超俗衆,言論舉措難以得到常人的理解與認可。但歷史證明,要成大功、論大道,就必須突破世俗舊有認知,努力超越時代認知的束縛,甚至顛覆舊有認知。在文種看來,負俗是高才者的宿命,而負俗的范蠡,最後也果真助勾踐興越滅吴,成就霸業。

此外,歷史上遭受負俗之譏的還有蘇秦、張儀、郭嘉等人②。觀其行跡可以發現,這些得"負俗"之評的人物,或出身貧賤,或品德有污,或舉止異於常人,但共通之處是具備出衆的政治才能,可以輔佐君主成就宏圖霸業。而後世亦基本上達成了共識,往往將"高世""越世"之"賢人""高才"與負俗聯繫起來,如王勃云"雄情負俗,鬱王佐之宏圖"③,陳師道云"負俗寧能累哲人? 昔賢由此致功名"④,都認爲負俗是不世之才的特質。

然而,負俗並不僅僅用於政治、軍事人物評價,在漢以後也逐漸用於評價文人。魏晉南北朝時,文學逐漸擺脱經學附庸地位走向自覺獨立,文學創作不再只是政教的工具,更強調個人情趣意志,加上人物品藻風氣盛行,論文者在總結文學創作時也多將注意力放到創作者的個人行爲和創作表現上。顏之推在點評前代文人時即言"自古文人,多陷輕薄",並列舉了自戰國屈原至南朝謝玄暉三十六位作家的輕薄之舉:

> 屈原露才揚己,顯暴君過;宋玉體貌容冶,見遇俳優;東方曼倩,滑稽不雅;司馬長卿,竊訾無操;王褒過章《僮約》;揚雄德敗《美新》;李陵降辱夷虜;劉歆反覆莽世;傅毅黨附權門;班固盗竊父史;趙元叔抗竦過度;馮敬通浮華擯壓;馬季長佞媚獲誚;蔡伯喈同惡受誅;吴質詆忤鄉里;曹植悖慢犯法;杜篤乞假無厭;路粹隘狹已甚;陳琳實號廳疎;繁欽性無檢格;劉楨屈強輸作;王粲率躁見嫌;孔融、禰衡,誕傲致殞;楊修、丁廙,扇動取斃;阮籍無禮敗俗;嵇康淩物凶終;傅玄忿鬭免官;孫

---

① 袁康,吴平《越絶書》,杭州:浙江古籍出版社 2013 年版,第 43 頁。
② 徐陵《勸進梁元帝表》:"昔蘇季、張儀違鄉負俗。"(嚴可均校輯《全上古三代秦漢三國六朝文》,北京:中華書局 1958 年版,第 3436 頁)《荀彧别傳》:"(郭嘉)有負俗之譏。"(陳壽撰,裴松之注《三國志》,北京:中華書局 1982 年版,第 318 頁)
③ 王勃《梓州玄武縣福會寺碑》,蔣清翊注《王子安集注》,上海:上海古籍出版社 1995 年版,第 561 頁。
④ 陳師道《何復教授以事待理》,任淵注、冒廣生補箋《後山詩注補箋》,北京:中華書局 1995 年版,第 545 頁。

楚矜誇凌上；陸機犯順履險；潘岳乾没取危；顏延年負氣摧黜；謝靈運空疏亂紀；王元長凶賊自詒，謝玄暉悔慢見及。①

顏之推所論皆爲歷代文豪，他們創作才華極高，但卻像漢武帝、魏太祖、文帝、明帝、宋孝武帝那樣"皆負世議"，人品多有缺陷，行止有違世俗道德禮法。文人之所以多輕薄負俗之舉，顏之推給出的解釋是："文章之體，標舉興會，發引性靈，使人矜伐，故忽於持操，果於進取。"②認爲文章是文人抒發性靈、張揚個性的表現途徑，爲文者容易恃才自負，露才揚己，這種個性膨脹的結果，便是忽視爲人的操守，在生活中我行我素，逞能盡性。在顏之推看來，大抵文才與操守難以兼得，負俗是文才出衆者不可避免的人格缺陷。將負俗用於評價文人名士的還有宋明帝《文章志》，謂"（孫）綽博涉經史，長於屬文，與許詢俱與負俗之談"③，檀道鸞《續晉陽秋》亦言"（郗）超少有才氣，越世負俗，不循常檢"④，都强調文人名士身上具有不合常法的行爲獨特性，説明在時人的觀念中，負俗是含才文人最爲特出的行爲表現。

由上可見，無論是在政治還是文學領域，以才高爲前提的負俗都是士人的重要特質。那麽，劉勰所謂宋玉負俗，其具體表現又有哪些呢？

宋玉以文顯名於世，但正史對其形跡記載並不多。《史記》《漢書》僅以寥寥數語交代其生平，謂"楚人"宋玉生於屈原之後⑤，"好辭而以賦見稱"⑥。倒是在其他文獻記載中，宋玉的形象要生動豐滿許多。據韓嬰《韓詩外傳》、劉向《新序》和習鑿齒《襄陽耆舊記》，宋玉曾因友人見用於楚王，但未得重用，僅以"小臣"⑦見遇。宋玉仕途不順，這或與他在當時的行爲及評價有關。

《新序》載："楚威王問於宋玉曰：先生其有遺行邪？何士民衆庶不譽之甚也！"⑧"遺行"即行爲失檢、品德有過，可見宋玉在士大夫乃至百姓間

---

① 王利器撰《顏氏家訓集解》，北京：中華書局2013年版，第286—287頁。
② 王利器撰《顏氏家訓集解》，第287頁。
③ 余嘉錫箋疏《世説新語箋疏》，北京：中華書局2007年版，第631頁。
④ 余嘉錫箋疏《世説新語箋疏》，第575頁。
⑤ 《漢書·藝文志》，第1747頁。
⑥ 司馬遷《史記·屈原賈生列傳》，第2491頁。
⑦ 詳見韓嬰《韓詩外傳》卷七、劉向《新序》雜事第五、習鑿齒《襄陽耆舊記》卷一。
⑧ 劉向《新序·雜事第一》，上海：上海古籍出版社1990年版，第6頁。此段記載基本同宋玉《對楚王問》一文，"威王"當爲"襄王"傳抄之誤。

的評價並不高，是個背負譏議的負俗之人，這種與世俗不諧的差評甚至傳到了楚王耳中。面對楚王的責問，宋玉不卑不亢予以回應，表示世人對自己的貶低，就如俗人不解雅樂之妙，鷃鳥不知天地之高，鯢魚不測江海之大，因爲他的思想與行爲已超越了世俗之人的認知範圍。在宋玉看來，負俗是因爲自己才高於世，故所思所行不爲世俗之人理解。他自比"超然獨處"的聖人，也是表示俗見不足爲懼，他亦不打算迎合，而是堅持自己卓越的思想與超凡的行爲（"瑰意琦行"），抗俗之傲氣溢於言表。

但世俗的譏議不僅來自同僚及百姓，也來自宋玉侍奉的楚王。據《襄陽耆舊記》載："玉識音而善文，襄王好樂而愛賦，既美其才，而憎之似屈原也。曰：子盍從楚之俗，使楚人貴子之德乎？"[1]好樂愛賦的楚王固然認可宋玉的文學和音樂才華，卻也憎惡其處世方式與屈原相似。那麽，宋玉究竟哪些方面與屈原相似呢？屈原由初入仕途的備受重用，到之後見疏、見棄於懷、襄二王，除了同僚的排擠毁謗外，也是因其直指楚國"忠者不忠，賢者不賢"的直諫言論不得君主歡心。宋玉似屈原，一是言行不受同僚百姓等俗衆的認可，二則大抵是因其"祖屈原之從容辭令"的勸諫之言。司馬遷言宋玉"終莫敢直諫"，這並非説宋玉曲意奉承君王，未進諷諫之言。孔子時即有"五諫"之説："忠臣之諫君，有五義焉。一曰譎諫，二曰戇諫，三曰降諫，四曰直諫，五曰風諫。"[2]説明諫君方式並非只有直諫一種。屈原直諫，是因其身爲楚國貴族，身居高位，可以直接與楚王論陳政事，而宋玉囿於"見遇俳優"的小臣身份，只能採取直諫之外的其他方式。楚襄王欣賞其文才，他所能做的無非就是像俳優一樣以言辭和文章愉悦楚王，站在卑微的取悦者立場上，盡量將委婉的諫言以委折入情的方式説出，諸如其《高唐賦》《神女賦》《釣賦》等，均寓有勸諫的意味。但諫言終究是諫言，尤其是楚襄王執政前期，"專淫逸侈靡，不顧國政"[3]，其不喜宋玉，當與屈原見疏原因一致，均是諫言逆耳。楚襄王勸宋玉"從楚之俗"，既是建議他處理好人際關係，迎合世人，也暗示他順從自己情欲的"好惡取捨"[4]，少説逆耳言論。

以上宋玉事蹟的出處，《韓詩外傳》距宋玉生活時代最近，記載相對可靠；《新序》是以諷諫爲政治目的的歷史故事類編，資料采自其他典籍，從故

---

[1] 習鑿齒著，黄惠賢校補《校補襄陽耆舊記》，北京：中華書局 2018 年版，第 2 頁。
[2] 王國軒、王秀梅譯注《孔子家語·辯政》，北京：中華書局 2009 年版，第 121 頁。
[3] 劉向編集《戰國策·楚策四·莊辛説楚襄王》，濟南：齊魯書社 2005 年版，第 173 頁。
[4] 《漢書·地理志》曰："好惡取捨，動靜亡常，隨君上之情欲，故謂之俗。"（《漢書》，第 1640 頁）

事流傳脈絡來看,或從《韓詩外傳》和宋玉作品衍生而來;《襄陽耆舊記》是襄陽地方志,習鑿齒作爲當地文士,熟稔本土人文掌故,其記載也代表了時人對宋玉形象的普遍認知。不論哪個版本的記載,都可看出宋玉具有負俗乃至抗俗的爲人品格。他才華出衆,雖地位低微,但思想認知遠超時人,世人目光短淺不解其言行,故多有惡評譏嘲。楚襄王雖愛其才,但對其與屈原同出一脈的諫言頗爲不滿。至此,劉勰所謂宋玉"負俗",即可從宋玉的社會行爲表現上得到部分解釋。今人在解釋宋玉"負俗"時,亦基本不出才高而與世不諧這一論斷①。只是,才高負俗的宋玉未能"由此致高名",到底落得"坎廩兮貧士失職而志不平"②的境地,只能引玄蝯爲喻,強作自寬之語:"處勢不便故也。夫處勢不便豈可以量功校能哉?"③意謂非是自己無能,而是時機未到,無法施展才能抱負,亦可見負俗之人抗俗的決心與無奈。

二、宋玉負俗的文學表徵

　　以上所論,是宋玉負俗人格的外在社會表現,但"吐納英華,莫非情性",劉勰在《體性》篇中即肯定作者的内在情性氣質與外在文學風格存在著必然關聯:"才有庸儁,氣有剛柔,學有淺深,習有雅鄭,並情性所鑠,陶染所凝,是以筆區雲譎,文苑波詭者矣。"④即此而言,劉勰對宋玉的"負俗"評價,就不僅僅指向其内在人品,同時也指向其外在的文學創作。那麽,在具體的文學創作中,宋玉的"負俗"又表現在哪些地方呢?
　　首先,宋玉爲文負俗的最直接表現就是創"對問"一體,劉勰所謂"宋玉含才,頗亦負俗,始造對問",即已清楚説明二者之間存在的邏輯關係。

---

① 周振甫《文心雕龍今譯》:"受世俗譏議。"(北京:中華書局1986年版,第125頁)陸侃如、牟世金《文心雕龍譯注》:"才高者爲世俗所譏。"(濟南:齊魯書社1981年版,第166頁)楊明照《文心雕龍校注拾遺》:"按《戰國策·趙策二》:夫有高世之功者,必負遺俗之累。《越絶書·外傳記范伯篇》:有高世之材者,必有負俗之累。唐滂《唐子》:夫士有高世之名,必有負俗之累。(《意林》五引)"(上海:上海古籍出版社1982年版,第117頁)戚良德《文心雕龍校注通譯》:"謂與世俗不合。"(上海:上海出版社2008年版,第157頁)趙仲邑《文心雕龍譯注》:"宋玉很有才華,對一般人也頗爲自負。"(桂林:灕江出版社1982年版,第121頁)
② 宋玉《九辯》,劉向輯、王逸注、洪興祖補注《楚辭》,上海:上海古籍出版社2015年版,第231頁。
③ 劉向《新序·雜事第五》,第33頁。
④ 劉勰著,范文瀾注《文心雕龍注·體性》,第505頁。

从形式而言，《對楚王問》自成一體。對問，即一問一答，而重點則在對答。早在甲骨卜辭、先秦史傳及諸子著述中，即存在類似的話語對答形式，如《論語》中孔子師生的教學對話，《孟子》中孟子與梁惠王的論辯等等。但這些典籍中的對話僅是文章的結構部分之一，且多爲闡明事理而設，故多不甚講究文辭，説理性大於文學性。而宋玉《對楚王問》一文以"對問"名篇，即有了獨立成體的辨識前提，且全篇僅以楚王問及宋玉答結構全文，文體框架結構簡明清晰。更重要的是，就語言表現而言，宋玉的"答辭"鋪張揚厲——以講故事的方式，先以郢中人對不同音樂的欣賞反映，説明曲高和寡的道理；再以動物界的鳳凰、鯤魚與鷃鳥、鯢魚對比，表明自己對鷃鳥、鯢魚爲代表的世俗的蔑視；最後則自比爲"聖人"，直抒世俗之人不解己之"瑰意琦行"的憤懣。三層喻界，以賦體的排比手法一一道出，文辭恢弘華麗，抒情亦層層遞進，無怪乎班固説宋玉"爲侈麗閎衍之詞"①，劉熙載《藝概》亦云"用辭賦之駢麗以爲文者，起於宋玉《對楚王問》"②。《對楚王問》的這些表現形式，都是之前那些含對問要素的文章所未有的新氣象。

從内容而言，宋玉的回答雖並未對楚王"有無遺行"之問直接辯駁，但設譬取喻三樁事，都是將世俗與自己置於對立面，以俗衆的短識淺見凸顯自己思想觀念的超凡脱俗，以楚王身邊佞臣的讒言昏劣，表達懷才不遇的憤懑和對俗衆的鄙夷。也就是《對楚王問》提供了一種爲文負俗的經典範式，後來纔有作家"效而廣之"的效應，如東方朔《答客難》假客難其官微位卑、揚雄《解嘲》設客嘲其爲官拓落、班固《賓戲》藉賓譏戲其著述無功等等，其假定前提均是對答者爲受世譏諷的負俗之士，然後以負俗之氣爲文，"申其志，放懷寥廓"。

通過上文的考察可以明確，劉勰從内容和語言形式確定了"對問"的立體標準，即："身挫憑乎道勝，時屯寄於情泰，莫不淵岳其心，麟鳳其采。"意謂"對答"一體就是用和麒麟鳳凰一樣華彩的文辭，抒發士不遇的憤懣，表達自我情志。宋玉創體之後，對問的文體特徵被賦體廣爲吸收，《文心雕龍·詮賦》言賦"述客主以首引，極聲貌以窮文"，表明以客主問答構篇和重視文辭已成爲賦家創作的共同特點之一。劉勰正是注意到《對楚王問》的這一創新性，纔將其單列一體。

---

① 《漢書·藝文志》，第1756頁。
② 劉熙載《藝概·文概》，上海：上海古籍出版社1978年版，第14頁。

其次，除劉勰所強調的"始造對問"外，宋玉其他作品中也有鮮明的爲文負俗特徵，具體表現之一就是對女色這一世俗題材投以前所未有的關注。

女色指女性容貌姿態，在《神女賦》之前，《詩經》中已有不少描寫女性之美的詩篇，但限於體裁及篇幅，對女色之美的刻畫大多都是概括性的。或用個別字詞概述特質，如"窈窕淑女""洵美且都"；或以物比附，以景烘托，如"桃之夭夭，灼灼其華"；而少有對女性容貌、情態的具體描繪。對比《神女賦》中對巫山神女的鋪陳描寫，可以明顯看出宋玉對《詩經》女性刻畫手法的繼承與發揚。寫神女氣質，以日、月、花、玉等物比擬，"耀乎若白日初出照屋梁""皎若明月舒其光"；寫衣飾和身段，"盛文章""照萬方"，極言其華美優雅；寫容貌意態，則是細緻工描其眼眸眉唇。全面鋪寫神女的瑰姿瑋態，而用詞之精美繁縟遠勝前者。除了外在風采神韻，宋玉還著重展現了神女的俗化情欲："褰余帷而請御兮，願盡心之惓惓。懷貞亮之絜清兮，卒與我兮相難。"因傾心而意欲自薦枕席，又因禮教而退卻恪守。神而兼人性，既有大膽追求愛情的原始情欲，又有作爲神靈莊重矜持的一面，由此成爲中國文學史上經典的女神形象。

《登徒子好色賦》中對東家之子美貌的形容又稍別於神女，先是用層層遞進的對比手法烘托，由天下而楚國而鄉里，突出東家之子的美色，而之後的"增之一分則太長，減之一分則太短；著粉則太白，施朱則太赤"，則完全從虛處落筆，側寫其美色，給讀者以極大的想象空間。此外，賦中還描繪了另一種獨特的女色："其妻蓬頭攣耳，齞唇歷齒，旁行踽僂，又疥且痔。"登徒子之妻頭髮蓬亂，耳朵蜷曲，牙齒稀疏不齊且突露於嘴唇外，不僅容貌無一可取，且走路歪歪斜斜，佝僂著身子，還身患惡疾，可謂集女色之醜陋於一身。宋玉在傳統固有的審美維度上，加上了審醜一維，從多個維度，運用多種技巧對女色之美與醜進行了全方位展示。

從這個角度而言，登徒子短宋玉"性好色"，並非空穴來風。傳統詩教講究含蓄蘊藉的中和之美，"樂而不淫，哀而不傷"，要求情感的抒發要受理智節制，不能過於放縱，而宋玉將女色作爲獨立審美意象進行大量鋪陳描寫，實際是對傳統的"負俗"書寫，或許也正是後人詬病其"淫浮"的原因之所在。

再次，宋玉爲文負俗還體現在其創作導向諧趣化。

劉勰在論"諧隱"這一文類時，明確《登徒子好色賦》屬於"諧言"一類：

"諧之言皆也,辭淺會俗,皆悅笑也……楚襄宴集,而宋玉賦好色。"[1]按劉勰的說法,此賦創作於楚襄王宴會上,在酒酣耳熱之際,宋玉賦文助樂。諧,《玉篇》解爲"合也,調也",此處訓爲"皆",指諧言合於人心,令人愉悦。具體言之,"辭淺"是用語通俗淺近不作艱澀之語,此賦不論是寫東鄰女的美貌或是登徒子妻的醜顏,比之《神女賦》的鋪陳描寫,用語都簡潔通俗許多;"會俗"是取材貼近俗衆不以經國大事入賦,此賦不論是登徒子所指摘的宋玉"體貌閒麗""性好色",還是宋玉所説的東鄰女貌美窺牆、登徒子妻貌醜多子,抑或章華大夫所説的采桑女,都是圍繞"好色"一事展開,而容貌姿色與男女情事,均是世俗喜聞樂見之俗事。再者,東鄰女與登徒妻的形貌反差,用誇張之語塑造美醜兩種極端,兩相對比,使美者愈美,醜者愈醜,引人發笑;宋玉面對絕色坐懷不亂和登徒子與醜婦孕育多子對比,突出登徒子喜劇性人物形象;登徒子先謗宋玉"好色",最後卻反被宋玉說"好色",極具敘事反轉效果。誇張的手法、戲劇性的人物、巧妙的結構,種種因素合力,使《登徒子好色賦》宛如一出獨幕喜劇。當然,此賦後半部分藉章華大夫之口表達"目欲其顏,心顧其義"的主旨,表現了"意在微諷,有足觀者"的另一立意面向,但總體而言,《登徒子好色賦》主要還是宴會上取悅助興之作。

這樣一來,《登徒子好色賦》的諧俗悅笑似乎與前文宋玉負俗這一論斷互相矛盾,其實不然。"會俗"是從作品接受角度而言,此賦無論取材或是敘述方式,都符合包括楚王在内的人情娛樂需求,而"負俗"則是從創作主旨和表現方式著眼。其一,宋玉創作此賦的目的背離了賦的傳統價值取向。依班固、摯虞等人之論,賦乃"古詩之流",當承續《詩經》興觀群怨的詩教傳統,如荀卿、屈原之賦,乃失志鳴不平之作,繼承古詩諷喻傳統,反觀宋玉之作,其創作出發點非爲鳴不平申隱痛,而是爲娛樂君主,故失古詩之義;其二,"侈麗閎衍"的繁富文辭,對所述之物無限鋪陳,與《詩經》"以少總多"的語言風格相去甚遠,不符合"樂而不淫"的温柔敦厚之美。

縱覽宋玉的多數賦作,文本中的"宋玉"多是爲楚王答疑解惑的形象定位,故在取材及講述上注重趣味性,以保證楚王可以悦納。像《風賦》,自然之風原本無性別、地位之分,宋玉卻出奇地將其分爲大王之雄風與庶人之雌風,並以豐富的想象力形容了風起風歇的全過程,以及雄風與雌風的不同性狀;《釣賦》先以登徒子之口論環淵釣術之高明,以此引出"堯舜禹湯之

---

[1] 劉勰著,范文瀾注《文心雕龍注·諧隱》,第270頁。

釣",用釣術比喻治國,層層遞推,引人入勝;而《大言賦》《小言賦》更是語言遊戲,藉楚王、唐勒、景差等人之口極言有形可見之物與無形不可見之物的大小,恢詭譎怪,想象奇特。宋玉以文辭侍主,創作之初即是站在讀者(楚王)接受的立場上,投其所好,憑藉奇崛文字和天馬行空的想象力,挖掘尋常事物中諧趣味的一面,以此迎合取悦讀者(楚王)。後人對於宋玉作品的解讀分歧,其實是不同時代下期待視野和審美經驗的轉變。返回宋玉的創作初衷,或許可以更爲清晰地見出其在諧趣化創作上的努力。

最後,宋玉爲文負俗體現在其戲劇化的虛構敘述。

徐師曾《文體明辨序説》:"按問對者,文人假設之詞也。"①此處"問對"即是"載昔人一時問答之辭"的"對問",徐氏認爲對問體文章如宋玉《對楚王問》均是文人虛構之詞。胡應麟亦説"屈宋者玄虚之首也"②,追認宋玉爲文學虛構首創者之一。今人彭亞非在考察中國文學敘事中的虛構性意識時指出,宋玉等人的楚辭漢賦中的虛構之作,是"另一條虛構性文學意識的實踐綫索"③。不過前人往往舉《高唐賦》《神女賦》《對楚王問》爲例,實際上,宋玉的其他賦作,也有濃厚的"假設其事"的虛構氣質和戲劇化敘述。

以《登徒子好色賦》爲例,此賦有明顯的人物形象和情節衝突設計,故事結構基本完整。賦一開篇,僅用寥寥幾字便交代了故事發生的背景——"大夫登徒子侍於楚王,短宋玉",以及主要故事人物——登徒子、宋玉和楚王。之後藉人物對話,引出好色者爲誰的情節衝突,最後宋玉完美化解危機,"楚王稱善,宋玉遂不退",登徒子、東鄰女等人物形象亦圍繞這一情節衝突得以塑造確立。這樣一種故事敘述帶有明顯的戲劇結構特徵,有别於傳統的史實敘述。傳統史書記載講究文直事核,實録直書④,但宋玉的作品基本没有明確的時間、地點資訊保證其記録真實性,僅是在開頭引出故事發生的背景及參與人物,如《風賦》"楚襄王遊於蘭臺之宫,宋玉、景差侍",《大言賦》《小言賦》"楚襄王與唐勒、景差、宋玉遊於陽雲之臺",都是相似的場景和人物,呈現出獨特的類舞臺情境設置,也可視作宋玉賦作的專屬套式。

---

① 徐師曾《文體明辨序説》,北京:人民文學出版社1998年版,第134頁。
② 胡應麟《少室山房筆叢》,北京:中華書局1958年版,第375頁。
③ 彭亞非《論中國敘事文學傳統中虛構觀念的形成》,載於《社會科學輯刊》2019年第4期(總第243期),第184—196頁。
④ 《漢書·司馬遷傳》:"其文直,其事核,不虚美,不隱惡,故謂之實録。"(見《漢書》,第2738頁)

此外,還有一個值得注意的現象,在這些賦作中,同時存在著敘述者(作者)與被敘述者"宋玉"。這種敘述者自身現場(敘述自稱)的敘述格局,往往是爲了強調敘述的真實性,強化敘述者的認知主張,在諸子作品中如《孟子》《墨子》《莊子》已多有出現。所不同的是,文本中的"孟子""墨子"是真實世界中孟子、墨子人格的具體化身,是他們思想的代言人,文本對標的是真實歷史事件;而宋玉作品中的敘述者自稱,更類近《莊子》外篇[①]中"莊子之楚,見空髑髏"這一類的純虛構敘述,文本中的"莊子""宋玉"不可等視於真實世界中的莊子、宋玉,而是作者通過虛擬的自我形象超越現實敘述,於虛擬形象中寓意審美情趣與故事旨趣。宋玉筆下的"宋玉",是一個體貌閑麗,能文善樂,遵禮節欲的君子,更是隨侍楚王爲其答疑解惑的雋才辯給的智者形象,明顯可以看出敘述者對"宋玉"這一形象的美化,因此可視爲敘述者審美理念的形象化展示。這樣一種戲劇化自身的虛構敘述,由於帶有一定的真實性——人物在實際生活中均有對照原型——所以讀者/聽者有一定的敘述接受基礎,由敘述引起的情緒也都可以得到現實投射,更容易產生代入感。再者,"虛構的目的在引人歡喜"[②],敘述者以真實爲基礎的虛構敘述,更容易讓故事呈現戲劇化效果,達到娛樂讀者的目的。這在某種程度上,也突破了"修辭立其誠"的傳統文藝觀。《易·乾·文言》曰:"君子進德修業。忠信,所以進德也;修辭立其誠,所以居業也。"[③]"辭謂文教,誠謂誠實也。"亦即要求言(文)辭應以真誠不虛妄爲旨歸,將修辭與道德修養(君子之業)聯繫在一起,強調修辭的道德教化作用。而宋玉賦所寫多是對現實的變形、誇張乃至虛構,其修誇飾之辭乃有意"作意好奇",是爲娛人,與道德教化無涉。

　　綜上可以看到,宋玉的作品在形式體制、内容關注、創作導向、敘述技巧等諸方面的探索,給戰國文學帶來了新的面貌,也正是在翻陳出新這一創作向度上,宋玉全面展現了其抗俗的文學創作品格。班固論宋玉"爲侈麗閎衍之詞,沒其風諭之義"[④],摯虞貶其作"多淫浮之病"[⑤],這些對宋玉文

[①]《莊子》内篇所載之莊子形象,多出於論理需求而非敘事需求;外篇中與莊子相關的記敘,故事性色彩較濃厚。但這種敘述格局不是莊子本人有意爲之,而是後人的創作。
[②] 賀拉斯《詩藝》,楊周翰譯,北京:人民文學出版社1962年版,第155頁。
[③]《周易正義》,阮元校刻《十三經注疏》,北京:中華書局1980年版,第15頁。
[④]《漢書·藝文志》,第1756頁。
[⑤] 摯虞《文章流別論》,嚴可均校輯《全上古三代秦漢三國六朝文》,第1905頁。

風不古的批評，其實是站在固守經學與詩教傳統的立場上，對宋玉負俗之作中創新品格的貶低。而沈約、劉勰等人誇宋玉"導清源於前"①"莫之能追"②，則是因其所處的南北朝時期，文學自覺及創作個性化已是爲文的基調，蕭子顯即强調"在乎文章，彌患凡舊。若無新變，不能代雄"③，劉勰亦認爲"文律運周，日新其業，變則可久，通則不乏"④，他們同宋玉一樣，於文學一途上求新求變，故而更能共情宋玉的負俗、抗俗之作，對其歷史地位與貢獻的評價也更爲全面公允。

三、"負俗"與《雜文》立篇之義

　　進一步考察可以看到，劉勰設置的"含才""負俗"這一語境，並非只是針對宋玉所立"對問"一體的形成及特徵的闡釋而來。實際上，綜合《雜文》全篇可知，除宋玉"始造對問"外，七體、連珠的設體以及作者本身，也都包藴了"含才""負俗"的鮮明特徵。

　　其一，雜文創作者往往是含才負俗之輩。含才即富有才識，亦即劉勰所説的"智術之子，博雅之人"。學識淵博，志度優雅爲"博雅"，智慧、權術兼備則爲"智術"，而在劉勰這裏，"智術"的含義已體現出强烈的思維能力和方法技藝色彩⑤。智者，知也，指思想認知及知識運用能力；術者，技藝策略也，既指雕縟文章的造詣，也包含運用此技能的策略。《序志》篇言："夫宇宙綿邈，黎獻紛雜，拔萃出類，智術而已；歲月飄忽，性靈不居，騰聲飛實，制作而已。"智術是賢才（"獻"）區别於普通人（"黎"）的根本，依靠著述（"制作"），智術之人得以名傳後世。這種博雅與智術，表現於雜文創作者，尤其是雜文創體者身上，就體現爲淵博的學識和以精妙言論、文辭周旋於君王身邊的謀略。宋玉的"智術"前文已有説；首制七體的枚乘，在七國之亂時以《上書諫吴王》《上書重諫吴王》二書勸諫吴王劉濞停止叛亂而名顯，

---

① 沈約《宋書·謝靈運傳論》，北京：中華書局 1974 年版，第 1778 頁。
② 劉勰著，范文瀾注《文心雕龍注·辨騷》，第 47 頁。
③ 蕭子顯《南齊書·文學傳》，北京：中華書局 1972 年版，第 908 頁。
④ 劉勰著，范文瀾注《文心雕龍注·通變》，第 521 頁。
⑤ 無獨有偶，柏拉圖在《普羅泰戈拉》等書中提到的智者/智術師，其智術（sophistike techne）也是技藝之一。智者尤爲重視對青年修辭、論辯、演説等知識技能的訓練。

后从遊於梁王劉武，"梁客皆善屬辭賦，乘尤高"①，名聲愈高，晚年甚至得漢武帝安車蒲輪徵請；肇爲連珠的揚雄"博覽無所不見"②，多次隨侍漢成帝出行，並上《甘泉》《河東》《校獵》《長楊》諸賦以諷。後來仿作者如東方朔亦是"材多不可數"③，"雖詼笑，然時觀察顔色，直言切諫，上常用之"④，數以言辭得幸；班固受漢章帝器重，"每行巡狩，輒獻上賦頌，朝廷有大議，使難問公卿，辯論於前"⑤；劉勰所列舉的博雅智術之士，莫不擁有出色的言語、文辭表現能力，並以此爲策略得以隨侍君王，騰聲飛實。

除了智術與博雅，雜文創作者在文學創作精神和實踐中亦鮮明地體現出負俗品格。劉勰肯定雜文有別於正統主流文學樣式，這樣一種别出心裁的文學"負俗"之舉，只有作者具備淵博才學，靈活掌馭自己的文才，方能"日新殊致"，展現出不同於前人的意趣與情志。宋玉"含才"，《對楚王問》不僅體現其與衆不同、傲睨俗世的負俗人格，更展現其"假問答成文"的負俗文思，因此被劉勰列爲雜文之首。枚乘"略依《楚辭》《七諫》之法，並取《招魂》《大招》之意，自造《七發》"⑥，是爲漢大賦發端之作，開啓了有漢一代雄文序幕。揚雄《連珠》"辭雖小而明潤"，在時興的鴻篇巨制的漢大賦中，另闢蹊徑，自成一體，甚至晚年所著《太玄經》，亦被時儒譏爲"非聖人而作經……誅絶之罪也"⑦。以上三者，在創作實踐中均可見負俗之舉。換言之，也正是因爲雜文爲"文章之枝派"，所以更能體現創作者的負俗品格。

其二，雜文體現創作者變體的負俗才思。此處需先明確一個概念，即雜文並非文體專稱，而是一個文類概念，即劉勰所謂"漢來雜文，名號多品。總括其名，並歸雜文之區；甄別其義，各入討論之域"。劉勰舉對問、七體、連珠，乃至典誥誓問、覽略篇章、曲操弄引、吟諷謠詠，統歸於雜文，可見雜文囊括了其時多類文體⑧，故而後人常從文體學視角去探尋雜文內涵。然

---

① 《漢書・賈鄒枚路傳》，第2365頁。
② 《漢書・揚雄傳》，第3514頁。
③ 王安石《東方朔》，《臨川先生文集》第九卷，北京：中華書局1959年版，第147頁。
④ 《漢書・東方朔傳》，第2860頁。
⑤ 范曄撰，李賢注《後漢書・班彪列傳》，北京：中華書局1965年版，第1373頁。
⑥ 魯迅《漢文學史綱要》，《魯迅全集》第9卷，北京：人民文學出版社2005年版，第411頁。按，《七諫》當作於《七發》之後。
⑦ 《漢書・揚雄傳》，第3585頁。
⑧ 羅根澤《中國文學批評史》指出，文體有兩種不同含義，一是"體派之體"，指文學風格，一是"體類之體"，指文學類別。本文所論爲後者。（詳見羅根澤《中國文學批評史》，上海：上海書店出版社2003年版，第147頁。）

"文豈有常體"①,雜文與其說是諸類文體的合集,不若說是孕育新文體的搖籃。

　　從前文對宋玉負俗的文學表徵分析可以看出,文學批評意義上的負俗,指的是在技巧(形式)與取材(內容)上求變求新,言人所未言,寫人所未寫。觀劉勰所舉對問、七體及連珠,均脱胎自前代文學典範,但作者卻憑負俗才思突破原有體裁藩籬而自成一體。宋玉《對楚王問》的問答形式,前代史書及諸子典籍中早已有之,就文學作品而言,屈原《卜居》《漁夫》實已"開其先"②,宋玉在前人基礎上,對問答要素及問答内容重新結構、書寫,從内容和形式上樹立了對問一體的内容範圍和框架結構。此外,《七發》中列舉的音樂、飲食、乘車、遊宴、田獵、觀濤等事,雖演變自《招魂》《大招》中對宫室、飲食、音樂、女色等的鋪陳描寫,但枚乘確立了説七事的結構框架、"腴詞雲構"的語言形式和"始邪末正"的文章主題,後世繼踵者衆,使《七發》得以破楚辭之體的束縛而獨立成體。至於揚雄所創連珠,是其在天禄閣校書時有感,"放易象論,動模經誥",摘瑣碎文辭而綴成"辭句連續,互相發明"的短章③,今雖僅存兩則,但已奠定了連珠一體"辭麗而言約"的外在形式和"不指説事情,必假喻以達其旨"的表達技巧④。揚雄之後擬者甚多,更有漢章帝下詔令班固等人爲之,但多是魚目混珠,僅有陸機"理新文敏",於前人基礎上,在聲律、用事、辭采等方面繼續發力,令連珠一體義明詞淨,事圓音澤。

　　綜上可見,"文體英絶,變而屢奇"⑤,新文體不是無源之水憑空而來,而往往是在舊文體的基礎上創新發展而來,錢鍾書《管錐編》亦言:"名家名篇,往往破體,而文體亦因以恢弘焉。"⑥藴含對問、七體、連珠要素的先賢文章,就是負俗這一文學品格的最好體現。

　　其三,雜文是負俗的遊戲筆墨。雜文雖然囊括了多類文體,但若將"雜文"之"雜"理解爲駁雜難以歸類,或説内容、文體、風格之雜,則是風馬牛不

---

① 張融《門律自序》,嚴可均校輯《全上古三代秦漢三國六朝文》,第2875頁。
② 駱鴻凱《文選學》,長沙:湖南師範大學出版社2018年版,第414頁。
③ 沈約《注制旨連珠表》,歐陽詢撰,汪紹楹注《藝文類聚》,上海:上海古籍出版社1982年版,第1039頁。按:一説肇始自《韓非子》的《内儲説》《外儲説》的比事徵偶,詳見魏收《魏書·李先傳》。
④ 傅玄《連珠序》,嚴可均校輯《全上古三代秦漢三國六朝文》,第1724頁。
⑤ 張融《門律自序》,嚴可均校輯《全上古三代秦漢三國六朝文》,第2875頁。
⑥ 錢鍾書《管錐編》第3册,北京:生活·讀書·新知三聯書店2001年版,第67頁。

相及。

　　如上所述，宋玉負俗的文思，除了"始造對問"，還體現在對世俗題材的關注，對敘述的虛構戲劇化處理，以及創作導向的諧趣化。之所以呈現這樣的創作特色，在於宋玉受制於文學侍臣的身份，需要以文、言娛樂君王。而首制七體的枚乘，先後做過吳王劉濞和梁孝王劉武的文學侍臣；揚雄晚年雖認爲辭賦爲"雕蟲小技，壯夫不爲"，但初入仕途時身爲漢成帝隨侍，也寫了不少"勸百諷一"的辭賦文章。因此，他們的創作初衷，都離不開娛樂君王這一目的。既是出於娛君，故創作取材非必關經國大業，所作也不在於追求立德立功立言的不朽功績，即便偶涉政務或現實，也多以閑筆諧言道出。宋玉諸作莫不如此，所寫均是楚襄王朝堂之外的賞玩遊樂之事，或是通過虛構敘述遨遊瑰麗奇特之景，如《高唐賦》《神女賦》《大言賦》《小言賦》等，或是虛構人物衝突以達戲劇觀賞效果，如《登徒子好色賦》《釣賦》等，都非載道之文篇。七體雖旨在諷諫，但文篇"高談宮館，壯語畋獵。窮瑰奇之服饌，極蠱媚之聲色"，筆墨多在描述感官娛樂享受，勸百諷一。連珠所論多爲政事，但並非專門的政論文，從其源頭考論，更近讀書筆記，體現的是文人政事閑暇之餘的思考。概言之，對問、七體及連珠爲代表的雜文創作，整體呈現出閑適的娛樂趨向，強調雜文娛人而非育人的愉悦功能，體現了創作者"暇豫之末造"、以(雜)文爲戲的創作心態。

　　這種創作心態，與傳統主流的文學價值觀相違。先秦兩漢時代，文學是國家政治、禮制的延續，有著強烈的實用品格，尤爲強調社會教化功用，孔子即言："其爲人也，温柔敦厚，《詩》教也；疏通知遠，《書》教也；廣博易良，《樂》教也；絜静精微，《易》教也；恭儉莊敬，《禮》教也；屬辭比事，《春秋》教也。"[1]"六經"各有教化作用，更遑論强調宗經的文學，也以認識作用和教育作用爲首要，孔子教育弟子的這句話即是最好的總結："小子何莫學夫詩？詩，可以興，可以觀，可以群，可以怨。邇之事父，遠之事君；多識於鳥獸草木之名。"雖然魏晉時，文學的獨立審美價值已逐漸成爲共識，但文學的功利性作用仍是首要，曹丕更是將文章抬到"經國之大業，不朽之盛事"[2]的至高地位。即便是專一論文的劉勰，也要求文人"道沿聖以垂文，聖因文而明道"。在這種實用觀念的影響下，秦漢以前，主流文學創作領域很

---

[1]《禮記正義》，阮元校刻《十三經注疏》，第1609頁。
[2] 曹丕《典論·論文》，嚴可均校輯《全上古三代秦漢三國六朝文》，第1098頁。

少有純娛樂之作，漢後雖時有娛樂之作，但並未受到主流認可。故與逸樂生活密切相關的雜文，就成了一種反傳統的負俗創作。因爲是文章支流，不是傳統載道之作，而是文人政事閑暇之餘作以娛樂的次要作品，因此雜文表現出來的，就是以文字爲工具，萬物皆可入文的遊戲態度，作品所體現的非功利性、非實用性色彩非常突出，即便其主題是嚴肅的，也是"包裹在娛樂性之外衣之內"[①]。

這種遊戲筆墨的心態，最開始是爲娛君，最後發展到自娛自嘲，這在諧文中體現得尤爲明顯。嚴格來説，諧隱文也是雜文之一，只是它"更坦率地走向遊戲筆墨"[②]。所以雖然劉勰分篇論述雜文與諧文，但唐以後，諧隱文多歸入雜文類，主要是二者都體現出了創作者遊戲筆墨的心態。劉勰分篇論述的根據是，雜文取材雖漸諧趣化，但還是限於文人自身遭遇和思考，而諧文更偏重通過語言技巧的展示來達到諧趣效果。但不管二者分野標準爲何，至少在南北朝時，雜文是"學堅才飽"的文人"飛靡弄巧"的娛樂性作品無疑，又因雜文無體，故後世展現作者才思的戲筆之文的各體文章都可列入雜文範疇。

綜上，雜文是文人含才負俗的綜合體現，其創作雖無固定的體制，卻有一定的内容範圍，即以娛樂爲目的，以遊戲心態創作的，非關人倫教化，表現文人文學技藝的文類。在雜文的天地裏，文人揮灑筆墨，縱情探索文學技巧與表現領域，由此文學技巧不斷試驗創新，孕育出新文體，文學書寫領域亦不斷得到拓寬，生活中嬉笑怒罵皆成文章。可以説，雜文是創作者負俗文學品格的集中體現，而負俗正是解讀《雜文》篇立意的關鍵詞。

四、結　　語

"負俗"一詞單從字面上解是違背世俗而遭人譏論，但結合上文的分析，可以發現負俗與含才的緊密關係。不是所有遭受譏議的行爲都稱得上負俗，真正的負俗是，負俗者雖然行爲放蕩不羈，不守規矩禮法，但他們同時在特定領域內有著非凡的見解與能力，即便當時聲名不顯，後世也會對

---

① 王夢鷗《文心雕龍：古典文學的奧秘》，北京：九州出版社2021年版，第100頁。
② 王夢鷗《文心雕龍：古典文學的奧秘》，第101頁。

其卓越成就給予公正的評價。負俗者不媚俗、不合衆，招致時人譏議，很大一部分原因也是他們的思想與行爲已超越於時代，所以呈現在世人眼前的往往是常人難以理解甚或驚世駭俗的怪異言行。

在劉勰看來，負俗不僅是獨樹一幟的可貴人格，亦是難得的文學品格。他將負俗作爲解讀宋玉的關鍵詞，一是因爲從現存文獻記載來看，宋玉爲人確實風評不佳，頗有負俗之累，但這是其才高於世所致，劉勰所謂負俗，強調的是宋玉不媚俗的高潔人格。再者，從文學角度而論，負俗是劉勰對宋玉作品所體現出的創新精神的肯定，無論是創體對問，還是對俗世題材的獨特關注、以娛樂爲取向的諧趣化創作，以及戲劇化的虛構敘述，均表現出了翻陳出新，獨樹一幟的文學新氣象。這種對宋玉創作的肯定與追認，既是對前人不公評論的糾偏，也是從後世角度出發得出的更爲客觀公允的評價。作爲文學領域的開拓者，宋玉這種文學先行者的負俗氣魄，正如方東樹所總結："恒由賢知命世之英，爲之於舉世不爲之日，蒙謗訕，甘寂寞，負遺俗之累，與世齟齬不顧，然後乃以雄峙特立於千載之表。"①

此外，這種對文學負俗品格的肯定，也反映在劉勰對雜文的界定之中。負俗這一文學品格與雜文創作存在密切關聯，可以說，雜文是文人含才負俗的綜合體現，其中遊戲筆墨的内容是爲負俗重點。雜文無體，之所以彙聚成類，蓋因其爲文士閑暇時作以娛人或自娛的作品，故或爲表現個人情志，或爲誇炫文學技巧，總之都是以遊戲心態創作的文學作品，後來者從文體學角度進行論析，無異於緣木求魚，難窺雜文的本來面目。再加上現代雜文創作的繁榮，使得今人論及雜文時，多強調其現實性、批判性、戰鬥性，古代雜文的本來面目愈加模糊難辨。由雜文的負俗書寫來探索劉勰界定的雜文内涵，無疑是挖掘古代雜文應有之義、讓古代雜文重新發聲的一種嘗試。

（作者單位：沈燕燕，中山大學中文系；許云和，中山大學中文系[珠海]）

---

① 方東樹《答葉溥求論古文書》，漆邦緒、王凱符選注《桐城派文選》，合肥：安徽人民出版社1984年版，第270頁。

Song Yu's "Contrarianism" and the Significance of Establishing "Miscellaneous Essays" Section in *The Literary Mind and the Carving of Dragons*

Shen Yanyan　Xu Yunhe

The term "contrarianism" (*fusu* 负俗) is Liu Xie's description of Song Yu, and it is also a crucial context for his theory of interpretation through the unity of question and answer. Contrarianism means opposing worldly norms and often facing criticism as a result. Contrarians are often talented scholars who neither pander to popular tastes nor conform to the majority and often achieve exceptional success. Song Yu's contrarianism is not only evident in his personal discordance with societal norms but also manifests in his literary works, which are characterized by innovative dialogic structures, a focus on secular themes, an orientation toward humor and harmony, as well as narrative fictionalization and dramatization. Moreover, the distinct traits of holding talents and defying convention can be seen in the seven forms and linked pearls listed by Liu Xie, and in the writers themselves. According to Liu Xie's thought, contrarianism is a commendable personal and literary quality. The genre of miscellaneous essays represents a comprehensive expression of the literati's talent and defiance of norms, reflecting a playful writing spirit, showcasing emotional and intellectual depth, and demonstrating literary skill. Liu Xie's "contrarianism" is undoubtedly a foundational concept in understanding the characteristics of miscellaneous essays.

Keywords: Song Yu, Liu Xie, contrarianism, miscellaneous essays, playful writing

徵引書目

1. 王安石：《臨川先生文集》，北京：中華書局，1959 年版。Wang Anshi. *Linchuan xiansheng wenji*（*The Collected Works of Master Linchuan*）. Beijing：Zhonghua shuju，1959.
2. 王利器：《顏氏家訓集解》，北京：中華書局，2013 年版。Wang Liqi. *Yanshi jiaxun jijie*（*Annotated Collection of the Yan Family's Instructions*）. Beijing：Zhonghua shuju, 2013.
3. 王勃著，蔣清翊注：《王子安集注》，上海：上海古籍出版社，1995 年版。Wang Bo. *Wang zi'an ji zhu*（*Annotations on the Collected Works of Wang Zi'an*）. Annotated by Jiang Qingyi. Shanghai：Shanghai guji chuban she, 1995.
4. 王國軒、王秀梅譯注：《孔子家語》，北京：中華書局 2009 年版。Wang Guoxuan. *Kongzi jiayu*（*The Family Sayings of Confucius*）. Translated and annotated by Wang Xiumei. Beijing：Zhonghua shuju, 2009.
5. 王夢鷗：《文心雕龍：古典文學的奧秘》，北京：九州出版社，2021 年版。Wang Meng'ou. *Wenxindiaolong: Gudian wenxue de aomi*（*The Literary Mind and the Carving of Dragons: The Secrets of Classical Literature*）. Beijing：Jiuzhou chuban she，2021.
6. 司馬遷：《史記》，北京：中華書局，1982 年版。Sima Qian. *Shiji*（*Records of the Historian*）. Beijing：Zhonghua shuju, 1982.
7. 阮元校刻：《十三經注疏》，北京：中華書局，1980 年版。Ruan Yuan（edited and engraved）. *Shisanjing zhushu*（*Commentaries and Annotations on the Thirteen Classics*）. Beijing：Zhonghua shuju, 1980.
8. 余嘉錫：《世説新語箋疏》，北京：中華書局，2007 年版。Yu Jiaxi. *Shishuoxinyu jianshu*（*Commentary and Annotations on A New Account of the Tales of the World*）. Beijing：Zhonghua shuju, 2007.
9. 沈約：《宋書》，北京：中華書局，1974 年版。Shen Yue. *Songshu*（*Book of Song*）. Beijing：Zhonghua shuju，1974.
10. 范曄撰，李賢注：《後漢書》，北京：中華書局，1965 年版。Fan Ye. *Houhanshu*（*The Book of the Later Han*）. Annotated by Li Xian. Beijing：Zhonghua shuju, 1965.
11. 胡應麟：《少室山房筆叢》，北京：中華書局，1958 年版。Hu Yinglin. *Shaoshi shanfang bicong*（*Collected Essays from the Cottage at Shaoshi Mountain*）. Beijing：Zhonghua shuju, 1958.
12. 班固撰，顏師古注：《漢書》，北京：中華書局，1962 年版。Ban Gu. *Hanshu*（*Book of Han*）. Annotated by Yan Shigu. Beijing：Zhonghua shuju, 1962.
13. 袁康、吴平著，徐儒宗点校：《越絶書》，杭州：浙江古籍出版社，2013 年版。Yuan Kang, Wu Ping. *Yuejueshu*（*End of the Kingdom of Yue*）. Punctuated and collated by Xu Ruzong. Hangzhou：Zhejiang guji chuban she, 2013.
14. 徐師曾：《文體明辨序説》，北京：人民文學出版社，1998 年版。Xu Shizeng. *Wenti mingbian xushuo*（*Introduction to Clear Discrimination of Literary Styles*）. Beijing：Renmin wenxue chuban she, 1998.

15. 陳師道著,任淵注、冒廣生補箋:《後山詩注補箋》,北京:中華書局,1995 年版。Chen Shidao. *Houshan shi zhu bujian* (*Annotations and Supplementary Notes on the Poetry Collection of Houshan*). Annotated by Ren Yuan and supplemented by Mao Guangsheng. Beijing: Zhonghua shuju, 1995.

16. 陳壽撰,裴松之注:《三國志》,北京:中華書局,1982 年版。Chen Shou. *Sanguozhi* (*Records of the Three Kingdoms*). Annotated by Pei Songzhi. Beijing: Zhonghua shuju, 1982.

17. 習鑿齒著,黃惠賢校補:《校補襄陽耆舊記》,北京:中華書局,2018 年版。Xi Zaochi. *Jiaobu xiangyang qijiu ji* (*Emendations and Supplement of Xiangyang Old Story*). Edited and supplemented by Huang Huixian, Beijing: Zhonghua shuju, 2018.

18. 彭亞非:《論中國敘事文學傳統中虛構觀念的形成》,《社會科學輯刊》2019 年第 4 期(總第 243 期),頁 184—196。Peng Yafei. "Lun Zhongguo xushi wenxue chuantong zhong xugou guannian de xingcheng" (On the Formation of the Concept of Fiction in the Chinese Narrative Literary Tradition). *Shehui kexue jikan* (*Social Science Journal*) Vol. 4, 2019 (Issue 243): pp.184–196.

19. 賀拉斯著,楊周翰譯:《詩藝》,北京:人民文學出版社,1962 年版。Horace. *Shiyi* (*Ars Poetica*). Translated by Yang Zhouhan. Beijing: Renmin wenxue chuban she, 1962.

20. 漆邦緒、王凱符選注:《桐城派文選》,合肥:安徽人民出版社,1984 年版。Qi Bangxu and Wang Kaifu edited and annotated. *Tongcheng pai wen xuan* (*Selected Works of the Tongcheng School*). Hefei: Anhui renmin chuban she, 1984.

21. 歐陽詢撰,汪紹楹注:《藝文類聚》,上海:上海古籍出版社,1982 年版。Ouyang Xun. *Yiwenleiju* (*A Categorized Collection of Literary and Artistic Works*). Annotated by Wang Shaoying. Shanghai: Shanghai guji chuban she, 1982.

22. 魯迅:《漢文學史綱要》,北京:人民文學出版社 2005 年版。Lu Xun. *Han wenxue shi gangyao* (*Outline of the History of Han literature*). Beijing: Renmin wenxue chuban she, 2005.

23. 劉向:《新序》,上海:上海古籍出版社,1990 年版。Liu Xiang. *Xin xu* (*New Prefaces*). Shanghai: Shanghai guji chuban she, 1990.

24. 劉向:《戰國策》,濟南:齊魯書社,2005 年版。Liu Xiang. *Zhanguoce* (*Records on the Warring States Period*). Jinan: Qilu shushe, 2005.

25. 劉向輯,王逸注,洪興祖補注:《楚辭》,上海:上海古籍出版社,2015 年版。Liu Xiang. *Chu ci* (*Songs of Chu*). Annotated by Wang Yi and supplemental annotated by Hong Xingzu. Shanghai: Shanghai guji chuban she, 2015.

26. 劉熙載:《藝概》,上海:上海古籍出版社,1978 年版。Liu Xizai. *Yi gai* (*Generalization of Art*). Shanghai: Shanghai guji chuban she, 1978.

27. 劉勰著,范文瀾注:《文心雕龍注》,北京:人民文學出版社,2006 年版。Liu Xie. *Wen xin diao long zhu* (*Annotation of the Literary Mind and the Carving of Dragons*). Annotated by Fan Wenlan. Beijing: Renmin wenxue chuban she, 2006.

28. 駱鴻凱:《文選學》,長沙:湖南師範大學出版社,2018 年版。Luo Hongkai. *Wenxuan*

xue（*Studies in Selections of Refined Literature*）. Changsha：Hunan shifan daxue chuban she，2018.

29. 蕭子顯：《南齊書》，北京：中華書局，1972 年版。Xiao Zixian. *Nanqishu*（*Book of Southern Qi*）. Beijing：Zhonghua shuju，1972.

30. 錢鍾書：《管錐編》第 3 册，北京：生活·讀書·新知三聯書店，2001 年版。Qian Zhongshu. *Guan zhui bian*（*Limited Views*），Vol. 3. Beijing：Shenghuo dushu xinzhi sanlian shudian，2001.

31. 嚴可均校輯：《全上古三代秦漢三國六朝文》，北京：中華書局，1958 年版。Yan Kenjun edited. *Quan shanggu sandai qin han sanguo liuchao wen*（*Classical Literature of the Prehistoric，Three Dynasties，Qin，Han，Three Kingdoms，and Six Dynasties Periods*）. Beijing：Zhonghua shuju，1958.

32. 羅根澤：《中國文學批評史》，上海：上海書店出版社，2003 年版。Luo Genze. *Zhongguo wenxue piping shi*（*History of Chinese Literary Criticism*）. Shanghai：Shanghai Shudian chuban she，2003.

明代《冬官》未亡説新論

——以明代何喬新《周禮集注》爲討論中心[*]

梁德華

【摘　要】明代治《周禮》者衆多，著作且豐，然後人對明代《周禮》學卻並不重視，如《四庫全書》於"周禮"一類只收三種明人著作，即柯尚遷《周禮全經釋原》、王應電《周禮傳》及王志長《周禮注疏删翼》；《四庫全書簡明目錄》更於《周禮注疏删翼提要》中言"以有明一代，三禮幾成絶學，故姑存以備家數"，可見四庫館臣對明代《周禮》學著作極爲輕視，甚至深詆由宋至明《冬官》未亡説之討論。這些論述影響及至現代，至今仍有不少學者承續《提要》的立場，批評明代補亡研究，以致鮮有學者探討相關著作。有見及此，本文擬深入探討《周禮・冬官》補亡的現象，嘗試描述由宋、元至明代中期《冬官》未亡説發展之脈絡，其後再重點討論明代何喬新《周禮集注》之《冬官》未亡研究的特點。因《集注》系統整理宋、元的補亡觀點，且簡明地訓釋《周禮》原文，並常借經文發揮《周禮》大義，引起了明代《周禮》學者廣泛的重視，因而本文亦會討論《集注》對明代《周禮》學之影響，從而略補前人研究之未足。

【關鍵詞】《周禮》　《周禮》學　《冬官》　何喬新　《周禮集注》

---

[*] 本文初稿曾於2023年5月26日在由臺北"中研院"中國文哲研究所經學文獻組主辦的"2023經學工作坊"宣讀，會議中講評人孫致文教授及主持人黄羽璿教授提出寶貴意見，黄羽璿教授更爲本文提供不少重要的參考資料，謹此申謝。又本修訂稿承蒙兩位匿名評審細心點評，並提出具體的修改建議，使本文得以完善，亦特此申謝。

一、引言：明代《周禮》學著作概況

　　明代《周禮》學著作繁多①，然後人對明代《周禮》學著作卻並不重視，如《四庫全書》於"周禮"一類只收三種明人著作，即柯尚遷《周禮全經釋原》、王應電《周禮傳》及王志長《周禮注疏刪翼》，甚至《四庫全書簡明目錄》於《周禮注疏刪翼提要》中言"以有明一代，三禮幾成絕學，故姑存以備家數"②，可見四庫館臣對明代《周禮》學著作極爲輕視。再者，四庫館臣更甚惡由宋至明《冬官》未亡説之討論，如《四庫全書》雖收入俞庭椿《周禮復古編》，然而其目的爲"特存其書，著竄亂聖經之始，爲學者之炯戒焉"③。《四庫全書總目》更對元、明主"《冬官》未亡"的著作大加批評，只把這些著作列入"存目"而不收入《四庫全書》中，如《總目》評明代陳深《周禮訓雋》云："是書略無考證，而割裂五官，歸於冬官，沿俞庭椿之謬論，無足錄也。"④足見《總目》對前代《冬官》未亡研究之批評⑤。

　　更重要的是，《總目》對明代《周禮》學著作負面的論述影響及至現代，

---

① 考《經義考》所載，明代《周禮》學者人數約六十八人，著作約七十六種，王鍔《三禮研究論著提要》補充了《經義考》之未足，著録明代《周禮》著作共九十一種，有姓名可考的學者約八十位。這些明代《周禮》學著作，略約而言，可分成以下數類：一、以漢唐注疏治《周禮》者，如張采《周禮合解》；二、主於發揮《周禮》經文義理，如魏校《周禮沿革傳》；三、承繼宋、元《冬官》補亡者，如何喬新《周禮集注》；四、主張以《周禮》古本治《周禮》者，如郭良翰《周禮古本訂注》；主張漢、宋兼採者，如王志長《周禮注疏刪翼》；五、專研《考工記》者，如徐光啓《考工記解》；六、以圖釋《周禮》者，如《周禮文物大全》、王應電《圖説》等。
② 永瑢等《四庫全書簡明目録》，景印文淵閣《四庫全書》第 6 册，上海：上海古籍出版社 1987 年版，第 38 頁。
③ 永瑢《四庫全書總目》，北京：中華書局 1965 年版，第 150—151 頁。
④ 永瑢《四庫全書總目》，第 183 頁。
⑤ 考陳深《訓雋》卷前之《書五家補本》及《凡例》，則可以清楚知道，陳深並不贊成前人以《周禮》五官之官屬補《冬官》之缺，如《書五家補本》云："晚宋俞庭椿氏作《復古編》謂《冬官》不亡，錯簡五官之内，於是取其近似者别爲一卷以補《冬官》；又於五官之内盡剔其不類者，而各之其類。夫《周官》曷嘗有類？其精神脉絡環流於三百六十之屬，而無所不通，非如後世某官而任某職，某事而專責一官也，安用類爲？自俞氏之求類也，而五官大亂。以古本校之，非復周公之舊矣。其後王次點氏、丘葵氏、吴澄氏，最後何喬新氏，相繼而增損之，以補俞氏之未備。此五家者，人各持其所見，各異其指，於是有臨川之書，有永嘉之書、清源之書、崇仁之書、丘之書，此如無主之田而五人者爲之耦也，不墾而傷也者希矣。"見陳深《周禮訓雋》，《四庫全書存目叢書·經部·禮類》第 82 册，臺南：莊嚴文化事業有限公司 1997 年版，第 67—68 頁。以上反映陳氏甚惡俞氏等"補亡"之説，並主張以《周禮》現存文本之面貌，即以所謂"古本"者治《周禮》，然（轉下頁）

至今仍不少學者承續《總目》的立場，抨擊前代《冬官》未亡說之著作，如王鍔評陳氏《周禮訓雋》云："是書略無考證，而割裂五官，歸於《冬官》，則沿俞庭椿輩之謬論，無足取也。"①可見王鍔的見解與四庫館臣是一脈相承的。正如日本學者小島毅的分析，他認爲四庫館臣對明代《周禮》學著作持批判態度的原因爲"明人於《周禮》之屬以因襲宋人俞庭椿所主張的《冬官》未亡說的著作居多"，他亦指出清代對明代經學的評論是"無法理解明代學術真正的價值的"②，因而有關明代《周禮》著作的學術貢獻實值得我們加以研究。

所謂"《冬官》未亡"說，即是學者反對《冬官》一篇已亡佚之觀點，以爲《冬官》之屬只是與《周禮》其餘五官官屬相混，故要窺探《冬官》官屬不應參考漢人所補之《考工記》，而當調動《周禮》其餘五官原屬《冬官》的官職，以重建《冬官》之規模。然而調動《周禮》各官以補《冬官》一篇，這種研究方法的確存在恣意改經的缺點，因而多有學者批判宋、元、明三代《冬官》補亡研究，以爲此非研讀《周禮》之正確方法。但從另外的角度看，主張《冬官》不亡的學者並不盲目恪守經文及古注疏，而對《周禮》的流傳、文本的狀態、六官官職所掌等問題加以質疑，令《周禮》研究發展了另外的思路，此在《周禮》研究史中仍有可取之處。雖然歷代持《冬官》未亡說之學者對《周禮》六官所屬之看法分歧，人言人殊，但不難發現的是，學者對各種官職劃分之猜想，都隱含著他們對職責明確、官屬分明的政制之追求，希望將上古周制之建構作爲現實政治之參考③。

(接上頁)《提要》誤將《訓雋》歸入明代補亡研究著作，實可商榷。除《訓雋》外，《提要》尚誤將其他明代《禮學》學著作歸入《冬官》補亡研究中，由於問題複雜，當另文再議。
① 王鍔《三禮研究論著提要》，蘭州：甘肅教育出版社 2001 年版，第 63 頁。
② 小島毅著、連清吉譯《〈冬官〉未亡說之流行及其意義》，載於《元代經學國際研討會論文集》，臺北："中研院"文哲所籌備處 2000 年版，第 539—540 頁。
③ 如元代丘葵《周禮補亡·序》云："今聖朝新制，以六經取士，乃置周官於不用，使天下之士習《周禮》者皆棄而習他經，毋乃以《冬官》之缺，爲不全書耶？夫《冬官》未嘗缺也，雜出於五官之中，漢儒考古不深，遂以《考工記》補之。至宋淳熙間，臨川俞庭椿始著《復古篇》，新安朱氏一見，以爲《冬官》不亡，考索甚當，鄭賈以來，皆當斂衽退三舍也。嘉熙間，東嘉王次點又作《周官補遺》，由是《周禮》之六官始得爲全書矣。葵承二先生討論之後，加之參訂，的知《冬官》錯見於五官，中實未嘗亡，而泰平六典，渾然無失，欲刊之梓木，以廣其傳，是亦吾夫子存羊愛禮之意。萬一有觀民風者，轉而上達，使此經得入取士之科，而周公之心得暴白於天下後世，則是區區之願也。同志之士，其亦思所以贊襄哉！"丘葵《周禮補亡》，《四庫全書存目叢書·經部·禮類》第 81 册，臺南：莊嚴文化事業有限公司 1997 年版，第 4 頁。可見丘氏承前代補《冬官》之缺，目的是令《周禮》一書重新進入科舉的考核範圍，使天下士子能熟讀此書，作爲現實政治之參考。

又現代學者對《冬官》補亡研究之概述，常常忽略各朝代之間的差異①，如日本學者宇野精一從學者對《考工記》一篇的態度，將宋、元、明、清持《冬官》未亡說的學者加以分類，其中沒有仔細注意學者間見解的發展與差異②。其實由元代開始，補亡學者在建構六官官屬之過程中，進而闡釋《周禮》經文深意，從以發揮《周禮》義理，形成了將六官移易與解釋經文兩者結合的趨勢，甚至這種研究傾向在明代得以擴展，故此，宇野氏的見解實可深化。

有見及此，本文擬深入探討前人《冬官》未亡説之內容，其中嘗試描述由宋、元至明代中期《冬官》未亡研究發展之脈絡，其後再重點探討明代何喬新《周禮集注》之《冬官》未亡研究的特點。因《集注》系統整理宋、元《冬官》未亡之觀點，且簡明地訓釋《周禮》原文，並常借經文發揮《周禮》大義，引起了明代《周禮》學者廣泛重視，故本文亦會討論《集注》對明代《周禮》學之影響，從而略補前人研究之未足。

二、宋、元兩代《冬官》未亡説之發展

由於何喬新《周禮集注》乃現存明代第一本系統整理宋、元《冬官》未亡研究觀點的專著，本節會先概述現存宋、元四家《冬官》未亡研究的情況，並嘗試勾勒出宋、元補亡研究發展的特色，以作爲了解何氏《集注》之基礎。

早在南宋俞廷椿之前，已有宋代學者懷疑《周禮·冬官》未曾亡佚，如胡宏、程大昌等③。然俞氏乃現存文獻中第一位以專著方式討論《冬官》不亡的學者，著有《周禮復古編》。據學者推測，該書當成於慶元年間（1195—1200）④。俞氏之見解雖有承繼胡宏之處，但兩人對《周禮》的看法實有分

---

① 見甘鵬雲《經學源流考》，臺北：學海出版社1985年版，第130—131頁。
② 宇野精一《冬官未亡論に就いて》，載於《漢學會雜誌》第6卷第2號（1938年7月），第50—53頁。
③ 楊世文《宋儒"〈冬官〉不亡"説平議》："其實，在俞庭椿之前，胡宏、程大昌已提出《冬官》未嘗闕的觀點。胡宏《皇王大紀·極論周禮》説：'《周官》司徒掌邦教，敷五典者也。司空掌邦土，居四民者也。世傳《周禮》闕《冬官》，愚考其書而質其事，則《冬官》未嘗闕也，乃劉歆顛迷，妄以《冬官》事屬之《地官》，其大綱已失亂，如是又可信以爲經，與《易》《詩》《書》《春秋》配乎？'胡宏是堅決反《周禮》的學者，他認爲《冬官》一篇並沒有缺失，而是劉歆將《冬官》之事纂入了地官，證據就是《周禮》地官中很多職掌屬於冬官，胡宏認爲這是誤將冬官混入了地官。"見楊世文《宋儒"〈冬官〉不亡"説平議》，載於《中國典籍與文化》第1期（2005年），第23頁。
④ 夏微《宋代〈周禮〉學史》，北京：中國人民大學出版社2018年版，第93—125頁。

歧。俞氏認爲《周禮》爲周公所作，然胡宏則以爲《周禮》乃劉歆僞造，且胡宏並未有系統説明《冬官》官職如何與《周禮》他官相混，而俞氏在胡宏的基礎上系統論述其以《周禮》其餘五官補《冬官》之缺的意見。小島毅指出俞説出現的背景爲："《周禮》於北宋被政府改革的有志之士奉爲經典，特別是王安石於科舉改制時側重《周禮》，《周禮》乃成爲經學上倍受重視的經書，《冬官》未亡論即在此背景下産生的。"[1]可見因爲北宋王安石以《周禮》變法，帶動學者對《冬官》一篇的存佚作深入思考。

後於俞氏，南宋另一學者王與之亦曾從事《冬官》補亡之研究，然而王氏補亡的專著今已不見，《四庫全書總目·周禮補亡》云："案丘葵《周禮補亡序》稱：'嘉熙間，東嘉王次點作《周官補遺》，由是《周禮》之六官始得爲全書。'今本實無《補遺》，未審別爲一書，或附此書内而佚之。然憑臆改經之説，正以不存爲最善，固無庸深考也。"[2]可見王氏補亡的論述當詳見於《周官補遺》中，然其書已佚。現代學者夏微根據宋人趙汝騰於嘉熙元年（1237）爲《周禮訂義》所作之《後序》，認爲《訂義》的定稿當成於該年，結合上引丘葵《補亡序》稱王氏於嘉熙年間作《周官補遺》（嘉熙共四年，即1237—1240），則《訂義》與《補遺》的成書時間非常接近，而《補遺》當稍後於《訂義》，故此今存的《訂義》未有收入《補遺》的内容[3]。然而有賴元、明學者著作對王氏《補遺》内容之轉引，我們至今仍能略窺王氏《冬官》補亡之觀點，如元代丘葵《周禮補亡》於《夏官》及《秋官》中都曾引用王氏之説，從中我們可以知道他的説法與俞氏同中有異；而丘葵《補亡》某些觀點也可能源於王氏，如"牧人""牛人""充人""掌炭"等四官，俞氏主保留於《地官》中；而丘氏或從王氏之説，將"牧人""牛人""充人"三官移入《冬官》，而只保留"掌炭"於《地官》；又明代何喬新《周禮集注》於"天府"中云："'天府'舊在《春官》，王氏謂當麗於此。府，藏物之所也，名之天者，以其所藏皆寶玉重器，故尊其所藏，若天物然也。"[4]案：俞氏《復古編》云："天府，掌祖廟之守藏，凡國之玉鎮大寶器藏焉，其與諸府皆宜在《天官》。況於藏官，府、

---

[1] 小島毅著、連清吉譯《〈冬官〉未亡説之流行及其意義》，第541頁。
[2] 永瑢等《四庫全書總目》，第182頁。
[3] 關於《周禮訂義》與《周官補遺》兩書的關係，問題複雜，詳見小島毅著、連清吉譯《〈冬官〉未亡説之流行及其意義》注釋十三，第544頁。
[4] 何喬新《周禮集注》，《四庫全書存目叢書·經部·禮類》第81册，臺南：莊嚴文化事業有限公司1997年版，第180頁。

鄉、州，及都、鄙之治中，以詔王察群吏之治，此皆冢宰之事，非宗伯所宜職者，故是官宜在《天官》。"①可見俞、王兩人皆主"天府"移入《天官》②。總上而言，在宋代，《冬官》未亡研究仍未成爲《周禮》研究之主流。

及至元代，《冬官》未亡研究發展至另一高峰，其一爲元代學者綜合了宋人補亡的見解，集前代補亡研究成果之餘，並提出新説；其二爲元代學者建立了《冬官》補亡研究新的著作形式。前者以元代丘葵（1244—1333）《周禮補亡》爲表代。據自序知，該書成於泰定甲子年，即西元 1324 年，距離王與之《補遺》約有 87 年。《四庫全書總目》言《補亡》"本俞庭椿、王與之之説，謂《冬官》一職散見《五官》"③，而丘葵亦自言"余生苦晚得俞壽翁、王次點兩家之説，始知《冬官》未嘗亡，又参以諸家之説，訂定《天官》之屬六十，《地官》之屬五十七，《春官》之屬六十，《夏官》之屬五十有九，《秋官》之屬五十七，《冬官》之屬五十有四，於是六官始爲全書。"④又云："予今以五官之屬，其本文列於前，以庭椿、次點二先生之所刪補者，参訂爲六官之屬書於後，則周官三百六十粲然在目而《冬官》未嘗亡，信然矣。"⑤以上皆可反映丘葵所建構的《冬官》官屬，乃宋代俞、王兩家説法的綜合體。

值得注意的是，丘氏不獨建立新的《冬官》系統，他還在新改動的《周禮》文本中綜合漢、唐注疏及宋人之説以注釋《周禮》經文，並發揮《周禮》經文文意，如《地官·鄉大夫》云："厥明，鄉老及鄉大夫、群吏獻賢能之書于王，王再拜受之，登于天府，内史貳之。"丘氏云："厥明，賓興之明日。獻，進也。天府，掌祖廟之寶藏者。内史貳之，謂副本也。《王制》論鄉秀士升于司徒，曰'選士'；司徒又論士之秀者而升之學，曰'俊士'，然後方免其徭役。大樂正，又論造士之秀者，升諸司馬曰'進士'。司馬，政官也，以其可使從政，方授以爵禄，然猶未也。司馬，又新諭官材，論其賢者，以告于王，而定其論，論定然後官之任官，然後爵之位定，然後禄之，其考之之詳如此。見

---

① 俞廷椿《周禮復古編》，景印文淵閣《四庫全書》第 91 册，上海：上海古籍出版社 1987 年版，第 615 頁。
② 除了上述兩家外，據葉國良《宋人疑經改經考》所引，尚有林希逸引宋某氏之説，主張以《考工記》三十，加上《周禮》其餘五官官職三十，以爲《冬官》之屬六十未曾亡佚，但未以專著形式具體討論，見葉國良《宋人疑經改經考》，臺北：臺灣大學出版委員會 1980 年版，第 106—107 頁。
③ 永瑢等《四庫全書總目》，第 183 頁。
④ 丘葵《周禮補亡》，第 4—5 頁。
⑤ 丘葵《周禮補亡》，第 7—8 頁。

官得爵皆天位天祿，不敢輕以授人也。"①可見丘氏簡明地訓解《周禮》字詞，並引《禮記·王制》之文，以證周代考核人才之審慎，從而互證"鄉大夫"之職責。這種"補亡"與"釋經"合流的現象，亦是元代補亡研究之一大特點。

同屬元代的《冬官》補亡著作尚有《三禮考注》。今本《三禮考注》題爲元人吳澄（1249—1333年）所撰，然此書被發現於明代，及至其刊刻時，學者都提出很多疑問。及至現代，學者劉千惠《吳澄〈三禮考注〉之真僞考辨》根據該書的版本、目錄記載，以及詳細比對吳澄存世著作與《三禮考注》之內容，認爲："此書爲後人僞託吳澄之名，其組成有雜取前人之著作，亦有拼合吳澄三禮著作而成。"②其説可作參考。吳澄既非《考注》之作者，則此書成書之時代未必早於丘葵的《補亡》，且丘氏之著作主要綜合宋代俞、王兩家學説，書中從未提及《考注》，此或爲《考注》成書較後之旁證。由於《考注》的真正作者難以確定，至今仍未有定論，因而本文仍將《考注》視作元代的著作③。至於《考注》有關《冬官》補亡之觀點，見於該書的《序錄》，其云："《冬官》雖缺，以《尚書·周官》考之，《冬官》'司空'掌邦土而雜於《地官》'司徒'掌邦教之中，今取其掌邦土之官，列於司空之後，庶乎冬官不亡，而《考工記》別爲一卷，附之經後云。"④反映《考注》先以《尚書·周官》之文明確劃分六官之職，再考《周禮》各職之文，如與《周官》所示之本職相異，書中即加調動，從而劃一六官之職屬。

與丘氏《補亡》明言綜合俞、王兩説相異，《考注》没有説明參考了哪些前人的成果。考明人羅倫《三禮考注序》云："臨川吳文正公用繼其志，考

---

① 丘葵《周禮補亡》，第46—47頁。
② 劉千惠《吳澄〈三禮考注〉之真僞考辨》，載於《中國學術年刊》第34期（2012年9月），第49頁。劉氏針對該書《周禮》的部份，指出吳澄曾於《三禮叙錄》云："《周官》六篇，其《冬官》一篇闕，《漢·藝文志》序列于禮家，後人名曰《周禮》。……哀帝時，劉歆校理祕書，始著于《錄》《略》，以《考工記》補《冬官》之闕。……《冬官》雖闕，今仍存其目，而《考工記》別爲一卷，附之經後云。"即吳氏承認漢代以《考工記》補《冬官》之做法，然《三禮考注》卻主張"考《周官》以正六典，以大司徒之半補冬官之闕"，故此《考注》的見解並不符合吳氏對《周禮》一書的看法。另外，正如劉氏所引明代鄭瑗《井觀瑣言》云："且公最不信《古文尚書》；《周官》，古文也，其肯據之以定《周禮》乎？及觀其所考次，亦不能無可疑者。"故此《考注》補《冬官》之舉動確與吳氏所主不合，因而吳澄當非《考注》之作者，見劉千惠《吳澄〈三禮考注〉之真僞考辨》，第37—38頁。
③ 小島毅亦言未能判斷《三禮考注》真正的作者，但仍把《考注》看作元代的著作，見小島毅著、連清吉譯《〈冬官〉未亡説之流行及其意義》，第547頁。
④ 吳澄《三禮考注》，第519頁。

《周官》以正六典,以《大司徒》之半,補《冬官》之闕,蓋取陳氏、俞氏之論也。"①文中所謂"俞氏之論",考諸《考注》,其所擬《冬官》之屬只有約一半與俞氏相同。而相同的部份,除了"職方氏""土方氏""形方氏""山師""川師""邍師"等六官源自《夏官》外,其餘部份均取自《地官》。正如小島毅所言:"就《冬官》未亡說的發展而言,到了這個階段,學者所關注的問題已經不在於《冬官》,而是在於《地官》了。《周禮》一書的主旨在於教化的解釋,是《三禮考注》主張《冬官》未亡說的論證所在。"②可見《考注》所持《冬官》未亡說的特點在於大量删削《地官》官屬而移入《冬官》中。至於《考注》與其他說法的差異,將詳論於下文③。而《考注》所定之六官官屬,受到明代《冬官》未亡說學者之重視,幾乎所有明代的補亡著作,都在《考注》所定之六官框架中加以進退④,顯示該書於補亡研究中的地位並不遜於俞氏《復古編》。

另外,《考注》與丘氏《補亡》相同之處在於,除了重建《冬官》職掌外,亦通釋《周禮》全經,其中既說明移易各官官屬之理據,並闡釋《周禮》經文深意,如"諸子"本屬《夏官》,《考注》移入《地官》,云:"澄按:此夏官也。夫夏官掌武事,而諸子乃掌國子之倅,使之修德學道,豈夏官職哉?漢儒因其有授車甲、合卒伍之說,遂屬之《夏官》,豈知人君教養國子,將有用焉,其才既成,則治民治兵,惟上所命,豈可執一而論哉?取而麗此,孰曰不宜?國子,諸侯、卿、大夫、士之子。倅,副貳也。戒令,謂致於太子之事也。教

---

① 吴澄《三禮考注》,第 515 頁。
② 小島毅、連清吉譯《〈冬官〉未亡說之流行及其意義》,第 546 頁。
③ 又關於《周禮》五官官職之移易,即使《考注》所擬與俞氏相同,如兩者皆以爲"内史""外史""御史"當從《春官》移入《天官》者,然《考注》的解說亦較俞氏詳細,如《復古編》云:"内史掌八柄之法,以詔王治;外史掌書外令;御史掌邦國都鄙,及萬民之治令,以贊冢宰,皆與大宰所掌相關,非宗伯所得兼也。"俞氏以三史之職務證其當屬之於天官冢宰,見俞庭椿《周禮復古編》,第 615 頁。《考注》則云:"澄按:此春官也。今考此三官之所掌,皆非春官之事。内史掌王之八柄,與天官冢宰詔王正相合,特先後之敘不同爾。夫上下之分,有道揆,有法守,大宰以八柄詔王馭群臣者,明道揆於上,而所掌者非特守而已。内史掌王八柄之法以詔王治者,謹法守於上,而道揆所不與也。大宰言詔王馭群臣,則疾徐進止制於上,而大宰有同於君道故也。内史言詔王治而不言群臣,則以内史者有司之事,而治則在王,於馭群臣,非所宜也。蓋外史掌書外令,與宰夫八職'其六曰史,掌官書以贊治'正相合。御史掌治以贊冢宰,非春官明矣。然則内史、外史、御史皆天官之職也,焉得列之春官乎?"見吴澄《三禮考注》,第 544 頁。可見《考注》仔細分析"内史""外史""御史"三官職務與冢宰之關係,以爲三史當爲輔助冢宰之官員,按理當列入《天官》無疑,深入地補充了俞氏的觀點。
④ 如明代何喬新《周禮集注》、舒芬《周禮定本》、金瑶《周禮述注》等都有討論《考注》的說法。

治,謂使之修德學道也。位,朝位也。《軍法》百人爲卒,五人爲伍。弗征者,以國子屬太子,爲國之貴遊,故司馬不得以兵賦征之也。"[1]可見《考注》既釋其改動"國子"一官入《地官》之理由,亦訓解《周禮》字詞,進而闡釋經文文意。

然而在元代補亡研究中,學者對《周禮》原文的改動非常嚴重,如丘氏之《補亡》把《周禮》五官之"敘官"分列於各官之前,如在《天官》中,在"惟王建國,辨方正位,體國經野,設官分職,以爲民極。治官之屬:大宰,卿一人;小宰,中大夫二人;宰夫,下大夫四人,上士八人,中士十有六人,旅下士三十有二人,府六人,史十有二人,胥十有二人,徒百有二十人"一段後,丘氏《補亡》直接連接"大宰"之職文,並爲之注釋,其後地、春、夏、秋、冬各官皆然。但《補亡》在每卷之前,仍先列各官原來的官目,再示以其更定的官次,則讀者仍能知悉丘氏改動之理據。及至《考注》,除了保留"惟王建國……以佐王均邦國"一段外,其餘《敘官》所記官屬成員之記載均被刪去,且在目錄中,甚至沒有羅列《周禮》原來的官屬,而是直接在其刪改的《周禮》文本中加以注釋,可見元人改動《周禮》本文之風氣,遠超宋人。

以上總結宋、元兩個時期《冬官》未亡研究之差異,宋代《冬官》未亡論與發揮《周禮》深意還未連成一個整體,如俞氏《復古編》、王氏《補遺》皆旨在討論如何從《周禮》他官之職以補《冬官》官屬,其中王氏雖著有《訂義》,但《訂義》與《補遺》事實上是兩種獨立的研究,而在今本《訂義》中也沒有收入王氏對《冬官》補遺之具體見解。到了元代,無論題爲吳澄所撰之《考注》或丘氏之《補亡》,不獨吸收宋人的研究成果,亦深化其《冬官》補亡之研究,同時對《周禮》全書作注解,進而闡釋經文微意,反映元代的"補亡"與"釋經"已變成了一體,而此發展深深地影響何喬新《周禮集注》對《冬官》未亡說之研究。

三、何喬新《周禮集注》研究

(一) 明代《周禮》學著作與何喬新《周禮集注》

承續宋、元對《冬官》未亡之討論,明代關於《周禮》補亡研究之著作極

---

[1] 吳澄《三禮考注》,第581—582頁。

多。據《三禮研究論著提要》統計,其見於目録者一共十二種(四種已佚或全佚不詳)①,目數遠超於宋、元兩代,可見《冬官》補亡研究乃明代《周禮》學發展的一大重心。明初即有方孝孺(1357—1402 年)《周禮考次目録》。然此書已不存,唯《經義考》尚載其《自序》,讀者尚可掌握方氏對《冬官》補亡之看法。及後,明代中葉又有何喬新《周禮集注》總結前代《冬官》未亡説之研究。何喬新,字廷秀,別稱椒丘先生,廣昌人,生於宣德二年,卒於弘治十五年(1427—1502),於景泰五年(1454)進士,歷任湖廣左布政使司布政使、都察院左副都御史、刑部尚書等,卒諡文肅②。何氏《集注》成書於明弘治九年(1496),爲何氏晚年之作,集宋、元以來《冬官》未亡説研究之大成。然《四庫全書總目》云:

> 是書謂《冬官》不亡,大約沿俞庭椿、王與之、丘葵及晏璧僞託吳澄之説,臆爲竄亂。如引丘葵説,謂太史直筆而書,爲天官之屬無疑。不知太史之文曰"讀禮書而協事",又曰"以書協禮事",又曰"執其禮事",然則太史當入《春官》,經有明文可據。《唐·職官志》以太史令屬禮曹,是其遺意。今并入《天官》,既不通經,且不明史矣。又如引僞本吳澄《考注》説,謂諸子掌國子之倅,使之修德學道,當入教官之屬。不知"諸子"之職曰"若有兵甲之事,則授之車甲。合其卒伍,置其有司。以軍法治之",蓋主以戎事詔國子,故隸司馬。今徒以修德學道之語,并入司徒,則《夏官》都司馬之職曰"掌其政學",亦未嘗不及於教,將並移入司徒歟?是皆妄取前人謬戾之論,割裂倒置,踵其失而加甚。

---

① 此十二種著作包括:方孝孺《周禮考次目録》一卷(已佚)、何喬新《周禮集注》七卷(存)、陳鳳梧《周禮合訓》六卷(已佚)、舒芬《周禮定本》四卷(存)、金瑤《周禮述注》六卷(存)、沈瑶《周禮發明》一卷(存佚不詳)、柯尚遷《周禮全經釋原》十四卷(存)、王圻《續定周禮全經集注》十五卷(存)、徐即登《周禮説》十四卷(存)、郝敬《周禮完解》十二卷(存)、陳仁錫《周禮句解》六卷(存)、錢士馨《冬官補亡》三卷(存佚不詳)。又陳恒嵩《明人疑經改經考》云:"明代學者承宋、元改經之風氣,移改周禮之風,達於最高潮,計有方孝孺、何喬新、陳鳳梧、舒芬、陳深、王圻、柯尚遷、金瑤、徐即登、郭良翰、郎兆玉、陳仁錫、沈瑶、郝敬等十數家,去除已佚或今未見者,尚有九家之多,茲依時間先後分述如下。"按:陳氏所述九家乃見貢汝成而去王圻、郭良翰、郎兆玉、陳仁錫、沈瑶、郝敬等六家未論,詳見陳恆嵩《明人疑經改經考》,臺北:東吳大學中國文學研究所碩士論文,1987 年,第 159—220 頁。
② 參考自王鍔《三禮研究論著提要》第 59 頁以及臺北"中研院"歷史語言研究所"人名權威"人物傳記資料庫"何喬新"條。

故前後義例，率不能自通，徒爲談《周禮》者所詬病耳。①

可見《總目》並不認同何氏治《周禮》之法，並列舉具體例子，如太史不應移入《天官》，諸子不當移入《地官》，進而批評是書"妄取前人謬戾之論，割裂倒置"。近人提及此書者，亦多承《總目》之見解而鮮有深入研究，如王鍔《三禮研究論著提要》評《周禮集注》云："是書謂《冬官》不亡，大約沿俞庭椿、王與之、吳澄、丘葵之說，臆爲竄亂，前後義例，不能自通，徒爲彼世所譏。"②又張學智《明代三禮學概述》亦引用《總目》之批評作爲對《集注》之評價③，可見《提要》說法影響極大。然而，如上所述，早於元代丘氏《補亡》已合宋代俞、王兩說，即綜合前代補亡研究，乃主張《冬官》未亡說之學者所重視的分析方法，且何氏對宋、元四家補亡之說加以批判分析，從另一角度看，可視爲審慎之舉，而非"妄取前人謬戾之論，割裂倒置"。又考《集注》所論，除了補亡《冬官》外，何氏亦多訓解《周禮》文句，以及闡釋《周禮》經文深意，這些意見亦多被明代學者所引用，可證何氏對《周禮》之發明，深得明代《周禮》學者之認同，故此《總目》只集中批評《集注》吸收前人補亡說法之特點，並未能全面地評價該書之價值。且近代學者亦只沿《提要》之說，亦未有對《集注》一書作深入研究，其所論述，實可補充。

(二) 何喬新對《周禮》一書之看法

首先，何喬新一如前代鄭玄、賈公彥所論，亦認爲《周禮》一書爲周公所作，他在《集注·序》中明言："《周禮》一書，周公致太平之法也。"其後在《序》中，他指出古代聖君治世之道既見於《尚書》，而古代聖君治世之法則見於《周禮》，故此學者當重視《周禮》所記④。除了《周禮集注》外，何氏《椒丘文集》中所收的文章亦反復出現這種看法，如《六經》一文云："《周禮》一

---

① 永瑢等《四庫全書總目》，第 182 頁。
② 王鍔《三禮研究論著提要》，第 59—60 頁。
③ 張學智《明代三禮學概述》，載於《中國哲學史》第 1 期（2007 年），第 12—20 頁。
④ 《周禮集注·序》云："《周禮》一書，周公致太平之法也，非周公之法，乃文武之法也。非惟文武之法，乃堯、舜、禹、湯之法也。堯、舜、禹、湯、文、武、周公，距今數千載，其致治之大本、大法，於今可見者《書》與《周禮》而已。《書》載其道，治天下之本也。《周禮》載其法，治天下之具也。有志於唐、虞三代之盛治者，舍二書何以哉？"見何喬新《周禮集注》，第 173 頁。

書,乃周家致太平之跡也。周公當功成治定之日,禮備樂和之際,作爲此書,以粉飾太平。"①又《周禮》一文云:"論先王之法度,莫備於成周;論成周之制作,莫詳於《周禮》。蓋《周禮》者,周公致太平之書也。規模極其廣大,節目極其周詳,非聖人不能作也。"②可見何氏主張周公爲《周禮》之作者。這種看法在明代亦極爲普遍,除郝敬等小部分學者外③,無論贊成或反對《冬官》未亡說之學者,都持類似的主張。

然而由於《周禮》在流傳的過程中被後人竄亂,《集注・序》言"秦火之餘,書軼其半,然諸儒無異論。《周禮》固多錯簡,諸儒論說,何其紛然也",以致後世學者對該書多有懷疑,"甚者或以爲戰國陰謀之書,或以爲漢儒附會之說"。何氏在《六經》一文中亦有相同的看法,其云:"奈何一毀於戰國之諸侯,再毀於秦坑之烈焰,漢興百餘年,河間獻王始上其書於祕府,又百年劉歆始列其書於《錄略》。惟其晚出,故當世儒者共疑之,或謂文王治岐之書,或謂成周理財之書,或以爲戰國之陰謀,或以爲漢儒之附會。"④何氏經過分析後⑤,認爲《周禮》法制嚴密,非聖人不能爲之,然因《周禮》草創而未成書,故書中所記與《尚書》各篇所載不合,然後人不應以此而

---

① 何喬新《椒丘文集》,景印文淵閣《四庫全書》第1249冊,上海:上海古籍出版社1987年版,第9頁。
② 何喬新《椒丘文集》,第16頁。
③ 郝敬認爲《周禮》「非聖人之作,而記亦非漢儒所能補,其諸六國處士之學,其縱橫之言乎」,以爲《周禮》乃成於戰國縱橫家之學者,其說與明代學者差異極大,見郝敬《周禮完解・序》,《四庫全書存目叢書》經部第83冊,臺南:莊嚴文化事業有限公司1997年版,第1頁。
④ 何喬新《椒丘文集》,第9頁。
⑤《六經》云:"今觀一書之中,其兵農以井田,其取民以什一,其教民以鄉、遂,其養士以學校,其建官以三百六十,其治天下以封建,其威民以肉刑,大本既立,然後其品節條目,日夜講求,而增益之,其上則六典、八法、八則、九柄、九貢、九賦、九式之序;其次則祭祀、朝聘、冠昏、喪紀、師田、行役之詳;下至於車旗、圭璧之器,梓匠、輪輿之度,與夫畫繢刮摩搏埴之法;又其細則及於登魚取龍擂鼈之微,莫不備具,如天焉有象者在,如地焉有形者載,非聰明睿智,孰能此哉?……不幸書未成而公亡,其間制度有未施用,故封國之制,不合於《武成》;建都之制不合於《召誥》;設官之制不合於《周官》;九畿之制不合於禹貢》,凡此皆預爲之而未經行也。歐陽氏疑其設官太多者,非惟一官可以兼衆職,而有其事則設,無其事則廢者亦多也,豈常置其官而多費廩祿乎?蘇氏疑王畿千里無地以容之者,蓋王畿四方相距千里,凡遠郊近郊、甸地稍地、大都小都截然整齊,如畫棋局,亦其設法則然耳,而其地則包山林陵麓在其中,安能如一圖哉?胡氏疑冢宰論道之官不當統宮壼財用之事,殊不知財用統於冢宰,則用度有節而無侈用濫賜之獘;宮壼統於冢宰,則身修家齊而無女寵嬖倖之習,是乃格心之要務也,又豈可輕議其非哉?"見何喬新《椒丘文集》,第16頁。可見何氏分析《周禮》制度之細密,以爲非周公不能作,又以《周禮》未推行而周公亡,以爲此乃《周禮》所記與其他文獻所記不合之原因。

懷疑《周禮》①。《集注・序》中何氏更深許"程朱二大儒,洞識聖心之精微,以爲非聖人不能作",然程、朱兩人"亦論其大旨而已。微辭奧義,未及論著;殘章斷簡,未及考正,君子惜之"②,對兩人未能全面考證《周禮》竄亂之跡,深感可惜,故何氏欲總結前代《冬官》不亡說之觀點,補程、朱之未發。

(三) 何喬新《冬官》未亡說探究

承續前人《冬官》未亡之討論,何氏《周禮集注・序》亦認爲今本《周禮》文本有竄亂之跡,而《冬官》一篇其實"未嘗亡也",只是雜於其餘五官之中,因而不需要"以《考工記》補之"。何氏更認同宋、元以來《冬官》未亡之研究,以爲"至臨川俞氏壽翁始悟《冬官》散見於五官之中,作《復古編》,以正漢儒妄補之非;永嘉王氏次點亦作《周禮訂注》,以羽翼俞氏之說;其後臨川吳氏、清源丘氏,各有考文",然四說"惜其得於此者,或失於彼",故何氏希望藉著綜合俞、王、丘、吳四家之說,"重加考訂"其中異同③,從而還原周公官制之立意。相關的看法,亦見何氏《椒丘文集・周禮》一文中,其云:

> 奈何煨燼於秦火,而聖人之經不全,附會於漢儒,而聖經之旨益晦,是故天官之文,有雜在他官者,如内史、司士之類是也;亦有他官之文,雜在天官者,如甸師、世婦之類是也。地官之文有雜在他官者,如大司樂、諸子之類是也;亦有他官之文雜在地官者,如閭師、柞氏之類是也。春官之文有雜在他官者,如封人、大小行人之類是也;亦有他官之文雜在春官者,如御史、大小胥之類是也。夏官之文有雜在他官者,如衘枚氏、司隸之類是也;亦有他官之文雜在夏官者,如職方氏、弁師之類是也。至如掌祭之類,吾知其非秋官之文,縣師、廛人之類,吾知其爲《冬官》之文,緣文尋意以考之,參諸經籍以證之,何疑之有?《冬官》未嘗亡也,雜於五官之中耳。漢儒考古不深,遂以《考工記》補之,豈知鄉師、載師之屬,則雜於司徒,獸人、獻人之屬則雜於太宰,土方、形方之屬則雜於司馬,雍氏、萍氏之屬則雜於司寇。鄭賈諸儒,承訛踵

---

① 何氏另有《成周設官煩瑣辨》一文,爲《周禮》設官之繁而辯護,詳見《椒丘文集》卷一九《成周設官煩瑣辨》,第316—317頁。
② 何喬新《周禮集注》,第173—174頁。
③ 何喬新《周禮集注》,第174頁。

謬,莫覺其非,至臨川俞庭椿始作《復古編》、東嘉王次點又作《周官補遺》,草廬吳氏又從而考訂之,由是《周禮》六官始得爲全書矣。①

以上可見,何氏於《周禮》一文中舉例論述《周禮》六官相亂之情況,並直接指出《冬官》不亡而雜於五官的觀點,故學者欲討論《冬官》官屬,不需要參考漢人所補之《考工記》,而當效法宋、元補亡學者移易五官官屬的位置,以還原《冬官》一篇。從上文的討論而言,《周禮》一文當是何氏對《周禮》六官相亂的情況作初步探討,首先上文未有提及丘葵的《周禮補亡》,與《集注》明確地提出綜合討論宋、元補亡學者的意見不同;另外,上文部分的補亡觀點,何氏晚年成書的《集注》作出了修正,如文中言"豈知鄉師、載師之屬,則雜於司徒",即認爲現存於《地官》的"鄉師""載師"兩官不應列於該篇。其實此爲《三禮考注》的見解,《考注》即主張此二官移至《冬官》。然《集注》成書後,何氏未有全取《考注》的觀點,而只將"載師"移入《冬官》,並保留"鄉師"於《地官》中,反映何氏前後期的補亡觀點有所不同。而關於何氏對《地官》的思考,將詳論於下文;再者,在此文中,何氏明確提出其對《周禮》六官移易的研究方法爲"緣文尋意以考之,參諸經籍以證之",即透過閱讀《周禮》經文文意掌握該官職的職務,並參考傳世文獻的記載,還原《周禮》各官所屬,如上文提及"獸人、獻人之屬則雜於太宰",即何氏透過閱讀現屬《天官》之"獸人""獻人"之職文,認爲此二官官職與治道無涉,故不應存於《天官》,而何氏於《集注》中從俞庭椿之見,移此兩官於《冬官》。至於何氏參考傳世文獻者,亦將詳論於下文。

何氏《集注》重建六官所掌之目的,就是爲了讓《周禮》一書成爲現實政治的參考,一洗漢、宋用《周禮》政治改革失敗的頹風,故《序》云:"有天下國家者,以《書》之所載立其本,以《周禮》所載措諸用,孰謂唐虞三代之盛治不可復哉?世謂《周禮》不可行者,以劉歆、王安石用之而敗也。嗚呼!是非聖經之過也。彼不識聖心,而徒泥其文也。唐太宗斟酌蘇綽之制,以爲建官、授田、制軍、詰禁之法,而貞觀之治遠邁兩漢。況以聖人之心行聖人之法,天下豈有不蒙聖人之澤乎?"②反映何氏以爲因劉歆、王安石等人不明《周禮》深意,欲借《周禮》推行政府改革而失敗,並以唐太宗因參考《周禮》

---

① 何喬新《椒丘文集》,第9頁。
② 何喬新《周禮集注》,第174頁。

而帶來治世作例子，希望藉著建構合理的《周禮》官制，作爲後代政治之參考。

值得注意的是，明初方孝孺《周禮考次目錄》亦不滿今本《周禮》之序次，方氏"憂周公之心不明於後世"，故此他亦"以《書》周公之言爲準"，"考六卿之屬，更次之"，移易六官所屬。方氏對六官之移易具體已不得而知，部份例子見於《自序》者，如將《天官》之"宮正"移入《地官》[1]，將《夏官》之"諸子""訓方氏""匡人""撢人""司寇"歸入《地官》[2]，將《地官》之"司虣""司稽""司救""調人"移至《秋官》[3]。而方氏之說的特點是，他所建構的《冬官》官屬數量極多，"取土地之事、財賦之則在司徒者五十有五，在司馬者八，在司寇者十有三，爲司空"，即"司空"所掌共七十六官屬[4]，此《冬官》系統明顯較宋、元學者爲龐大。而方氏重建六官所屬之目的，乃欲求周公之遺意，"周公之典，孔子嘗學焉，今之存者，此書爾，學者宜盡心而不敢忽，安可疑其有未至乎？然子非疑周公之經也，求周公之意而不得，故辨其失以求合於周公之意而後已也夫！苟能合周公之意，則余何敢避亂經之名而不爲哉？"[5]顯示方氏以爲從補亡角度研讀《周禮》，移易六官屬次，纔是推求周公治道的最佳方法。何氏《集注》並沒有引用方氏《考次篇目》，然何氏立論與方氏相同，兩人皆以爲補亡研究能重現周公治世之遺意，可反映明代學者主《冬官》未亡說之用心。

另一方面，何氏《集注》補亡《冬官》之取態，亦影響其對《考工記》之處理。日本學者宇野精一《冬官未亡論に就いて》曾以宋、元、明、清各時代之學者對《考工記》的態度作爲判斷標準，進而將《冬官》未亡說的學者加

---

[1]《自序》云："曰宮正歸以司徒之舍。"見朱彝尊《經義考》卷一二六，第669頁。
[2]《自序》云："司徒去其非教事者八，十存者四，以司馬之諸子、訓方氏、匡人、撢人、司寇之掌交歸焉。"朱彝尊《經義考》卷一二六，第669頁。
[3]《自序》云："司馬之存者三十有一，司寇之存者二十有三，而以司徒之司虣、司稽、司救、調人歸焉。"朱彝尊《經義考》卷一二六，第669頁。
[4] 據《自序》，《冬官》所屬，包括：載師、閭師、縣師、均人、遂人、遂師、遂大夫、縣正、鄙師、酇長、里宰、鄰長、旅師、稍人、委人、土均、草人、稻人、司稼、土訓、誦訓、澤虞、川衡、玉府、職金、廾人、角人、羽人、掌茶、掌炭、掌染草、掌葛、掌蜃、迹人、囿人、場人、廩人、倉人、遺人、司市、廛人、肆長、賈師、泉府、質人、胥師、司門、司關、職方、土方、懷方、合方、形方、山師、川師、邍師、野廬氏、蜡氏、有雍氏、有萍氏、有冥氏、庶氏、穴氏、翨氏、柞蕨氏、薙氏、赤犮氏、蟈氏、壺涿氏、庭氏、柞氏、薙氏等共七十二官，不合方氏所言七十六者，暫時存疑待考。以上見朱彝尊《經義考》卷一二六，第669頁。
[5] 朱彝尊《經義考》卷一二六，第669頁。

以分類①,其中宇野所劃分之"《考工記》拒否派乙類",即主張本屬《冬官》的官職錯見於其餘五官,故此不需要參考《考工記》,而只需調動《周禮》其餘五官官職即可還原《冬官》一篇。宇野分類的重點在於前代學者對《考工記》的態度上,他的推論很直接,因爲這些學者均主張《冬官》未亡,因而顯示出他們不認同《考工記》對《冬官》的補充作用,然而前代學者《冬官》未亡的見解與他們對《考工記》態度是否一致,仍值得深入討論。

其實早於宋代《冬官》未亡説之學者已有不把《考工記》看作《周禮》經文之意識②,因明代何氏《集注》亦主《冬官》未亡説,並主張調動《周禮》其餘五官以補《冬官》之屬,故此他一如前代的補亡學者一樣,不把《考工記》看作《周禮》經文的一部份,《集注·序》即云:"黜《考工記》別爲卷,不敢淆聖經也。"③可見《集注》在重建六官之屬後,只將《考工記》看成附録,故宇野氏亦把何氏劃分於上述的"《考工記》拒否派乙類"中。值得注意的是,宇野氏將宋代胡宏、程泰之、俞庭椿、王與之、車若水、金叔明,元代丘葵、吴澄,明代何喬新、舒芬、陳鳳梧、柯尚遷、徐即登、陳仁錫等都歸納爲"拒否派乙類"中。然考之此派中有著作存世的元、明學者,他們對《考工記》的處理各有差異,其中如元代丘葵《補亡》剔除《考工記》一篇,不加注釋;《三禮考注》把《考工記》列爲附録,加以注釋,即元代補亡學者對《考工記》之態度已有不同;又考之明代,舒芬《周禮定本》、柯尚遷《周禮全經釋原》、徐即登《周禮説》等著作不載《考工記》,而何喬新《周禮集注》、陳仁錫《重校古周禮》、陳鳳梧《周禮注疏》等則作收入《考工記》,可見明代補亡學者對是否收入《考工記》亦有分歧。故此宇野氏對所謂"《考工記》拒否派"之劃分,或未能完全掌握《冬官》未亡説學者對《考工記》一篇態度與其補亡《冬官》一篇之關係,如何喬新主

---

① 宇野精一把《冬官》未亡説的學者分爲:其一爲"《考工記》保存派",當中可再劃分爲甲、乙兩類,"保存派甲類"爲雖主張《冬官》官職現時錯見於《周禮》其餘五官,但仍然承認《考工記》爲《冬官》之一部分;"保存派乙類"爲不認同《冬官》官職錯見於五官,而將《考工記》視作《冬官》;其二爲"《考工記》拒否派",此派固然不承認《考工記》可補《冬官》,但反對的前提,宇野認爲亦可分爲甲、乙兩類:"拒否派甲類"的觀點爲《冬官》並非亡佚,而是《周禮》成書時已没有《冬官》一篇;"拒否派乙類"爲本屬《冬官》的官職錯見於其餘五官,故此不需要參考《考工記》,而只需調動《周禮》其餘五官官職即可還原《冬官》一篇。除了上述的分派外,亦有持反對《冬官》錯見於五官的"《冬官》錯出反駁論",詳見宇野精一《冬官未亡論に就いて》,第40—60頁。
② 可參考夏微《宋代〈周禮〉學史》,第516—519頁。
③ 何喬新《周禮集注》,第174頁。

"《冬官》未嘗亡也","胡爲以《考工記》補之",但其在《周禮集注》卷末依舊保留了《考工記》的注解,並未直接刪去,此顯示補亡學者在認同與反對《考工記》之間,恐不能以《考工記》之去取作爲單一判斷標準,因而對於宇野氏的見解,實需要更多面向之觀察。由於問題極爲複雜,當另文再議。

(四)《周禮集注》對《周禮》之研究

考何氏《集注》所整理之《周禮》文本,較元代丘氏、《考注》爲審慎,既"每篇首依鄭本列其目,存舊以參考也;次則取四家所論定其屬,正訛以從古也"①,則《集注》之體例乃參考丘氏《補亡》之做法,每官正文前先列舊本《周體》次官目,其後再詳列四家宋元補亡之説,以見其改動之根據,如《集注》卷一先列《天官》原有治官六十三目,其後再列出其考訂之《天官》所屬六十一目;目録之後,《集注》依照舊本《周禮》先列《天官·敘官》之文,並云:

> 愚按:《周禮》舊文,皆序官於前,列職於後,不知自何人始每官附以其職,如《春秋左傳》附經之例。而清源丘氏、石門梁氏皆因之,非聖筆之舊也。臨川吳氏則又盡删其官,而惟存其職,尤爲不可。吳氏之校《儀禮》謂"中霤禘于太廟,王居明堂",其經亡矣,片言隻字,見於注家者,猶收拾而不敢遺,豈有聖經全文,而輒删之乎?愚固疑《考注》未必出於吳氏也。故今據鄭康成注本而正之,仍參考俞氏壽翁、王氏次點、吳氏澄之説,六官之中,其職繫他官所掌者,黜而歸之於彼;他官所掌有繫此官者,取而麗之於此,庶幾不失周公之意云。②

可見何氏並不認同前人過度删削《周禮》舊文,亦對題爲吳澄所撰之《考注》盡删《序官》之文字作出批評。何氏進而認爲《考注》改易《周禮》經文之取態與吳澄治《儀禮》重視保留經文之態度不合,因而懷疑《考注》非吳氏之著作。

又何氏承繼元代"補亡"與"釋經"合流的趨勢,既於每官目下説明其改

---

① 何喬新《周禮集注》,第174頁。
② 何喬新《周禮集注》,第178—179頁。

動之理據,如於卷一《敘官》"司士"下云:"司士舊亦在《夏官》。吳氏謂司士掌群臣之版,詔爵詔禄詔事定食,乃太宰馭貴馭富,與小宰作事制食之意也,故取而歸之《天官》。丘氏曰:凡以道藝仕於國者,不以貴賤,總謂之士。士始附于版,此官掌籍,故曰司士。"①可見《集注》引用吳、丘兩説,以明"司士"入《天官》之原因,以及"司士"官名之意。

另一方面,何氏亦吸收前代注解以通釋全經,其《序》云:"參考諸説,附以臆見,作《集注》,以俟後之君子擇焉。"②所謂"參考諸説"乃指《集注·天官目録》中所列漢、唐、宋、元一共四十九家前代的《周禮》注釋,可見《集注》所取頗豐。且《集注·天官目録》載有明人褚選之《序》云:"《周禮》自漢及今,有《注疏》《論解》《講義》《集説》《辯疑》《精意》《綱目》《小集》《習學記》《太平經國書》《五官解》《序官考》《句解》《互注》《正誤》等書五十餘家,觀者難於涉躐,今因司寇何從古證今,參考諸説,附以己意,作爲《集注》,而嚴削富麗,訓義切當,讀則不煩,考索諸家之釋,而經旨自明矣。"③正指出《集注》會集衆説而文簡義明之特點。

考《集注》所引前代《周禮》解説者,如《集注》卷一於"內豎"職文後引宋人陳傅良之説曰:

> 成周盛時,內小臣、閽人、寺人之屬,悉統於冢宰。蓋閽寺之徒,朝夕左右,最易褻近人君,亦易得而寵仕之。今既屬之冢宰,則人主不得以私意昵,內臣不得以非道干,此先王治內之嚴也。西漢之制,猶稍近古,三公總九卿,而少府之官,凡內臣皆屬焉。佞幸,如鄧通一有細過,申屠嘉得以伸召斬之威,此時相權最重。況當時內臣,亦參選明經之士,咸拜議郎,更宿王宫,以備顧問,如揚雄之位執戟,孔安國之掌唾壺是也。東漢則不然,議郎不在宿直,人主無由親近明經之士,中常侍盡是宦者爲之,卒至群奄用事。孫程始得以專廢立之權,董卓終行以成敗國之謀,原其所自,蓋東漢三公擁虛位,無復西漢統領九卿之職,而宦者專權,非三公所能制也。④

---

① 何喬新《周禮集注》,第181頁。
② 何喬新《周禮集注》,第174頁。
③ 何喬新《周禮集注》,第176頁。
④ 何喬新《周禮集注》,第213頁。

以上可見何氏引用陳氏的説法，以明周制宰相統轄閹臣之利，並分析宦官專權的經過，從而帶出鑒戒的意味。值得注意的是，何氏雖多引宋人之議論，然他亦有吸取漢代注解之釋義者，如《集注》於《天官·酒正》條下引："鄭氏曰：糟，醫酏不沛者。沛曰清，不沛曰糟。后致飲，無醴醫酏不清者，此下之所用。"①又《春官·幕人》："鄭氏曰：唯士無帟，王有惠則賜之。《檀弓》曰：'君於士有賜帟。'"②以及《夏官·司隸》條下引："鄭氏曰：野舍，王行所止舍也。"③可見何氏亦多引鄭注以訓解《周禮》原文④，未純以宋人爲説，用從這一角度看，何氏亦兼採漢、宋之學。

　　而上文所謂"附以臆見"者，乃何氏對五官移易之創見及其對《周禮》經文深意之發揮，前者即六官移易具體推求之法，即上引《周禮》一文中所謂"緣文尋意以考之，參諸經籍以證之"，如於《春官》中，何氏新立"神仕"一職，他的根據是《周禮·春官·敘官》在"家宗人"之後云："凡以神士者無數，以其藝爲之貴賤之等。"何氏言："神士謂明神理而仕者。《國語》所謂能知四時之生、犧牲之物、玉帛之類、采服之儀、彝器之量、次主之度、屏攝之位、壇場之所、上下之神、氏姓之出而心率由舊典者。有即人之，不爲常數，其藝高者爲上士，次之爲中士，又次之爲下士。"⑤可見何氏緣《周禮·春官》正文以及《國語》等經籍所載，新增"神士"一官目，其中細讀《周禮》經文，即"緣文尋意以考之"；參考《國語》之記載，即"參諸經籍以證之"，顯示何氏於晚年《集注》落實其治《周禮》的方法。而此研讀法亦影響何氏對前代《冬官》補亡觀點之吸收，如《考注》於《夏官》未有將"家司馬"獨立成一官，何氏則原沿《周禮》原文，仍然保留"家司馬"一職，未有全取《考注》之説，此點將詳論於下文。

　　至於闡釋《周禮》設官深意者，如《天官·序官·內宰》下，《集注》云："內宰，掌宮禁之事，嬪御、閹寺皆在所統，以下大夫爲之，其任亦重矣。愚謂成周內宰、宮正、宮伯、宮人，皆士大夫爲之，而又統於大宰，非若後世專

---

① 何喬新《周禮集注》，第 218 頁。
② 何喬新《周禮集注》，第 322 頁。
③ 何喬新《周禮集注》，第 357 頁。
④ 據筆者統計，就整部《集注》而言，何氏明引鄭説約有十則，而在訓釋《周禮》原文時，暗用鄭注者則散見全書，如何氏訓釋"家司馬"時云："正猶聽也。公司馬，謂國司馬也。卿大夫之有采地者，王不特置司馬，各自使其家臣爲司馬，主其地之軍賦，往聽政於王之司馬。"全段皆取之鄭注，可見何氏曾綜合漢、宋之見，以治《周禮》。
⑤ 何喬新《周禮集注》，第 276 頁。

用奄豎，而大臣不得與聞宮禁之事也。漢初大長秋、中常侍猶參用士人。東京以降，專用宦者，而人君燕遊居養，大臣不復知矣。有志于格心訓志者，宜致思焉。"①顯示何氏解釋周制以士人擔任内宰等負責王宮内政之官員的原因，並指出因後世政權，内政全係於宦者，不用士人，以致未能格君之心，可見何氏發揮《周禮》之微意，以作"經世"之參考。

《集注》所論的義理深得明代學者之賞識，且多爲明代《周禮》學著作所轉載，如柯尚遷（生卒不詳）《周禮全經釋原》多發揮《周禮》之義理，其書常引何氏之説，如該書卷四云："何氏曰仁漸義摩，使自得其性者，安之也。惇典庸禮，使各順其常者，擾之也。安則無矯拂扞格之憂，擾則有優游浸漬之益，安而擾之，民自和順於德義矣。"②柯氏即引何説以説明大司徒職掌之意義。又明末王志長《周禮注疏刪翼》亦多引何説，以明《周禮》深意，如該書卷五引："盱江何氏曰成周一代，后妃多賢，是豈獨師傅保姆之助哉？蓋其嬪婦、祝史亦皆窈窕之淑女，掌其教，贊其禮，詔其嫟，匡其過，相與輔導警戒，以成其德，子孫世有哲王，不亦宜乎？漢唐以来，或以俘囚之女充后宮，或以倡優之賤備妃嬪，上不知教，下不知學，令德無聞有由然矣！若唐山夫人房中之歌，藹然雅頌之音，才人徐惠直諫之疏凛乎姜后之風，其庶幾成周之家法乎。"③可見王氏引用何説以明女史職掌對後宮教化之重要性。

以上兩例可證，明代《周禮》學者非常重視《集注》對《周禮》經文之議論，以爲能作"經世"之原則，故每多徵引之。

（五）比較《考注》與《集注》於"六官"之分合

如前所述，《集注》綜合宋元以來四家補亡之説，俞氏之見乃衆家説法之源頭，而王與之之説則殘缺不存，後元代丘氏合俞、王之説，故四家中唯《考注》與其餘三家差異較大。故此，爲了更清晰地反映何氏的補亡見解，下表將詳細比較《集注》與《考注》對《周禮》各官移易的看法如下：

---

① 何喬新《周禮集注》，第181頁。
② 柯尚遷《周禮全經釋原》，《景印文淵閣四庫全書》經部第96册，上海：上海古籍出版社1987年版，第618—619頁。
③ 王志長《周禮注疏刪翼》，香港中文大學圖書館藏明崇禎十二年（1639）葉培恕刻本，卷五，第二十六上頁。

		《三禮考注》	何喬新《周禮集注》
天官	同	大宰　小宰 宰夫　内史　外史　御史　馮相氏 保章氏　大府　玉府　内府　外府 司禄　司勳　司士　宮正　宮伯 内宰　九嬪　女御　女祝　女史 典婦功　縫人　内小臣　閽人 寺人　内豎　膳夫　庖人　内饔 外饔　亨人　酒正　酒人　漿人 凌人　籩人　醢人　醯人　鹽人 腊人　醫師　食醫　疾醫　瘍醫 司會　司書　職内　職歲　職幣	大宰　小宰 宰夫　内史　外史　御史　馮相氏 保章氏　大府　玉府　内府　外府 司禄　司勳　司士　宮正　宮伯 内宰　九嬪　女御　女祝　女史 典婦功　縫人　内小臣　閽人 寺人　内豎　膳夫　庖人　内饔 外饔　亨人　酒正　酒人　漿人 凌人　籩人　醢人　醯人　鹽人 腊人　醫師　食醫　疾醫　瘍醫 司會　司書　職内　職歲　職幣
天官	異	大卜　卜師　龜人　菙氏　占人 簭人　占夢　眡祲　獸醫　掌皮 典絲　典枲　染人　獸人　獻人 鼈人	大史　小史　天府　宮人　世婦 内宗　外宗　内司服　甸師 幂人①
地官	同	大司徒　小司徒 鄉大夫　州長　黨正 族師　閭胥　比長　師氏　保氏 司諫　司救　諸子　訓方氏　匠人 撢人　調人　媒氏　大司樂　樂師 大胥　小胥　大師　小師　瞽矇 眡瞭　典同　磬師　鍾師　笙師 鎛師　韎師　旄人　籥師　籥章 鞮鞻氏　典庸器　司干　鼓人 舞師	大司徒　小司徒 鄉大夫(鄉老附)　州長　黨正 族師　閭胥　比長　師氏　保氏 司諫　司救　諸子　訓方氏　匠人 撢人　調人　媒氏　大司樂　樂師 大胥　小胥　大師　小師　瞽矇 眡瞭　典同　磬師　鍾師　笙師 鎛師　韎師　旄人　籥師　籥章 鞮鞻氏　典庸器　司干　鼓人 舞師
地官	異		鄉師　遂人　遂師　遂大夫　縣正 鄙師　酇長　里宰　鄰長　閭師 縣師　旅師　倉人　廩人　遺人 稍人　委人②

① 《集注》"大史""小史"從丘説。"天府"從俞、王兩説。"宮人"《考注》删之。"世婦""内宗""外宗"在"天官"從俞説。"内司服""甸師""幂人"本屬《天官》。
② 《集注》"鄉師"本屬《地官》。"遂人"至"委人"，《考注》全移入《冬官》。

續　表

		《三禮考注》	何喬新《周禮集注》
春官	同	大宗伯　小宗伯 肆師　典命　典瑞　巾車　典路 車僕　節服氏　司常　鬱人　鬯人 司尊彝　司几筵　典祀　都宗人 家宗人　守祧　職喪　大行人 小行人　司儀　行夫　環人　象胥 掌訝　掌交　大祝　小祝　喪祝 甸祝　詛祝　司巫　男巫　女巫 祭僕　小臣　夏采　掌舍　掌次 幕人　伊耆氏　司烜氏　司爟 牧人　充人 牛人　犬人　鷄人　羊人　小子 舂人　饎人　槀人	大宗伯　小宗伯 肆師　典命　典瑞　巾車　典路 車僕　節服氏　司常　鬱人　鬯人 司尊彝　司几筵　典祀　都宗人 家宗人　守祧　職喪　大行人 小行人　司儀　行夫　環人　象胥 掌訝　掌交　大祝　小祝　喪祝 甸祝　詛祝　司巫　男巫　女巫 祭僕　小臣　夏采　掌舍　掌次 幕人　伊耆氏　司烜氏　司爟 牧人　充人 牛人　犬人　鷄人　羊人　小子 舂人　饎人　槀人
	異	天府　司服　司裘　内司服 弁師　追師　屨人　内宗　外宗 世婦　甸師　冢人　墓大夫　女祝 御僕　封人　太史　小史	神士　掌客　大卜　卜師　卜人 龜人　菙氏　占人　簭人　占夢 眡祲①
夏官	同	大司馬　小司馬 軍司馬　輿司馬　行司馬　都司馬 掌固　司險　掌疆　候人　環人 大僕　懷方氏　合方氏　大馭 司右　戎右　齊右　道右　戎僕 齊僕　道僕　田僕　馭夫　御枚氏 挈壺氏　方相氏　隸僕　虎賁氏 旅賁氏　司甲　司兵　司戈盾 繕人　射人　服不氏　射鳥氏　羅氏 掌畜　校人　馬質　趣馬　巫馬 牧師　廋人　圉師　圉人　司隸 罪隸　蠻隸　閩隸　夷隸　貉隸	大司馬　小司馬 軍司馬　輿司馬　行司馬　都司馬 掌固　司險　掌疆　候人　環人 大僕　懷方氏　合方氏　大馭 司右　戎右　齊右　道右　戎僕 齊僕　道僕　田僕　馭夫　衛枚氏 挈壺氏　方相氏　隸僕　虎賁氏 旅賁氏　司甲　司兵　司戈盾 繕人　射人　服不氏　射鳥氏 羅氏　掌畜　校人　馬質　趣馬 巫馬　牧師　廋人　圉師　圉人 司隸　罪隸　蠻隸　閩隸　夷隸 貉隸

---

① 《集注》"神士"之設，乃據《國語·楚語下》而來。"掌客"，何氏當從俞説，從《秋官》移入。"大卜"至"眡祲"，《考注》移入《天官》。

續　表

		《三禮考注》	何喬新《周禮集注》
夏官	異	量人　司弓矢　槀人	家司馬　司門　司關　掌節　御僕①
秋官	同	大司寇　小司寇 士師　鄉士　遂士　縣士　朝士 方士　訝士　司刑　司刺　司約 司盟　司厲　司圜　掌囚　掌戮 布憲　禁殺戮　禁暴氏　職金 野廬氏　蜡氏　司寤氏　條狼氏 脩閭氏　冥氏　庶氏　穴氏　翨氏 柞氏　薙氏　赤犮氏　蟈氏 壺涿氏　庭氏　掌察　掌貨賄 朝大夫　都則　都士　家士　胥師 司虣　司稽　胥	大司寇　小司寇 士師　鄉士　遂士　縣士　朝士 方士　訝士　司刑　司刺　司約 司盟　司厲　司圜　掌囚　掌戮 布憲　禁殺戮　禁暴氏　職金 野廬氏　蜡氏　司寤氏　條狼氏 脩閭氏　冥氏　庶氏　穴氏　翨氏 柞氏　薙氏　赤犮氏　蟈氏 壺涿氏　庭氏　掌察　掌貨賄 朝大夫　都則　都士　家士　胥師 司虣　司稽　胥
	異		司民②
冬官	同	大司空　小司空 載師　均人　土均　草人　稻人 司市　質人　廛人　賈師　肆長 泉府　土訓　誦訓　山虞　林衡 川衡　澤虞　山師　川師　邍師 迹人　卝人　角人　羽人　掌葛 掌染草　掌炭　掌荼　掌蜃　囿人 場人　舍人　司稼　職方氏　土方氏　形方氏　雍氏　萍氏　柞氏　薙氏	大司空　小司空 載師　均人　土均　草人　稻人 司市　質人　廛人　賈師　肆長 泉府　土訓　誦訓　山虞　林衡 川衡　澤虞　山師　川師　邍師 迹人　卝人　角人　羽人　掌葛 掌染草　掌炭　掌荼　掌蜃　囿人 場人　舍人　司稼　職方氏　土方氏　形方氏　雍氏　萍氏　柞氏　薙氏
	異	司民　司門　司關　掌節　縣正 鄙師　酇長　里宰　鄰長　旅師 稍人　委人　廩人　倉人　鄉師 縣師　閭師　遂師　遂大夫　遂人 遺人	獸人　敽人　鱉人　獸醫　司裘 司服　弁師　追師　屨人　量人 封人　掌皮　典絲　典枲　染人 司弓矢人　冢人　墓大夫③

---

① 《考注》沒有將"家司馬"獨立成一官，何氏則根據《周禮》原文，立"家司馬"。"司門""司關""掌節"，《考注》入《冬官》，"御僕"，《考注》入"春官"。

② "司民"，《考注》入《冬官》，何氏保留於"秋官"。

③ "量人"、"司弓矢"，《考注》保留於"夏官"。"掌皮""典絲""典枲""獸人""敽人""鱉人""獸醫"，《考注》保留於"天官"。"封人""司裘""司服""追師""屨人""冢人""墓大夫"，《考注》入《春官》。

根據上表，兩書於《夏》《秋》兩官之屬的釐訂基本一致，反映兩書對此兩官官屬意見相合。考《集注》對《考注》某些《地官》之移易非常認同，如《考注》以爲今本《周禮·大司徒》"掌建邦之土地之圖與其人民之數"至"其民豐肉而庳"一段乃"司空"之職文，當移入《冬官》，而因《孟子·滕文公上》第二章云："聖人有憂之，使契爲司徒，教以人倫，父子有親，君臣有義，夫婦有別，長幼有敘，朋友有信。"故《考注》補《地官·大司徒》之職文云："大司徒之職，掌建邦之五典，以佐王擾邦國，訓萬民：一曰父子有親，二曰君臣有義，三曰夫婦有別，四曰長幼有序，五曰朋友有信。"①何氏極欣賞《考注》所補，其云：

> 此五十字，吴氏取《書》與《孟子》之文衍之，以補司徒之闕也。蓋司徒之職，莫大於敷教，而敷教之道莫大於人倫。有十二教而無五教，是舍其本而事其末也。吴氏取經典之文，而補之宜矣。父子之道，天性也，父必慈，子必孝，則有親矣；君臣以義合者也，君使臣以禮，臣事君以忠，則有義矣；男子居室，不可以混淆也，制其婚姻之禮，以成其室家之願，則有別矣；兄弟長幼，是爲天倫，其行有疾徐，其飲食有先後，則有序矣；同門合志是爲朋友，與之言必實，爲之謀必忠，則有信矣。以此五者而訓其民，則教之大本立矣。②

可見何氏因應《考注》所補，以闡釋司徒以五教化萬民之作用，使百姓知五倫之義，從而培養德性，而此例亦可見何氏在補亡之中，同時闡釋《周禮》"經世"之深意。

而關於兩書所立六官官屬分歧之主要原因，乃在兩書對《周禮》某些官職的理解存在差異，特別是對《地官》之看法，《集注》云：

> 愚按：《周禮》得於秦火之餘，簡編朽折散亂，六官之文互相錯襍，而《地官》所屬半爲《冬官》之文。蓋編書者以司空掌邦土，而土即地也，故凡山川、土地、稼穡之事，悉歸諸《地官》以此致誤，而《冬官》闕焉。漢儒承訛踵謬，莫覺其非，其所訓釋，不過隨文生義而已。至宋淳

---

① 吴澄《三禮考注》，第574頁。
② 何喬新《周禮集注》，第235頁。

熙間，臨川俞庭椿始悟《冬官》不亡，而刪《地官》封人、載師以下二十三官，歸諸司空；又取掌土之職見於他官者以補之，作《復古編》，朱子深取其説。嘉熙間，永嘉王次點又作《周禮補遺》，多祖俞氏之説而司徒、司空之職掌稍正矣。至元臨川吳幼清又刪鄉師以下凡非教事者盡歸之司空，以爲司空未嘗亡，而司徒之文實亡，其存者僅數章耳。愚嘗合三家之説，而紬繹之，司徒爲掌教之官固也，然先王未必因一事設一官，司馬掌兵而兼論材任官之事，司寇掌刑而兼除妖鳥、驅猛獸之事。六官之兼理者多矣，司徒之職實兼教養。穆王命伯冏爲大司徒，其曰弘敷五典，式和民則，言教民之道也；又曰思其艱以圖其易，民乃寧，言養民之道也。況鄉大夫頒教法于鄉，吏自遂人以至鄰長，皆鄉遂之官，所掌政令禁戒，得無有教法在其間乎？自旅師以至委人所掌，匪頒賙賜委積之事，非事職所謂富邦國養萬民之道乎？顧去聖即遠，無所就質，姑取俞氏、王氏之説，依賈鄭之本，還遂人以下附于司徒之後，以俟後之君子云。①

以上反映何氏不取《考注》大肆將《地官》官屬移入他官之做法，他認爲司馬、司寇既掌不同職務，而司徒亦然；且《考注》所刪之所謂"非教事"者，細而論之，如遂人、鄰長、旅師、委人等，涉及禁戒養民之道，從另外的角度看，皆可與教化相關，故何氏不取《考注》，並據俞、王及《周禮》原序，保留《考注》所移易之《地官》官屬而不作調動②。由於上述原因，兩書於個別官屬之移易上，每有不同標準，如"鄉師"本屬《地官》，何氏《集注》保留於該篇中，並云："師，長也。司徒掌六鄉之政教，鄉師分而治之，二人共三鄉之事，故下大夫四人，以相左右，而敷其政教也。"③可見何氏以

---

① 何喬新《周禮集注》，第 227—228 頁。
② 宇野精一曾總結"考工記拒否派乙類"學者《冬官》未亡説觀點主要的傾向，其云："併し知り得た俞、丘、吳、方、柯の五家の説を見ると（今冬官丈に就いて論ずるが）概して二つの傾向がある。即ち俞、丘兩家の如く冬官は大體邦土の官とし乍らも百工の官も含むとするものと、他の三家の如く專ら邦土の官で百工の官は含まぬとするものとである。"見宇野精一《冬官未亡論に就いて》，第 52—53 頁。可見宇野氏認爲俞庭椿、丘葵等主張《冬官》中包括邦土之官及百工之官兩大類的官員，而吳澄、方孝孺、柯尚遷等則主張《冬官》應該純粹由邦土之官組成。宇野氏没有分析何喬新《周禮集注》的特點，按其分析，何喬新的觀點當接近俞庭椿、丘葵一派。
③ 何喬新《周禮集注》，第 229 頁。

爲"鄉師"一職主地方之政教，符合司徒之職掌。然《考注》云："澄按：此地官也。考其文曰'既役，則受州里之役要，以考司空之辟，以逆其役事'，顯是司空之屬矣，不歸之《冬官》可乎？"①則《考注》著眼於"鄉師"職文與"司空"之聯繫，故移"鄉師"入《冬官》。此例顯示兩書對同一官職有不同之理解。

如上文所述，《考注》所持《冬官》未亡説的特點在於大量删削《地官》官屬而移入《冬官》中。小島毅曾研究《考注》及明初方氏《考次篇目》在《冬官》未亡的看法上有相近的學術傾向，其云：

> 在理學的系統中，則以修己治人的理念爲重，政治思想也偏向以《大學》型爲重心。無論是吴澄（晏璧）或是方孝孺，都是屬於此一思潮的思想家。只不過方孝孺等人雖然以《大學》爲自身政治思想的核心，也参採了《周禮》的禮制，而地官爲教化之官的意念，乃是其参採《周禮》的原因所在。换句話説地官爲教化之官的主張，是接續統治制度的《周禮》型與修養教化的《大學》型之粘著因素。至於方孝孺之心儀於《地官》所描繪的民衆教化的架構，其主要理由也在此。但是，現存《周禮》地官之屬，其教化之職官所占的比重極小，因此方孝孺等人乃主張《周禮》的經文有誤，《地官》的原貌並非如此。其論證的根據就是《冬官》未亡之説，俞庭椿、丘葵是爲了補遺《冬官》而説地官是教化之官；但是方孝孺等人卻是爲了强調地官是教化之官，纔補亡《冬官》的。亦即方孝孺等人之所以移動《地官》的職官到《冬官》，與其説是恢復《冬官》之舊，不如説是爲了要純化《地官》。②

小島毅的分析既指出了《考注》《考次篇目》所論相類的因由，同時亦指出宋、元補遺學者意見分歧的核心原因。考何氏不取《考注》《考次篇目》將《地官》大量屬員移入《冬官》的見解，反映出何氏所承繼的是俞、王、丘等人還原《冬官》的願望，且上文已指出，何氏認爲現時《地官》所記的官屬亦可能涉及教化的職務，在審慎思考後，他主張盡量避免移易舊文，故此他對

---

① 吴澄《三禮考注》，第668頁。
② 小島毅著、連清吉譯《〈冬官〉未亡説之流行及其意義》，第557頁。

《冬官》的建構與《考注》等有所差異。①

另外，何氏對《考注》之説，有時只取其部份觀點，而未有全面吸收，如《考注》將"馮相氏""保章氏"入《天官》，何氏從之，《集注》云："馮相保章舊在《春官》。吴氏曰馮相掌歲月日辰之位，保章掌日月風雲之變，太宰謂之天官，則仰求天意，固其職也。"②可見何氏認同《考注》以爲"馮相氏""保章氏"兩職與觀天有關而當入《天官》之見解。但《集注》不取《考注》將"大卜"至"眡祲"等九官移入《天官》，而將這些官職保留於《春官》中。

另一方面，有時《集注》亦會不取《考注》之説法而另立新説，如"司門""司關""掌節"本在《地官》，《集注》主張入《夏官》，其云："節，信也，行者持之，則門關無幾，今時之制，門關雖無節，然必比號而後得行，猶古意也。自司門至掌節，舊在司徒，丘氏從之，吴氏以爲當屬司空，愚皆未以爲然，蓋司關以察奇衺，掌節以達往來，正與掌固、司險之職相類，故取而麗于司馬。"③可見《集注》不從丘葵、《考注》之説，而將"司門"等移入《夏官》。又如"司民"，《集注》云："司民之職，吴氏以爲當麗《冬官》，曰其言以萬民之數詔司寇者，當作司空。王氏則以爲《秋官》主刑，聖人用刑本於好生耳。二説未詳孰是，姑仍鄭本之舊，以竢知者云。"④王與之之説見《周禮訂義》卷一七，由於不能分辨兩説之優劣，何氏從古，將"司民"保留於《秋官》之中。

又因《集注》綜合宋、元四家之説，其中"量人"入《冬官》者，蓋從王説；"封人""掌皮""典絲""典枲""獸人""䱷人""鼈人""獸醫"等入《冬官》者，乃從俞説。然而由於《考注》不同俞、王兩説，而何氏認爲俞、王兩説有理，故不取《考注》之見解，其云："司裘，掌王之裘服者也。自獸人至此，舊

---

① 小島毅進一步推測《考次篇目》對《周禮》官屬的移易，特別是對《地官》的調整，目的是針對王安石變法，其云："方孝孺的《遜志齋集》有《周官》《周禮辨疑》兩篇與《周禮》有關的論述。二篇論述的共通主旨是在説明《周禮》不只是言利之書而已。'王安石之用《周官》，棄其大者而不行，惟取泉府之一言，以傅會其私，卒爲天下禍，此安石之謬也。《周官》之言利，亦稍密矣。……《周官》之法，豈止於此而已乎。爲治有本末、養民有先後、制其産使無不均、詳其教使無不學、文武周公之大意也。'方孝孺也以爲王安石强調《周禮》的利用，乃脱離《周禮》本來的旨趣。《周禮》的根本不在言利，而在制產與詳教。"小島毅著、連清吉譯〈《冬官》未亡説之流行及其意義〉，第 553—554 頁。雖然何喬新不取《考注》《考次篇目》於《地官》的調整，但何氏亦對王安石利用《周禮》變法失敗而對其加以批評，詳見《椒丘文集》卷五《以王安石參知政事議行新法》。
② 何喬新《周禮集注》，第 179 頁。
③ 何喬新《周禮集注》，第 329 頁。
④ 何喬新《周禮集注》，第 361 頁。

皆雜見於《天官》，俞氏曰：九職，四曰藪，牧養蕃鳥獸，乃司空之職，則獸人以下四官，不爲天官屬明矣。又按：司裘與下司服、弁師、追師、屨人所以共王與后之服御，司空掌百工，不宜屬他官，而染人與掌皮、典絲、典枲，則備工之用者也，取而麗於司空爲宜。"①反映因《集注》以爲司空當主土量、牧養、工事，故何氏從俞、王兩説以建《冬官》之屬，而與《考注》立異。因《考注》對《周禮》各官之移易與宋代俞、王兩説出入較大，而何氏《集注》則是綜合宋、元兩代《冬官》補亡的成果，未有專取於《考注》，故此《集注》之説與《考注》所論頗有出入，其中可以反映出何氏對《考注》見解的取捨。

總結而言，《集注》綜合宋、元以來《冬官》補亡之成果，並提出新説，深化了明代《冬官》補亡之研究。在《集注》之後，有金瑶（生卒不詳）《周禮述注》繼續擴展補亡研究。據自序，此書成於萬曆七年（1579）。《提要》云："大旨本元吴澄《三禮考注》、明何喬新《周禮集注》之説，而又以臆見更定之。其補《冬官》之末，附以《改官議》《改文議》二篇，即評論二氏之得失者也。"②考書中有引用《集説》之説，如卷六云："獸人、獻人、鼈人，本冬官屬，原在天官，吴氏因之非是，何氏改復冬官。冬官時地利，凡興山澤田野之利，去山澤田野之害，取山澤田野之物，徵山澤田野之賦，皆其所屬。三官取山澤田野之物，以共膳獻、祭祀、賓客、喪紀之用，天官無此屬，又其職皆言獻，宮官不言獻，屬天官不得。"③可見金氏檢討《考注》及《集説》之見，以爲獸人等三官當從何説爲是，反映《集注》補亡看法的影響力④。

另一方面，何氏在明代中期綜合宋、元補亡研究之舉，亦引起主張以古本《周禮》治學的學者反對，如陳深《周禮訓雋·凡例》云："五家補本，何氏最後而紛裂爲尤甚。"⑤又郭良翰《周禮古本訂注》："其後儒者競爽揣摩，俞、王、丘、吴及何氏五家狎主斯盟……分裂割據，燼亂棼拏。"⑥皆批評何氏補亡之法實有任意改易經文之弊病，並非治《周禮》之良法。但由於何氏《集注》注釋簡明扼要，無漢唐注疏之煩瑣，故《訓雋》《訂注》雖深刻地批評

---

① 何喬新《周禮集注》，第 395 頁。
② 永瑢等《四庫全書總目》，第 183 頁。
③ 金瑶《周禮述注》，《四庫全書存目叢書》經部第 82 册，臺南：莊嚴文化事業有限公司 1997 年版，《周禮二氏改官改文議》，第 420 頁。
④ 《周禮述注》卷六亦多批評《集注》之説，詳見該卷，在此從略。
⑤ 陳深《周禮訓雋》，第 69 頁。
⑥ 郭良翰《周禮古本訂注》，《四庫全書存目叢書》經部第 83 册，臺南：莊嚴文化事業有限公司 1997 年版，第 277—278 頁。

《集注》移易五官屬員之非，但與此同時，兩書又大量吸收《集注》的釋解，如《訓雋·凡例》言："刻此書以何氏《集注》爲主，而損其注之漫漶無節者，其關要有未備，則採漢唐注疏等增入之。"①又《訂注·凡例》云："椒丘何氏最後而紛割爲尤甚，坐之新室，竈功之首，注多摭之者何？蓋何惟後出，賈盩成案，固多取精，前聞不少，刪厥牾牴，汰其傅會，斬葛藤而單刀直入，萃狐白而千金具存，牽合頓尋，指要粲然，不必更爲之臆也。"②凡此皆可反映由於《集注》訓釋《周禮》實有可取之處，因而陳、郭二氏雖不認同何氏補亡之見，然亦參考該書之釋義，此亦可證《集注》於明代《周禮》學之影響。

四、結　　論

由於今本《周禮》缺《冬官》一篇，且五官官屬編制多有疑點，由宋代開始，學者即對《周禮》五官編排作出深入討論。及至南宋俞庭椿以《周禮復古編》總結前人的觀點，以爲《冬官》未嘗亡，而只是混雜於其餘五官中，此説於後代影響極大。其後南宋王與之承繼俞氏之分析方法，並補充新説，著有《周禮補遺》，然其書已佚，而王氏《周禮訂義》亦鮮有收入其補亡之看法。本文從元、明《周禮》學之轉引，初步考察王氏的觀點，補充了前人研究之未足。而宋代《冬官》補亡之特點在於，《冬官》"未亡"研究與"釋經"兩者仍然非常分離。及至元代，丘葵《周禮補亡》綜合俞、王兩家觀點，提出另一《冬官》建構的藍圖。除了補亡外，丘氏亦重視引用前代注家的材料以訓釋《周禮》文句，並嘗試闡釋《周禮》深意。由此時開始，《冬官》"未亡"研究與"釋經"呈現合流的現象，而丘氏之見解亦影響明代補亡學者的看法。元代另一補亡巨著乃題爲吴澄所撰的《三禮考注》。後人對該書的作者多有懷疑，其書之成書年代可能後於《補亡》。而《考注》所擬的六官官屬與丘葵之説頗有差異，且《考注》對《周禮》經文亦進行了大肆的改刪，但仍繼承了元代"補亡"與"釋經"結合的特色。

至明代中期，何喬新《周禮集注》系統整理上述宋、元四家《冬官》補亡研究之成果，除了進退前人之說外，何氏亦從《周禮》經文補充新的官屬，深

---

① 陳深《周禮訓雋》，第69頁。
② 郭良翰《周禮古本訂注》，第280頁。

化了補亡研究的具體方法。上文仔細地比較宋、元、明三代六官移易的差異，當有助讀者了解補亡研究之發展與變化。另外，何氏亦廣泛引用漢、唐、宋、元《周禮》學著作，以訓釋經文文意，並發揮其大意，進一步落實了由元代以來"補亡"與"釋經"合流的方向。而本文亦提出不少例子，指出《集注》成書後，引起了不少學者的注意，不獨其補亡的觀點有所承繼，書中的訓釋及義理之發揮，亦多爲明代學者所引用，甚至批評該書的陳深、郭良翰等人的著作，仍以《集注》作爲重要的參考，這些材料對於論定《集注》一書的地位不無裨益。故此，無論從《冬官》未亡説或《周禮》訓釋的角度而言，《集注》都是一本承先啓後的明代重要的《周禮》學著作。

另一方面，本文亦指出由於明代《周禮》學著作飽受《四庫全書總目》之批評，其影響及至現代，如王鍔基本重申《總目》批評《周禮集注》之意見，而未有深入研究該書之特色。本文指出《周禮集注》對於前人的補亡説法都作審慎的取捨，而非《總目》所言"妄取前人謬戾之論，割裂倒置"。除了補亡《冬官》外，何氏亦對《周禮》作出訓解，以及發揮其中的大義，其見解多被後世所轉引，故此，若《提要》只從補亡角度出發，批評該書竄亂《周禮》文本，實未能全面總結該書之價值。

總結而言，由宋代以來，補亡學者皆重視《尚書・周官》等傳世文獻對六官之記載，並據此以釐定六官職責，從而移易六官官屬。然而在比較宋、元、明三代補亡研究後，我們可以發現，這種移易五官以補《冬官》亡篇，以及重定六官官屬的分析方法，的確涉及研究者主觀的理解與猜想，因而衍生了宋、元、明三代重建六官官屬的多種説法，可謂人言人殊，莫衷一是。但除了批評外，如果我們從另一角度思考，這些分析的確避免了漢、唐注疏之繁瑣，並飽含學者對周制的寄託，如明代何喬新等，都希望從六官移易中，找出理想的官制，以成爲現實政治之參考。故此，我們若能從"致用"的角度看，這些亡學者的見解仍然能顯示出他們"經世"的經學意識，以及對現實政治之關心。

（作者單位：香港中文大學中國語言及文學系）

A New Discussion on the Unperished Theories of the "Winter Officials" in the Ming Dynasty: Centering on He Qiaoxin's *Collected Annotations on the Rites of Zhou*

Leung Tak Wah

During the Ming dynasty, the study of *The Rites of Zhou* flourished with numerous scholars and an abundance of works; however, later scholars, including those involved with the compilation of the *Complete Library in the Four Branches of Literature*, did not place significant emphasis on these studies. For instance, among the works categorized under "Rites of Zhou," only three from the Ming authors were included: Ke Shangqian's *Complete Explanations of the Rites of Zhou*, Wang Yingdian's *Commentary on the Rites of Zhou*, and Wang Zhichang's *Annotated and Abridged Rites of Zhou*. The Concise Catalogue of the Complete Library further diminished the Ming dynasty's scholarship on *The Rites of Zhou*, stating that the three rites had nearly become extinct studies during the Ming dynasty; thus, they were preserved only for the sake of completeness. This dismissive attitude extended to discussions on the unperished theories of the "Winter Officials" from the Song to the Ming dynasties. Such perspectives have influenced modern scholarship, with many continuing to adopt the stance of *The Concise Catalogue*, critiquing Ming dynasty scholarship on these rites and leaving few to explore these works in depth. In response, this paper aims to thoroughly investigate the phenomenon of "unperished" theories within the "Winter Officials" section of *The Rites of Zhou*, tracing the development of these theories from the Song and Yuan through to the mid-Ming dynasty, with a specific focus on He Qiaoxin's contributions in *The Collected Annotations on the Rites of Zhou*. As it systematically organized and succinctly interpreted the views on restoration from the Song and Yuan dynasties and often used the original texts to elaborate on the greater meanings within *The Rites of Zhou*, *The Collected Annotations* garnered significant attention from Ming-dynasty scholars of *The*

Rites of Zhou. Therefore, this paper also discusses the impact of *The Collected Annotations* on the scholarship of *The Rites of Zhou* during the Ming dynasty, thus partially addressing gaps in previous research.

Keywords: *The Rites of Zhou*, Studies of *The Rites of Zhou*, "Winter Officials", He Qiaoxin, *The Collected Annotations on the Rites of Zhou*

徵引書目

1. 王志長：《周禮注疏刪翼》，香港中文大學圖書館藏葉培恕刻本，1639 年。Wang Zhichang. *Zhouli zhushu shanyi*（*Collection and Interpretation of the Commentaries on the Rites of Zhou*）. Ye Peishu's edition in Ming Dynasty collected by the Chinese University of Hong Kong Library, 1639.
2. 王應電：《周禮傳》，北京：國家圖書館出版社，2016 年版。Wang Yingdian. *Zhouli chuan*（*Commentaries on the Rites of Zhou*）. Beijing: Guojia tushuguan chubanshe, 2016.
3. 王鍔：《三禮研究論著提要》，蘭州：甘肅教育出版社，2001 年版。Wang E. *Sanli yanjiu lunzhu tiyao*（*Annotated Catalog of the Works in the Chinese Ancient Books SanLi*）. Lanzhou: Gansu jiaoyu chubanshe, 2001.
4. 永瑢等：《四庫全書總目》，北京：中華書局，1965 年版。Yong Rong. *Siku quanshu zongmu*（*Annotated Catalog of the Complete Imperial Library*）. Beijing: Zhonghua shuju, 1965.
5. 甘鵬雲：《經學源流考》，臺北：學海出版社，1985 年版。Gan Pengyun. *Jingxue yuanliu kao*（*Origin and Development of the Chinese Ancient Classics*）. Taibei: Xuehai chubanshe, 1985.
6. 皮錫瑞：《經學通論》，臺北：學海出版社，1985 年版。Pi Xirui. *Jingxue tonglun*（*General Discussions of Classical Studies*）. Taibei: Xuehai chubanshe, 1985.
7. 朱彝尊：《經義考》，北京：中華書局，1998 年版。Zhu yizun. *Jingyi kao*（*Bibliography of Confucian classics*）. Beijing: Zhonghua shuju, 1998.
8. 何喬新：《周禮集注》，《四庫全書存目叢書·經部·禮類》第 81 冊，臺南：莊嚴文化事業有限公司，1997 年版。He Qiaoxin. *Zhouli jizhu*（*Collected Commentaries on the Rites of Zhou*）. In Siku quanshu cunmu congshu. Jing bu. Li lei 81（*Collection of the Reserved Catalogue of the Complete Library of the Four Treasuries: Classics, Ritual, Book 81*）. Tainan: Zhuangyan wenhua shiye you xian gongsi, 1997.
9. 何喬新：《椒丘文集》，景印文淵閣《四庫全書》第 1249 冊，上海：上海古籍出版社，1987 年版。He Qiaoxin. *Jiaoqiu wenji*（*Collected Works of He Qiaoxin*）. Shanghai: Shanghai guji chubanshe, 1987.
10. 吳澄：《三禮考注》，《四庫全書存目叢書·經部·禮類》第 103 冊，臺南：莊嚴文化事業有限公司，1997 年版。Wu Cheng. *Sanli kaozhu*（*Collected Commentaries of Three Ritual Classics*）. In Siku quanshu cunmu congshu. Jing bu. Li lei 103（*Collection of the Reserved Catalogue of the Complete Library of the Four Treasuries: Classics, Ritual, Book 103*）. Tainan: Zhuangyan wenhua shiye you xian gongsi, 1997.
11. 屈萬里：《尚書集釋》，臺北：聯經出版事業股份有限公司，1983 年版。Qu Wanli. *Shangshu jishi*（*Collected Commentaries on Book of Documents*）. Taibei: Lianjing chuban shiye gufen youxiangongsi, 1983.
12. 丘葵：《周禮補亡》，《四庫全書存目叢書·經部·禮類》第 81 冊，臺南：莊嚴文化事業有限公司,1997 年版。Qiu Kui. *Zhouli buwang*（*Complement of the Rites of Zhou*）. In *Siku quanshu cunmu congshu. Jing bu. Li lei 81*（*Collection of the Reserved Catalogue of the Complete Library of the Four Treasuries: Classics, Ritual, Book 81*）. Tainan：Zhuangyan wenhua shiye you xian gongsi, 1997.

13. 金瑶:《周禮述注》,《四庫全書存目叢書·經部·禮類》第 82 册,臺南:莊嚴文化事業有限公司,1997 年版。Jin Yao. *Zhouli shuzhu*（*Narration of the Commentaries of the Rites of Zhou*）. In *Siku quanshu cunmu congshu. Jing bu. Li lei 82*（*Collection of the Reserved Catalogue of the Complete Library of the Four Treasuries: Classics, Ritual, Book 82*）. Tainan：Zhuangyan wenhua shiye you xian gongsi, 1997.

14. 俞廷椿:《周禮復古編》,景印文淵閣《四庫全書》第 91 册,上海:上海古籍出版社,1987 年版。Yu Tingchun. *Zhouli fugu bian*（*Historic edition of the Rites of Zhou*）. In *Jingyin wenyuange Siku quanshu 91*（*Complete Library in Four Sections, Wenyuange copy, Book 91*）. Shanghai：Shanghai guji chubanshe, 1987.

15. 柯尚遷:《周禮全經釋原》,景印文淵閣《四庫全書》第 96 册,上海:上海古籍出版社,1987 年版。Ke Shangqian. *Zhouli quanjing shiyuan*（*Interpret the Source of the Rites of Zhou*）. In *Jingyin wenyuange Siku quanshu 96*（*Complete Library in Four Sections, Wenyuange copy, Book 96*）. Shanghai：Shanghai guji chubanshe, 1987.

16. 夏微:《宋代〈周禮〉學史》,北京:中國人民大學出版社,2018 年版。Xiawei. *Songdai zhoulixue shi*（*History of the Studies of the Rites of Zhou in Song Dynasty*）. Beijing：Zhongguo renmin daxue chubanshe, 2018.

17. 郭良翰:《周禮古本訂注》,《四庫全書存目叢書·經部·禮類》第 83 册,臺南:莊嚴文化事業有限公司,1997 年版。Guo lianghan. *Zhouli guben dingzhu*（*Revision of the Commentaries of the old verion of the Rites of the Zhou Dynasty*）. In *Siku quanshu cunmu congshu. Jing bu. Li lei 83*（*Collection of the Reserved Catalogue of the Complete Library of the Four Treasuries: Classics, Ritual, Book 83*）. Tainan：Zhuangyan wenhua shiye you xian gongsi, 1997.

18. 陳恆嵩:《明人疑經改經考》,臺北:東吳大學中國文學研究所碩士論文,1987 年版。Chen Hengsong. *Mengren yijing gaijing kao*（*A Study of Ming Dynasty Scholars' Doubts and Revisions of Classic Texts*）. Taibei：Dongwu daxue zhongguo wenxue yanjiusuo shuoshi lun wen, 1987.

19. 陳深:《周禮訓雋》,《四庫全書存目叢書·經部·禮類》第 82 册,臺南:莊嚴文化事業有限公司,1997 年版。Chen Shen. *Zhouli xunjun*（*Exegesis on the Rites of the Zhou Dynasty*）. In *Siku quanshu cunmu congshu. Jing bu. Li lei 82*（*Collection of the Reserved Catalogue of the Complete Library of the Four Treasuries: Classics, Ritual, Book 82*）. Tainan：Zhuangyan wenhua shiye you xian gongsi, 1997.

20. 葉國良:《宋人疑經改經考》,臺北:臺灣大學出版委員會,1980 年版。Ye Guoliang. *Songren yijing gaijing kao*（*A Study of Song Dynasty Scholars' Doubts and Revisions of Classic Texts*）.Taibei：Taiwan daxue chubanweiyuanhui, 1980.

21. 魏校:《周禮沿革傳》,《四庫全書存目叢書·經部·禮類》第 87 册,臺南:莊嚴文化事業有限公司,1997 年版。Wei Xiao. *Zhouli yange chuan*. (*Evolution of the bureaucratic establishments of the Rites of the Zhou Dynasty*). In *Siku quanshu cunmu congshu. Jing bu. Li lei 87* (*Collection of the Reserved Catalogue of the Complete Library of the Four Treasuries: Classics, Ritual, Book 87*). Tainan: Zhuangyan wenhua shiye you xian gongsi, 1997.

22. 小島毅著、連清吉譯:《〈冬官〉未亡説之流行及其意義》,《元代經學國際研討會論文集》,臺北:"中研院"文哲所籌備處,2000 年版,頁 539—558。Xiaodao Yi. *Dongguan weiwangshuo zhi liuxing ji qi yiyi* (*Popularity and the significance of "Dongguan had not been Lost"*). In *Proceedings of the International Conference on the Confucian Classics Studies in Yuan Dynasty*. Taibei: Zhongyanyuan wenzhesuo choubeichu, 2000.

23. 宇野精一:《冬官未亡論に就いて》,《漢學會雜誌》第 6 卷第 2 號(1938 年 7 月),頁 40—60。Yuye jingyi "*Guan yu dongguan wei wang lun*" (*Regarding the Viewpoint of "Dongguan had not been Lost"*). *Hanxuehui zazhi* 6.2: pp. 40–60.

24. 張學智:《明代三禮學概述》,《中國哲學史》第 1 期(2007 年),頁 12—20。Zhang Xuezhi. "*Mingdai sanlixue gaishu*" (*Survey of Studies in the Three Ritual Classics in Ming Dynasty*). *Zhongguo zhexue shi* (*History of Chinese Philosophy*) 1 (2007) pp.12–20.

25. 楊世文:《宋儒"〈冬官〉不亡"説平議》,《中國典籍與文化》第 1 期(2005 年),頁 22—27。Yang Shiwen. "*Songru dongguan buwang shuo pingyi*" (*Commentary On the Viewpoint "Dongguan had not been Lost" Approached by Song Academician*). *Zhongguo dianji yu wen hua* (*Chinese Classics & Culture*) 1(2005): pp.22–27.

26. 劉千惠:《吴澄〈三禮考注〉之真僞考辨》,《中國學術年刊》第 34 卷第 2 期(2012 年 9 月),頁 31—56。Liu Qianhui. "*Wu cheng sanlikaozhu zhi zhenwei kaobian*" (*A Study of Wu Cheng's "San Li Kao Zhu" Is True or False*). *Zhongguo xueshu niankan* (*Studies in Sinology*) 34.2(Sep. 2012): pp.31–56.

尊體與復古："詞樂恢復"視域下的清初自度曲現象*

余佳韻

【摘　要】清初自度曲的興盛，既是針對明人自度曲的俗陋率意所做出的修正，同時也是清人重視音聲之學，主張以"詞樂復古"爲尊體的路徑展現。本文以清初詞樂恢復的風氣爲背景基礎，觀察清初自度曲現象的形成背景、發展概況與創作特徵。清初文人批評明人混淆詞曲，多爲妄作，嘗試通過自度曲重新建立詞與音樂的連結。由"上附風騷"爲論，清人之尊體除將詞體的起源追溯自詩騷外，自度曲的製作、製曲樂器，乃至於對姜、張自度曲的讚賞，皆是"繼聲音之秘響"的自我作古表現。接著以雲間詞人與西陵詞人兩個文人群體爲例，其間交遊唱和的自度曲作品，除凝結文人群體認同外，亦直接有助於自度曲的流傳，達到了"用廣新聲"的作用。要之，清初文人所謂詞樂恢復，是將詞體重新納入合樂而歌，合律而作的音樂文學傳統。惟在康熙晚期譜律之學確立與其後浙西詞學的盛行影响之下，自度曲的創作亦隨之衰微。

【關鍵詞】自度曲　清初　詞樂　復古　尊體

---

* 本文初稿"'上附風騷'與'用廣新聲'——清初自度曲現象的文化考察"發表於2021年12月16日"中研院"明清研究國際學術研討會。論文改寫投稿過程中承蒙會議主持人與二位匿名評審專家的建議指正，使本文論述架構更臻完備，在此一併致上謝忱。文中如有任何違誤或疏漏，文責當由本人自負。

一、前　　言

　　清初爲一由亂世轉爲治世的時期①，無論是在思想②、政治或是文學等層面，秩序的重建實爲此一時期的重要標誌③。詞體在歷經元明的沉寂之後，因風會時勢所趨，至順康時期又重新被文人所重，成爲群體結社藉以交遊唱和的文類。清詞中興之態，體現於詞作整體數量的提升，詞學批評理論的增益與完備，前代詞集與詞樂、詞律及詞譜書籍的輯軼、校刊與考證三方面。其中自度曲的製作和詞譜詞律的編纂，更與清人對詞體的定位與詞樂的認識息息相關④。

　　向來論及尊體説，多數學者都是從詩詞辨體的角度切入論述。嚴迪昌《清詞史》即是從詞與音樂分離，轉爲廣義抒情詩之一部爲論。他説："清人之詞，已在整體意義上發展成爲與'詩'完全並立的抒情之體，任何'詩莊詞媚'一類的'別體'説均被實踐所辯正。"又："詞的抒情功能愈益增強，抒情主體的特性也逐益顯明，作爲廣義的抒情詩的一體的獨立性完全確定了。"⑤這樣的觀察確實指出了清人尊體説之下，意圖從詞體對詩教傳統的承繼，凸顯詞體抒情言志的功用及文體的獨立性。然而此種將詞與音樂分離，進而納入廣義抒情詩之一部的説法，卻難以解釋順康時期自度曲盛行的現象⑥。從清初文人對聲律的重視與詞譜詞律考訂的熱衷程度來看，於前代詞樂佚失之後，清人如何建立詞體與音樂的關聯性，顯然更是清人在

---

① 本文所謂"清初"的範圍，係依循《劍橋中國文學史》之分期，以順康（1644—1723）兩朝爲清初。
② "在清初時期，從哲學層面上分析，作爲對此前思想史發展的反動，出現了各種'秩序'化思潮，這些思潮試圖解決當時社會中的混亂局面。在我看來，作爲標識清初時期思想序列的關鍵詞，可以認爲是'秩序化'。"伊東貴之《"秩序"化的諸相——清初思想的地平綫》，載於（日）溝口雄三、小島毅主編，孫歌等譯《中國的思維世界》，南京：江蘇人民出版社2008年版，第248頁。
③ 可參照：劉煥性《"康乾盛世"之説的由來》，載於《清史研究》2003年第1期，第108—109頁；劉文鵬《在政治與學術之間——20世紀以來的"康乾盛世"研究》，載於《學術界》總第146期（2010年7月），第174—191頁。
④ 沙先一、張宏生《論清詞的經典化》，載於《中國社會科學》2013年第12期，第111頁。
⑤ 嚴迪昌《清詞史》，南京：江蘇古籍出版社1999年版，第2頁。
⑥ 閔豐《選聲：自度新曲與詞體演進》一文將清初詞選所收錄之自度曲統計並製表，由其統計結果來看，除《柳洲詞選》爲順治年間，《倚聲初集》爲順康之際所編刻外，其餘收有自度曲的選集編刻時間均在康熙年間。閔豐《清初清詞選本考論》，上海：上海古籍出版社2008年版，第249頁。

詞體的抒情性外所關切的議題。誠如學者所言："清人一方面強調詞體學的建構，通過詞律、詞譜、詞樂、詞韻的相關研究，以重構或尋求詞的音樂特徵；一方面嚴於辨體，探究詞與詩、曲的文體區別，如詩莊詞媚、詞雅曲俗之論，以及詞韻與詩韻、曲韻的異同的辨析等，以維繫詞的文體特性。這也是清人推尊詞體的策略之一，不過這一尊體路徑卻被詞學研究界有意無意的忽略了。"① 因此，由清人對"詞樂"的認識此一綫索切入清初自度曲的創作現象，或許能爲我們提供另一條觀察清代詞學發展的途徑。

自度曲，又稱"自製曲""自度腔"②，即自製曲調之意，爲前人增添樂曲的方式之一③。爲詞體發展過程中，善解音律的文人在唐五代舊調之外增添詞調的主要途徑，如柳、周、姜、張等，均有自度曲留存④。元明以降，曲樂興起導致了詞體的衰微⑤。明人縱使也有自度曲創作，但並未在當時引起廣泛的和作效應，需至清初文人重新關注詞體聲律與音樂，自度曲纔又進入文人視野⑥。

---

① 沙先一、張暉《清詞的傳承與開拓》，上海：上海古籍出版社 2008 年版，第 61 頁。
② 關於自度曲定義之研究，可參見：劉慶雲《對"自度曲"原義與演化義的回溯與平議》，載於《詞學》第 32 輯（2014 年 12 月），第 16—30 頁。
③ "自度曲"一詞最早見於《漢書》之記載："元帝多才藝，善史書，鼓琴瑟，吹洞簫，**自度曲，被歌聲**。"班固撰、顏師古注《漢書》，臺北：藝文印書館 1962 年版，卷九，第 128 頁。
④ 根據施議對的統計，雖然南北宋文人皆有自度曲詞留存，相較於柳永兩百多首詞用了一百五十多種詞調，且其中絕大部分爲自製新聲；清真一百二十多首詞用了八十九種詞調，其中五十多爲新調的情況。稼軒詞六百多首詞僅用了九十八種詞調，且絕大部分是唐五代北宋的舊有詞調。可知南宋詞作雖在整體數量上超越了北宋，但在新聲的製作上則遠遜於北宋。施議對《詞與音樂關係研究》，北京：中華書局 2008 年版，第 113—116 頁。
⑤ 朱彝尊《群雅詞序》簡要歸納了詞樂發展，其道："用長短句製樂府歌詞，由漢迄南北朝皆然。唐初以詩被樂，填詞入調，則自開元、天寶始。逮五代十國，作者漸多，有《花間》《尊前》《家宴》等集。宋之太宗，洞曉音律，製大小曲及因舊曲造新聲，施之教坊舞隊，曲凡三百九十，又琵琶一曲，有八十四調。仁宗於禁中度曲時，有若柳永，徽宗大晟名樂時，有若周邦彥、曹組、晁次膺、萬俟雅言，皆明於宫調，無相奪倫者也。洎乎南渡，家各有詞，雖道學如朱仲晦、真希元，亦能倚聲中律呂，而姜夔審音尤精。……惟因劉昺所編《晏樂新書》失傳，而八十四調圖譜不見於世，雖有歌師、板師，無從知當日之琴趣、簫笛譜矣。"馮乾編校《清詞序跋彙編》，南京：鳳凰出版社 2013 年版，第 339 頁。
⑥ 沙先一、張宏生《論清詞的經典化》文中提到："雍乾詞壇對順康的模仿中，還有一種現象饒有意味，即對順康詞人所制自度曲的使用。自度曲在詞體發展史上早已有之，體現了詞家對聲律、新調的創新追求。兩宋詞人中，柳永、周邦彥、姜夔、吳文英等都是自度新腔的名家，所制《雨霖鈴》《蘭陵王》《暗香》《鶯啼序》諸調爲後世頻繁使用。兩宋詞人在這一方面的創造，也深深吸引著清代詞人。以中興自居的清代詞家，自然也不甘爲牛後，欲在詞體上與前人一試高下，創制出堪稱經典的新詞調。"雖然這裏提的是雍乾詞壇對順康的模仿，但也透露出清人對中興詞體的自我期許，欲透過自度新曲追步宋人的心態。沙先一、張宏生《論清詞的經典化》，載於《中國社會科學》2013 年 12 期，第 111 頁。

學界較早關注到清初自度曲的先行研究，爲閔丰《選聲：自度新曲與詞體演進》一文。作者從清初詞選並不排斥收錄時人自度曲一點切入，推斷清人自度曲的創作在當時已經得到了文人的普遍認同[1]。其後劉深《清詞自度曲與清代詞學的發展》，從詞學發展史的角度梳理清代自度曲創作的背景原因，並指出清代自度曲的自我作古意識爲清詞經典化之表現，爲本文提供了基礎架構[2]。任珂瑩《清初詞人自度曲研究》，文中梳理了清初自度曲源流類型，並附有清初自度曲及其後繼作的相關統計，是迄今較爲完整的清初自度曲研究成果[3]。與本文直接相關者，爲查紫陽《論詞樂恢復視野下的清詞自度曲創作》與劉深、沙先一《清詞自度曲的創作方式與音樂、文本的雙重形態》二文，前文指出清人在宋代詞樂佚失的現實下，試圖從聲律一途復原詞樂，以爲"清詞復興與詞律的研究有莫大的關係，而詞律研究又是因自度曲的創作所激發"[4]，其結論頗具啓發意義，惜因篇幅關係，未能深入探討詞律與自度曲的細部關聯與變化。後者觀察到清人多援用曲樂入詞，以爲歌唱表演的現象，呈現了"詞樂復古"矛盾性的同時，也體現出了某種"統序"的意識與自我經典化的軌跡[5]。

由是，學界針對清初自度曲的討論，大抵圍繞著詞樂恢復、詞律研究與自度曲興盛的關聯。在詞樂未亡以前，所謂"詞律"，爲"以詞就樂"，是文人配合詞牌的宮調聲律填製作品。而當詞樂失傳以後，清人也不得不重新思考如何重新建立詞與音樂的連結。所謂"詞樂恢復"或"詞樂復古"，是建立在清人認識到宋人詞樂難以恢復的前提下，對詞體如何協律與合樂的探求過程。通過前人既有的文獻紀錄，探求度曲及詞調製作、演繹的方式，以回復詞體"可歌"的傳統，而可視爲尊體説的延展。

奠基於此，本文以清人"詞樂恢復/復古"的期待心理爲基礎，觀察清初自度曲的盛行緣由、詞人群體的創作情形、自度曲的製作與詞譜詞律的關聯。需先説明的是，本文雖以清初（順康時期）自度曲爲主要考察範疇，惟考量到文學的延續性與論述的完整性，仍會提及雍乾以降的自度曲創作情

---

[1] 閔丰《選聲：自度新曲與詞體演進》，載於《清初清詞選本考論》，第243—264頁。
[2] 劉深《清詞自度曲與清代詞學的發展》，《南京大學學報》第6期（2015年11月），第136—153頁。
[3] 任珂瑩《清初詞人自度曲研究》，南寧：廣西大學中國古代文學碩士學位論文，2018年。
[4] 查紫陽《論詞樂恢復視野下的清詞自度曲創作》，載於《蘭州教育學院學報》第32卷第12期（2016年12月），第1頁。
[5] 劉深、沙先一《清詞自度曲的創作方式與音樂、文本的雙重形態》，《文藝理論研究》第42卷第3期（2022年5月），第197—208頁。

況，以爲對照。期能藉此較全面而具體地論述清初自度曲的整體情况。

二、清初文人對明清自度曲的認識與評價

  清初自度曲的發展與清人對明代詞學的認識、明人填詞態度與作品格調的批判相關。傳統詞學史的論述皆以明代爲詞學衰落期，除明代當時曲已經取代了詞成爲文學主流外，詞家數量與填詞倚聲之風氣也不若前代。加上明代詞樂多半佚失，致使詞體僅能以文字形式流傳。歷來詞評家對此一現象多有評述。如明人王世貞（1526—1590）即談到"詞興而樂府亡矣，曲興而詞亡矣；非樂府與詞之亡，其調亡也"①。不僅是文學盛衰發展論的重申，也指出了明代詞樂佚失的情况。南北九宫大成出現後，以曲樂入詞，或詞曲相混的例子屢見不鮮，文人的批判也愈發强烈②。錢允治（1541—1624）《國朝詩餘序》也有："騷壇之士，試爲拍弄，才爲句掩，趣因理湮，體段雖存，鮮能當行。"③明末清初的陳子龍（1608—1747）指出明代曲學的發達導致了詞體的衰退，他説："元濫填詞，兹無論已……且南北九宫既盛，而綺袖紅牙不復按度，其用既少，作者自希，宜其鮮工也。"④批判明人工於詞體者少，填詞粗糙濫製，又多不知音律，填詞之道更加衰敝⑤。這種輕率態度也同樣可見於明人的自度曲創作。王靖懿即歸納道："一是作者以隨意的態度進行創作，無視詞體的既有格式，'率意自度曲'。"明末楊思本《失調名》三首的詞前小序寫道："意况所到，信筆寫來，不較長短，漫成三曲。未有牌名，亦未檢韻，聊以適興云爾。"⑥作者的創作之目的顯然僅爲適興自

---

① 王世貞《藝苑卮言》，收入唐圭璋編《詞話叢編》，北京：中華書局1986年版，第385頁。
② 張仲謀《明詞史（增訂版）》，北京：人民文學出版社2020年版，頁209。
③ 錢允治輯《類編箋釋國朝詩餘》，載於《續修四庫全書》，上海：上海古籍出版社2002版，第1728册，第212頁。
④ 陳子龍《幽蘭草詞序》，載於彭志輯校《明人詞籍序跋輯校》，杭州：浙江大學出版社2021年版，第347—348頁。
⑤ 其後的徐鼒（1804—1858）《水雲樓詞序》："元之雜以俳優，明人決裂阡陌。淫哇日起，正始胥亡，高論鄙之。"（馮乾編校《清詞序跋彙編》，第1337頁。）又王嶽崧（1850?—1924）《花信樓詞存序》也同樣提到："（詞）至金元時，詞與曲並盛，作者皆知音律。洎乎明朝，填詞者甚多，而協律者殊少，此道衰矣。"（馮乾編校《清詞序跋彙編》，第1966頁。）都是批判明詞不協音律，加以以曲學繼盛，導致詞體衰微。
⑥ 周明初、葉曄補編《全明詞補編》，杭州：浙江大學出版社2007年版，第979頁。

娱，甚至"信筆寫來，不較長短"隨意所至，並未考量到音聲節奏。"二是作者刻意爲之，從而顯現出明確的創調意識。"惟現存明人自度曲約103首，佔明人詞調使用的一成五，但整體詞作數量卻僅有160首，除卻楊慎（1488—1559）《誤佳期》的十首應和詞外，其餘詞作多僅存一兩首，能夠引起時人唱和或繼作的詞牌寥寥無幾①。當清初文人標榜尊體之姿，欲以平仄韻律的格調體式與詞樂關係重新審視詞體的歷史發展脈絡時，明人自度曲這一類缺乏音樂譜律或表演型態紀錄，僅爲仿擬詞體形式的長短句之詩的自鑄曲詞，便成爲清人對明人自度曲率意妄作的主要批評之處②。

其後朱彝尊（1629—1709）《水村琴趣序》亦延續了同樣的批判立場而提到："夫詞自宋元以後，明三百年無擅場者。**排之以硬語，每與調乖；竄之以新腔，難與譜合。**"③批評明人不明樂理之弊，除批評明人填詞語言多生硬，往往不合於樂調外，明人的自製新腔更是"難與譜合"，不合於譜律之調式。毛奇齡（1623—1716）《西河詞話》亦云：

> 古者以宫、商、角、徵、羽、變宫、變徵之七聲，乘十二律，得八十四調。後人以宫、商、羽、角之四聲，乘十二律，得四十八調。蓋去徵聲與二變不用焉。四十八調至宋人詩餘猶分隸之。其調不拘短長，有屬黄鍾宫者，有屬黄鍾商者，皆不相出入。非若今之譜詩餘者，僅以小令中調長調分班部也。其詳載樂府渾成一書。**近人不解聲律，動造新曲，曰自度曲。試問其所自度者，曲隸何律，律隸何聲，聲隸何宫何調，而乃攔然妄作，有如是耶。**方渭仁曰（1632—?）：四十八調亦非古律。但隋唐以來相次沿革，必有所受之者，聲律微眇宜以跡求，正謂此也。④

這裏的"近人"，指的是明代楊慎以降製作自度曲的文人。毛奇齡在此並非反對自製新聲，而是以爲新聲的製作需以度曲者通曉樂理、明辨聲律宫調爲前

---

① 王靖懿《明詞特色及其歷史生成研究》，蘇州：蘇州大學中國古代文學博士論文，2015年，第15頁。案：宋代以降，自度曲/自創調的數量與前代詞牌向來不成比例，即便是清人自度曲，佔全清詞比例亦微乎其微。從而，自度曲的流傳更仰賴同時期的唱和者和其後的繼作者。
② 張仲謀以爲："明人所謂的'自度曲'只是擬詞體形式的長短句之詩，我們看不到其合樂或演唱的可靠記載，因此這就不是真正意義的'自度曲'，亦不足以視爲新產生的詞調。"見張仲謀《明詞史（增訂版）》，第220頁。
③ 馮乾編校《清詞序跋彙編》，第339頁。
④ 唐圭璋編《詞話叢編》，第587—588頁。

提。僅依前代圖譜將詞體分爲小令、中調與長調,按譜填詞,即是不辨聲律;在不明音律的情況下率然自度,既違背古意,又難以協律合聲,則爲"妄作"。

同時期的萬樹(1630—1688)於康熙二十八年(1689)寫成的《詞律自序》,除延續了對明人聲律之弊的強烈批判外,同時也提示了清初尊體説與自度曲復興之間的綫索。請看下面引文:

> 嘅自曲調既興,詩餘遂廢。縱覽《草堂》之遺帙,誰知大晟之元音。然而時屆金元,人工聲律,迹其編著,尚有典型。明興之初,餘風未泯,青邱之體裁幽秀,文成之丰格高華,矩矱猶存,風流可想。既而斯道愈遠愈離,即世所膾炙之婁東、新都兩家,擷芳則可佩,就軌則多岐。**按律之學未精,自度之腔乃出,雖云自我作古,實則英雄欺人。**……蓋歷來造譜之意,原欲有便於人,但擬拗句難填,試易平辭易叶,故於每篇作注,逐字爲音。……況世傳《嘯餘》一編,即爲鐵板;近更有《圖譜》數卷,尤是金科。凡調之稍有難諧,皆譜所已經駁正,但從順口,便可名家。於是篇牘汗牛,棗梨充棟,至今日而詞風愈盛,詞學愈衰矣。……乃後人不思尋繹古詞,止曉遵循時譜,既信其分注爲盡善,又樂其改順爲易從,人或議其聱牙,彼則援以藉口。嗟乎!**古音不作,大雅云亡,可勝悼哉!**或云:今日無復歌詞,斯世誰知協律。惟貴有文有采,博時譽於鏗鏘;何堪亦步亦趨,反貽譏於樸遫?則何不自製新腔,殊名另號;安用襲稱古調,陽奉陰違?……其篇則取之唐、宋,兼及金、元,而**不收明朝自度。本朝自度之腔,**於字則論其平仄,兼分上去,而每詳以入作平、以上作平之説。此雖獨出乎一人之臆見,未必有符於四海之時流,然試注目而發深思,平心而持公論,或片言之微中,或一得之足收,亦有偶合於古人,未必無裨於末學。
> **但志在明腔正格,自不免駁謬糾訛。**(後略)①

萬樹認爲明初詞體雖仍存宋人餘風,惟其後逐漸偏離正軌,而曲的興起更加速了詞的衰微。明人以製作自度曲爲復古之途徑,實則與樂律相隔甚遠。明人詞譜之作,頗多妄改,自然更無所謂"古音"之成分。由此推導出《詞律》一書的作成,是在"明腔正格"之外,通過格律之辯正校讎,掃除明人

---

① 施蟄存編《詞籍序跋萃編》,北京:中國社會科學出版社1994年版,第881—882頁。

之影響,以達合於李唐、趙宋樂律之理想。並且,出於對明人"自製新腔"和"襲稱古調"一類人的不滿,《詞律發凡》更補充道:"能深明詞理,方可製腔。若明人則於律呂無所授受,其所自度,竊恐未能協律。故如王太倉之《怨朱絃》《小諸皋》、揚(按:應作"楊")新都之《落燈風》《款殘紅》《誤佳期》等,今俱不收。至今顧梁汾所犯《踏莎美人》,非不諧婉,亦不敢收。蓋**意在尊古輟新**。"①由於萬樹收詞是以"合律"爲標準,不收明人自度曲,是由於明人不明詞理,音律不協,如楊慎的自度曲《款殘紅》《誤佳期》等均是。另一方面,萬樹對清人自度曲的態度相對明人寬容,除自身有新翻曲《同心蘭》(魚魷凝煙)存世外②,文中提到的顧貞觀自度曲《踏莎美人》,由於聲情音律諧婉,頗受清代文人青睞,唱和與繼作者亦多③。可知《詞律》不收清人自度曲,仍是出於"尊古輟新"的編輯意識以及不收元明以下自度曲的收錄體例,而非全然否定清人符合"詞理"的自度曲詞④。

　　清初文人批評明人自度曲多率意而作、不辨聲律,因而總體評價不高⑤。

---

① 萬樹《詞律·發凡》,哈佛大學燕京圖書館藏,康熙二十六年(1687)堆絮園刻本,册 1,第 25 頁下。
② 萬樹有新翻曲《同心蘭》存世,詞序云:"守齋、雪舫俱賦詞志瑞,蓋取《兩同心》《蕙蘭芳引》各半,合填此調云。"全清詞編纂研究室主編《全清詞·順康卷》,北京:中華書局 2002 年版,第 10 册,第 5557 頁。
③ 顧貞觀論詞亦重聲律,其自度曲《踏莎美人》除同時期有顧貞立《踏莎美人·送梁汾弟》(鏡裏遙山)與鄒祗謨《踏莎美人》(一片風帆)等繼作之外,賴以邠《填詞圖譜》也收錄了此詞調。且萬樹《詞律》即便未收,也特别指出此詞聲情之"諧婉"。可知此曲在當時傳播之盛。吴熊和點校、查繼超輯《詞學全書》,北京:書目文獻出版社 1986 年版,第 326—327 頁。
④ 按:江合友《明清詞譜史》以爲萬樹係基於選詞時代性原則,對明代以來之自度曲不予認可而不收錄。然而從萬樹自身也有自度曲之創作以及對部分清人合於聲律的自度曲之讚賞來看,萬樹主要排斥的對象實以明人自度曲爲主。(江合友《明清詞譜史》,上海:上海古籍出版社,2008 年版,第 130 頁。)又,沈雄《古今詞話》亦載:"曹秋嶽(按:即曹溶,1613—1685)曰:'乙丑(1685)夏日集澄暉堂,江子丹崖問明詞去取以何爲則。'余曰:'自花間至元季調已盈千,安得再收自度。如王世貞之《怨朱弦》《小諸皋》,楊慎之《落燈風》《灼灼花》,屠隆之《青江裂石》《水漫聲》。丹崖平日留心古調,詢及明詞如此。至若滕克恭有《謙齋稿》,陳謨有《海桑集》,俱元人而入明者。小詞僅一二見,故亦不收也。'"江丹崖詢問曹溶關於明詞的汰留標準。曹溶以爲花間至元末的詞調已爲充盈,因此不應收錄明人自度曲,此外部分由元入明,詞作不多的文人亦不在收錄之列。曹溶排斥明人自度曲的態度,並以花間至元季的詞牌爲是的論説,與萬樹編選《詞律》所收錄的詞牌年代範圍亦相一致。引文見:唐圭璋編《詞話叢編》,第 801 頁。
⑤ 諸如此類的批評直至清中葉以降仍是。如杜文瀾(1815—1881)《憩園詞話》即提到,有明一代"絶少專門名家。間或爲詞,**輒率意自度曲,音律因之益棼。**"又其《詞律校勘記敍》同樣提到:"**元明以來宮譜失傳,作者腔每自度,音不求諧,於是詞之體漸卑,詞之學漸廢,**而詞之律則更鮮有言之者。"陸鎣(生卒年不詳,約道咸時期在世)《問花樓詞話》亦直指王世貞《小諸皋》二闋自度曲爲"信手塗抹,真是盲女彈詞,醉漢罵街"。引文分見於:唐圭璋編《詞話叢編》,第 2852、3237 與 2544—2545 頁。

加之明人自度曲中也少見詞樂的相關記載或歌唱形式，難以確知其合樂的程度。相對於此，清初文人的自度曲並非隨興而爲，而是在首重聲律的前提下，依循前人所遺留的規範審音製調，探索詞體與音樂的關聯，以成就"復古"的姿態。並且，即便清初文人對自度曲的態度頗有分歧，然而多數文人如萬樹等對清人自度曲較爲寬容的原因，或與清初文人重聲律，自度曲多入樂可歌且聲律諧婉有關。

三、"上附風騷"——"詞樂復古"的追溯

清代文人考察詞體的源流變化、抒情内涵與韻律形式以爲尊體説之基礎，確立了詞學中興之勢。首先從"詩言志"的角度推進，強調詩詞内在情韻的互通，以及詞體内容風格的醇雅與寄託之意。陳維崧《蝶庵詞序》即道："今天下詞亦極盛矣。然其所爲盛，正吾所謂衰也。……夫作者非有《國風》美人、《離騷》香草之志意，以優柔而涵濡之，則其入也不微，而其出也不厚。人或者以淫褻之音亂之，以佻巧之習沿之，非俚則誣。"[①]陳氏批判時人詞作有"淫褻""佻巧"之弊的同時，也提出將詞體所抒之"情"與風騷詩教的"言志"之意連結，不再僅止於歌兒舞女的側艷小詞，以導正詞體衰微的趨向、提升詞體之地位。再則由聲律角度切入，檢視詞體格律音韻等相關論述，以求恢復詞體的音樂本色。欲藉由詞律、詞譜與詞樂的恢復糾正明人之失外，清人也在前人的基礎上嘗試自度曲的創作。從而，欲理解清初自度曲的發展脈絡，尊體説所包含的崇古意識與音聲的認識即提供了我們觀察的基礎。下面即從"上附風騷"的角度切入，觀察清人對"音聲"與"崇古"的認知與連結。

（一）崇古的意識：冀復古音

清代詞學中較早論及詞體音聲者，首推明末清初的雲間詞人群體。沈億年《支機集·凡例》即道：

詞雖小道，亦風人余事，吾黨持論，頗極謹嚴。五季猶有唐風，入

---

① 馮乾編校《清詞序跋彙編》，第136頁。

宋便開元曲。故**專意小令，冀復古音**，屏去宋調，庶防流失。（第一條）

唐詞多述本意，故有調無題，以題綴詞，深乖古則。吾黨每多寄託之篇，間有投贈之作，**而義存復古，故不更標題**。（第三條）[①]

蔣平階亦云：

詞章之學，六朝最盛，余與陽羨陳其年、蕭山毛大可（按：即毛奇齡）、山陰吳伯憩（按：即吳棠禎，1644—1692），**力持復古**。（《百名家詞鈔·容居堂詞》）[②]

雲間詞人這一類與樂音相關的論説，其範圍皆不出"崇/復古"與"寄託"等概念。凡例開篇指出詞體具備"風人餘事"的社會教化功用，由此連結詩教諷喻與寄託微言的深意，強調填詞的嚴肅性，非隨興而爲。接著以詞體發展史的角度，説明雲間詞人專意小令之目的，是在於"五季猶有唐風，入宋便開元曲"，希冀通過小令的創作實踐以復追（唐五代）古風。不同於明人多以《花》《草》爲尚，雲間詞人標榜南唐、北宋實有探求"元音"與"古音"背後的尊體意識。對他們而言，恢復詞體本色的首重之務是確立效法的對象，讓詞體與曲體脱鈎；從歷史段綫劃分出"古音"的年代，確立詞體"復古音""防流失"的範圍。

蔣平階在弟子周稚廉（1626？—1689）的《容居堂詞》提到自身與陳維崧、毛奇齡、吳棠禎等人皆"力持復古"。雖然此處並未言明"復古"的具體内容，但蔣平階曾作自度曲詞、吳棠禎曾校訂《詞律》，陳維崧與毛奇齡皆通曉音律，甚至有"（毛奇齡）度曲，其年吹簫和之"的紀録[③]，對照《支機集·凡例》"冀復古音"之説，蔣平階所主張的"復古"，顯然不僅止詞體小令的仿擬填製與個人深意的寄託，也帶有對詞體音律的設想。

其後王士禎（1634—1711）《倚聲集序》同樣著眼於詞體承繼詩體"聲音"之處。他説：

[①] 馮乾編校《清詞序跋彙編》，第14頁。
[②] 聶先、曾王孫編《名家詞鈔評》，收入朱崇才編纂《詞話叢編續編》，北京：人民文學出版社2010年版，第689頁。
[③] 陸勇强《陳維崧年譜》，北京：中國社會科學出版社2006年版，第422頁。

詩之爲功既窮,而聲音之秘勢不能無所寄,於是温、和生而《花間》作,李、晏出而《草堂》興,此詩之餘而樂府之變也。詩餘者,古詩之苗裔也。……至是聲音之道,乃臻極致,而詞之爲功,雖百變而不窮,《花間》《草堂》尚矣。《花庵》博而雜,《尊前》約以疏,《詞統》一編,稍撮諸家之勝,然詳於隆、萬,略於啓、禎……續《花間》《草堂》之後。**使夫聲音之道,不至於湮没而無傳**。①

王士禛先讚許卓人月《古今詞統》的編選之功,並以刊刻於順治末至康熙初,以保存當代詞作爲主的《倚聲初集》有承接《古今詞統》之意②。序文首先由詩詞體類的功能著眼,以爲詞體兼具音樂文學與詩餘兩種性質,自然也肩負了"寄聲音之秘勢"的責任。成書於順康之際的《倚聲初集》作爲清初重要的選本之一,以"使夫**聲音**之道,不至於湮没而無傳"爲其編選目的。集中雖然僅收録了一首清人自度曲,然如爲編者有意爲之,即可視爲文人對清初自度曲態度的初步轉變——時人自度曲同樣得以"寄聲音之秘勢"③。後來康熙年間出版的《西陵詞選》《瑶華集》《百名家詞鈔》等詞選集皆收録了大量的清人自度曲,由此來看,自度曲作爲"聲音之道"的載體,在清初已爲部分文人所接受④。

於是,原本"古音""聲音"是從詩詞共通的音樂性爲論,強調詞體承繼詩教的寄託微言,拓展到了自度曲"聲音"的合律性與可歌性之探索。如方渭仁(1632—?)曾於毛奇齡論自度曲的補注下提到:"四十八調亦非古律。但**隋唐以來相次沿革,必有所受之者,聲律微眇宜以跡求,正謂此也**。"⑤是

---

① 吴宏一、葉慶炳編《清代文學批評資料彙編》,臺北:成文出版社1979年版,第284—285頁。
② 就明末清初的統序觀與《古今詞統》一書對清初詞學的影響,詳可參見張宏生《統序觀與明清詞學的遞嬗——從〈古今詞統〉到〈詞綜〉》,《文學遺産》2010年第1期,第86—93頁。
③ 自度曲的收録比例至康熙年間的選本中大幅提高,且收有清人自度曲的選集較未收録者爲多。可知清人自度曲的創作在當時也已經爲部分文人所接納。可參見閔豐《選聲:自度新曲與詞體演進》,載於《清初清詞選本考論》,第249頁。
④ 對清初自度曲持反對意見者,如康熙二十八年(1689)傅燮詷《詞覯發凡》所言:"好奇之家,如范仲闇自度之《花富貴》《風流社》,毛稚黄自度之《撥香灰》《雙鶯怨》等合調;如顧梁汾之《踏莎美人》、李笠翁之《攜琴獨上鳳凰臺》之類,**果有當於古人之宫調否?果無乖於詞中之拍腔否?吾未敢深信,即有佳思妙句,亦未敢采入**。"(趙尊嶽《趙尊嶽集》,南京:鳳凰出版社2016年版,第1041頁。)後于昌遂(1829—?)《賣魚灣詞跋》亦云:"宋人倚聲無不可歌者,至金元已失傳。試取今所爲工尺以配宋詞,多不能合。即勉强拍合,而付之度曲家,亦大半不成聲。"(馮乾編校《清詞序跋彙編》,第1365頁。)
⑤ 唐圭璋編《詞話叢編》,第587—588頁。

以四十八調雖非古律,然而音律相續沿革,由聲律之"跡"即可窺得"所受"之"古"處。後來的楊葆光(1830—1912)《静廬詞評跋》也有:"國初人多自度曲,仍拘拘於律,大約以此審音。"①指出清初文人製作自度曲時拘於聲律,大抵有藉此辨别音調、通曉音韻之意。惟無論是由"跡"窺"古"或是由"律"審"音",或是將自度曲視爲聲音之道的載體,皆是清初文人對"詞樂復古"的心理反映。

(二)"復古"的落實——付之以歌喉,被之以管弦
1. 清初文人的詞體"合樂"想象——以伶爲師、配樂而歌。

自度曲既然承載著文人對詞樂復古與聲律的想象,那麽延續清人自度新聲此一課題而來的,即是自度曲詞如何配樂表演的問題。就此,尤侗(1618—1704)《南耕詞序》即展示了清人對詞樂的基本設想。他説:

> 然則論詞云何?曰惟協律而已。夫詞者,古樂府之遺也。無論大晟樂章並奏教坊,即今曲出引子,率用詞名。登場一唱,箏琶應之。**雖宫譜失傳,若使老教師分刌節度,無不可按紅牙對鐵板者**。故填詞家務令陰陽開闔,字字合拍,方無鷙拗之病。然律協而語不工,打油釘鉸,俚俗滿紙,此伶人之詞,非文人之詞也。文人之詞,未有不情景交集,聲色兼妙者。②

詞體帶有配樂而歌的表演性質,以樂器演奏與伶人歌唱爲主要的表現形態。尤侗以爲詞以協律爲要,即便宫譜失傳,但只要通過老教師"分刌節度",以"箏琶應之",並"按紅牙對鐵板",仍舊得以入樂而歌;加之以留意字聲的陰陽開闔、是否合於節奏與文詞的優美性,達到"律協語工"的理想。

關於伶人以笙笛簫管等樂器爲詞譜曲的紀録,毛奇齡《西河詞話》的一條紀載更爲詳盡:

> 康熙己未(1679)上元夜……次日,舍人汪蛟門(按:即汪懋麟,1640—1688)録予詞,詣梁尚書(清標)請觀……尚書立命具小輿招予,

---

① 馮乾編校《清詞序跋彙編》,第1873頁。
② 馮乾編校《清詞序跋彙編》,第248頁。

酒再巡,二生遞歌。王生把笛,演舊清曲畢,尚書命二生歌予詞,使王生以笛倚之,佴儻嘹亮,一坐皆竦聽,尚書大悅。因問笙笛必有譜,此無譜而能倚曲,何耶？王生曰:"**善歌者以曲爲主,歌出而譜隨以成。不善歌而教歌者,欲竊其歌聲,則以譜爲主,譜立而曲因以定。**"尚書曰:"有是耶！然則今所歌者,其歌聲已歇矣,君尚能依其聲立一譜乎？"曰:"何不可？"次日,王生就昨所歌者,竟定一笛色譜。尚書命他僮就笛按聲,與昨歌無異,因嘆息謝去。……今錄其曲并笛色譜於後。①

汪懋麟抄錄了毛奇齡《錦纏道》一詞赴宴,尚書梁清標命歌者即席爲詞作配樂並立譜。歌者於唱罷後,即將樂曲寫定爲笛色譜。毛奇齡事後也並未否定歌人以曲樂爲詞配樂一事,僅稱自身詞作尚有未足。這裏的"善歌者以曲爲主,歌出而譜隨以成。不善歌而教歌者,欲竊其歌聲,則以譜爲主,譜立而曲因以定。"這裏的善歌者,自然指向通曉音律之人。由於他們可以依據自身歌唱經驗譜曲定調,而不明音律者則可以運用譜式學習。這類將詞配樂而歌的例子,尚有:許尚質《花心動》詞序有"泊江口填此闋,令小伶歌之"②；又汪懋麟《喜遷鶯》亦云:"中郎、存永、阜樵、醉白,夜飲見山樓,**聽素容校書度曲,即席填詞,素容倚而歌之**。"③校書,即樂伎歌伎。爲汪懋麟與友相約,席上填《喜遷鶯》並請歌人度曲歌之的紀錄④。這種將詞配樂而歌的行爲也見於當時的自度曲。如王晫(1636—?)的自度曲《合璧》(綺閣筵開)小序也提到:"新譜犯曲。冬夜季孚公先生張樂會客,送別諸駿男,**即席賦詩,紙不暇給,爲譜新聲,以紀其概**。"⑤以小序簡要紀錄這次在席間作自度曲,譜定新聲的始末。

並且,於請託伶人配樂而歌以外,亦有文人"曼聲"歌詞的記載:

---

① 唐圭璋編《詞話叢編》,第583—584頁。
② 全清詞編纂研究室主編《全清詞·順康卷》,第15冊,第8704頁。
③ 全清詞編纂研究室主編《全清詞·順康卷》,第13冊,第7732頁。
④ 清初時文人填詞譜曲也偶有無法倚聲而歌的例子。如龔翔麟(1657—1718)《西湖月》(秋來到處消魂)小序云:"耕客(按:即李符,1639—1689)懷春風湖上之遊,仿黄蓬甕(按:即"黄子行")自度商調,填寄遠是,索乎同按律呂,音乖未能倚聲歌也。"提到雖然李符仿元人黄子行自度宮調,卻因爲音聲不和諧而難以歌唱。然而從這個例子也能看到,清初人嘗試爲詞配樂的努力。全清詞編纂研究室主編《全清詞·順康卷》,第17冊,第10164頁。
⑤ 全清詞編纂研究室主編《全清詞·順康卷》,第11冊,第6696頁。

萊陽宋荔裳先生，以文章名海内久矣。……於是出其奚囊中諸長調歌之。……檀板紅牙，肉倡絲和。先生復出其小令，爲曼聲歌之。（董俞《二鄉亭詞小引》康熙己酉[1669]）①

今取其詞作，曼聲歌之，但覺字字驚心動魄……指日多壘蕩平，爲制功成協律之調。（梁允植[生卒年不詳，康熙年間在世]《付雪詞序》）②

相對於尤侗以老教師"分刌節度"，以"箏琶應之"，或是歌人即席將毛奇齡詞以笛色譜曲而歌的紀錄，宋荔裳（按：即宋琬）與陸進（？—？）兩人皆與西陵詞人交好，詞集中也不乏自度曲詞。從引文可見，這些作品不僅得以"曼聲"歌詞，表現歌辭之美外③，尚能配以"檀板紅牙""肉倡絲和"，甚至事後進一步制成"協律之調"。由此可見，無論是自度曲詞或是既有詞牌，對清初文人來說，詞牌的音樂可通過"以伶爲師"的途徑復原，回到"配樂而歌"的傳統；通曉音律之文人亦可爲新詞自度聲腔，惟需留意"合律"與否。可以説，清初文人通過曼聲歌詞或是將詞付之伶人配樂表演，讓詞體重新回返"可歌""合樂"的傳統，即是清人對"詞樂恢復"的素樸想象④。

2. 雍乾以降——規矩姜夔，意存"復古"。

順康時期的文人多於詞題序跋記述將詞作付與歌妓習唱，或是個人以曼聲歌之。延續順康時期詞人們對製曲樂器、製作場域以及表演方式的陳述，出生於康熙晚期的金農（1687—1763）在乾隆二十五年（1760）所作的《冬心先生自度曲序》，可以説是前人自度曲製作流程的統整概括。他説：

昔賢填詞，倚聲按譜，謂之長短句，即唐宋以來樂章也。**予之所**

---

① 馮乾編校《清詞序跋彙編》，第96頁。
② 馮乾編校《清詞序跋彙編》，第54頁。
③ 洛地曾分類傳統的"唱"爲兩類："一類是'以(定)腔傳辭'——以穩定或基本穩定的旋律，傳唱（不拘其平仄聲調的）文辭。一類是'以字聲行腔'——以文辭句字的字讀語音的平仄聲調，化爲樂音進行，構成旋律。"這裏的曼聲，或指後者。洛地《詞樂曲唱》，北京：人民音樂出版社1995年版，第2頁。
④ 乾隆時人蔣重光（1708—1768）的《昭代詞選·凡例》云："《譜》《律》不載元以後自度新調，恐乖音理，寧言毋濫也。然本朝作者間填明人所製之腔，而沈去衿（謙）、顧梁汾（貞觀）諸公則更多**創調，其佳者實叶宮商，不可偏廢**。至合調，即古犯曲如沈去衿、丁飛濤諸作，皆能**推陳出新，可歌可咏**。"清初文人自度曲"實叶宮商""可歌可咏"一事頗爲清晰。蔣重光選輯《昭代詞選》，乾隆三十二年（1767）經鉏堂刊本，第4頁。

作,自爲己律。**家有明童數輩,宛轉皆擅歌喉,能彈三弦四弦,又解吹中管。每一曲成,遂付之宫商,哀絲脆竹,未嘗乖於五音,而不合度也。**鄱陽姜白石、西秦張玉田,亦工斯制。恨不令異代人見之,若目前三五少年擔縛舊調者,酒天花地間,何可與之送唱,使其罵老奴不曉事也。**歲月既久,積爲一卷。**廣陵詩弟子項均羅、楊爵各出囊金,請予開雕,因漫述之如此。①

金農早年曾遊學於何焯(1661—1722)門下,曾先後拜訪過毛奇齡與朱彝尊,並與厲鶚(1692—1752)往來密切②。序中回顧唐宋時樂章多爲倚聲按譜,而他的自度曲雖然是"自爲己律",但"未嘗乖於五音,而不合度",是得以歌唱且被之管絃,全然爲合於音樂節度的作品。其製曲定音的樂器,除了三弦、四弦等弦樂器以外,還包括了"中管"等簫、笛等吹奏樂器。最後提到姜、張精通音律,以及"恨不令異代人見之"等語句,不難想見金農的詞學偏好以及他對自身自度曲的自信。並且,序文中也能看到金農模仿姜夔自度曲小序的痕跡。如姜夔《鶯聲繞紅樓》(十畝梅花作雪飛)小序有:"甲辰春,平甫與予自越來吳,攜家妓觀梅於孤山之西村,**命國工吹笛**,妓皆以柳黄爲衣。"《角招》(爲春瘦)詞序云:"**予每自度曲,吟洞簫,商卿輒歌而和之**,極有山林縹緲之思。"《淒涼犯》(緑楊巷陌)詞序亦有:"予歸行都,以此曲示國工田正德,**使以啞觱栗角吹之**,其韻極美。"《暗香》《疏影》詞題載:"此兩曲,石湖把玩不已,**使工妓隸習之**,音節諧婉,乃名之曰《暗香》《疏影》。"③以及《過垂虹》詩:"**自作新詞韻最嬌,小紅低唱我吹簫**。"④或是張炎《詞源》卷下載:"先人(案:即"張樞")曉暢音律,有《寄閑集》,旁綴音譜,刊行於世。每作一詞,**必使歌者按之,稍有不協,隨即改正**。"⑤在這一類的記載裡,自度曲是以洞簫、觱栗等樂器配樂製譜,後交由樂工歌妓按譜習唱,或與人相爲唱和。可見金農選用與前人相仿的樂器與表述內容並非偶

---

① 馮乾編校《清詞序跋彙編》,第501—502頁。
② 金農具體詞學活動時期不明,除自度曲外並無其他詞作留存。從"歲月既久,積爲一卷"可知這些自度曲並非一時一地之作,惟作者並未注明年代,難以確知創作時間。金農生平參考自青木正兒著、李景宋譯《金冬心的藝術》,杭州:浙江人民美術出版社2021年版,第10、32頁。
③ 夏承燾箋校《姜白石詞編年箋校》,上海:上海古籍出版社1981年版,第53、54、41及48頁。
④ 夏承燾校輯《白石詩詞集》,臺北:華正書局1981年版,第46頁。
⑤ 唐圭璋編《詞話叢編》,第256頁。

然爲之，而是帶有表彰自身創作爲一規矩前人、仿古有據的行爲意識①。

順康時期的自度曲多在詞題自注爲自度曲或新翻曲、製曲動機及詞調命名由來，較少提到定聲演奏的樂器。如毛先舒（1620—1688）《撥香灰·春恨》詞題爲："錢唐毛先舒自度曲也。昔作憶詩，本有'尋香更撥灰'之句。"②沈億年自度曲《瑟瑟調》（塞外征人）之詞序載："舊無此調，時秋風乍至，瑟瑟其聲，因爲新曲以譜之。"③雍乾以降的詞人更重視個人自度曲或新翻曲的樂器譜調的製作過程，並強調自身新製詞調的可歌與合律。請看下面引文：

> 唐人歌詩，宋人歌詞，沿及金元，曲行而詞譜亡矣。劉昺所編《晏樂新書》不可復見，所可見者，白石自度新腔與《朱子全書》所載宋樂工度曲譜耳。非仙現重來，未能洞曉。**於是文人學士專事藻採，鮮有復播之弦管者矣。……閑居弄筆，偶譜新吟，水軒雲舫，試以笛度之，頗沖和簡澹，異乎時曲。不知而作，難免落韻之譏，亦聊以自遣岑寂云爾**。因索觀者多，檢付梓人，用貽同好。倘有明於二十八調如堯章、叔夏者糾其繆訛，示以矩度，是所深望焉。④（潘奕雋（1740—1830）《水雲笛譜自序》）

序中首先指出由於詞譜佚失的限制，即便有姜夔自度新腔與《朱子全書》所載宋樂工度曲譜留存，文人學士仍舊難以運用現下的管弦樂器復原詞樂。此處的"時曲"，即部分清人據九宮舊譜填詞之事。詞人以笛自度新曲時，雖然謙稱自己是不知而作，而恐有落韻之譏；然而詞人既以自身創作"異乎時曲"，顯然對自身能以笛譜製曲，甚或窺見古意、循流溯源一事頗爲自豪⑤。其

---

① 這類付之歌者、按拍而歌的記載，尚見於：余集（1738—1823）《採桑子》詞序云："原詞不甚記憶，不復次其本韻。書付歌者，按拍長歌，余倚洞簫和之，以爲笑樂，蓋不覺其身之客也。"全清詞編纂研究室主編《全清詞·雍乾卷》，南京：南京大學出版社2012年版，第4册，第2090頁。
② 全清詞編纂研究室主編《全清詞·順康卷》，第4册，第2179頁。
③ 全清詞編纂研究室主編《全清詞·順康卷》，第6册，第3547頁。
④ 馮乾編校《清詞序跋彙編》，第687頁。
⑤ 潘奕雋之侄孫潘鍾瑞的《水雲笛譜跋》提到："然今詞家不知填字之義，但謹於四聲而不按其腔拍，寡出乎軌則，又安得循流者漸溯其源，俾兩千年來之墜緒而不絕，庶幾清真大晟樂府猶在人間，實賴有心人矣。此卷雖寥寥數闋，已開《碎金》之先聲，示學者以矩度，豈僅饞羊之比哉？"讚許潘奕雋之作得以媲美清真，聲律腔拍矩度嚴謹，足以爲他人效法之對象。馮乾編校《清詞序跋彙編》，第688頁。

後項鴻祚(1798—1835)《憶雲詞》云：

  吳仲雲《杭郡詩續輯》云："蓮生喜填詞，尤工小令，每自度一闋，即付姬人歌之，其風流自賞如此。常語人曰：'予詞可與時賢角，詩不足存。'"①

謝章鋌(1820—1903)《賭棋山莊酒邊詞後自跋》亦云：

  余二十一歲始學詞，其時建寧許秋史麘暲方以詞有名於世。秋史兄弟姊妹數人皆**能度曲操管弦**，家有池臺水木之勝，暇日輒奉其兩大人上觴稱壽，各奏一技，已相娛樂。**其於詞也，蓋能推而合之於音律**。②

後出的江順詒(1823—?)更整理出了一套嚴整的制腔（按：即自度腔）之法，他說：

  腔出於律，律不調者，其腔不能工。然必熟於音理，然後能制新腔。**制腔之法，必吹竹以定之，或管、或笛、或簫，皆可**。惟吾意而吹焉，即以筆識其工尺於紙，然後酌其句讀，劃定板眼，而後吹之。……新腔既定，命名以實之，而後實之以詞。即不實之以，亦可被之管弦，但不能歌耳。③

江順詒以爲度曲需以合律爲基礎，熟習音理之人以竹製的管、簫等樂器爲定調之用，記錄工尺音階，確定句讀與板眼，接著就是命名詞牌，並視個別情況需要，按新腔聲調填詞。無論是以何種樂器譜曲定調，清人在製曲自娛之餘，也不忘自度曲調的製作首重"能推而合之於音律"，以避免"落韻"之譏，以符合"矩度"之要求④。

---

① 楊希閔輯《詞軌輔錄》，收入張宏生編《清詞珍本叢刊》，南京：鳳凰出版社 2007 年版，第 23 冊，第 935 頁。
② 馮乾編校《清詞序跋彙編》，第 1131 頁。
③ 江順詒《詞學集成》，收入唐圭璋編《詞話叢編》，第 3240—3241 頁。
④ 隨著自度曲的發展與詞人對聲律樂音的掌握程度提高，對製曲者音樂造詣的要求也有所提升，轉至以"熟於音理"爲標準。誠如謝元淮(1784—1867)所道："自度新曲，必如姜堯章、（轉下頁）

清初文人或"自爲已律",或付之伶人,以簫、笛等管色,爲既存的詞調譜曲配樂外,也替自度曲詞譜定新聲。在詞樂已然失傳的清初,這種詞體合樂性的尋索毋寧是"詞樂恢復/復古"心理下的嘗試。其後隨著朱彝尊標舉姜、張,崇尚雅正,加之以厲鶚的推廣之功,浙西詞派成爲詞壇主流;姜夔"審音尤精""清空醇雅"的典範深入人心,不少自度曲或採用姜夔詞意爲新聲調名,如張景祁(1827—?)自度曲《鬧紅》詞序有:"月夜西泠觀荷,自度此曲,以洞簫按之,聲律諧婉。**因採白石詞意名其調**。"①或以姜夔稱許他人自度新腔聲律諧美。如劉觀藻爲潘子繡《香隱盦詞》之題辭,《齊天樂》(名花種遍河陽縣)亦有"新腔自度。比白石遺音,美成佳句"②,讚許潘子繡的自度曲聲律謹嚴,頗有姜夔遺風。張宏生曾指出姜夔詞樂對清人創作的影響,其中之一即表現在效法姜夔的自度曲調:"不僅體現了對姜夔的推崇,而且也有清人試圖恢復詞樂的心理期待。"③如果填製姜夔自度曲詞隱含著試圖恢復詞樂的心理期待,當清人取用、仿擬姜夔自度曲小序自製詞調時,同樣也是"仿古/復古"的期待心理表現。值得留意的是,清人喜談自度曲的製曲樂器、製作流程、聲律板眼與表演場域,但卻鮮少提及所配之"樂"是否來自曲樂④。之所以如此,或許有避免落入明人混淆詞曲界綫的考量,卻也透露出清人隱而不彰的内在矛盾——對詞曲文類界綫的劃分以及"詞樂"的内涵認識。

―――――――――
(接上頁)周美成、張叔夏、柳耆卿輩,精於音律,吐辭即協宫商者,方許製作。**若偶習工尺,遽爾自度新腔,甘於自欺欺人,真不足當大雅之一噱**。古人格調已備,盡可隨意取填。自好之士,幸勿自獻其醜也。"謝氏這裏提到的"精於音律,吐辭即協宫商者,方許製作",即是後來江順詒所謂的"然必熟於音理,然後能製新腔"。可見"精於音律"已經成爲自度曲製作者的基本素養。謝元淮《填詞淺説》,收入唐圭璋編《詞話叢編》,第2515頁。
① 張景祁撰,郭秋顯、賴麗娟主編《張景祁詩詞集(二)》,臺北:龍文出版社2012年版,第483頁。
② 馮乾編校《清詞序跋彙編》,第1258頁。
③ 張宏生以爲:"清人寫詞時,心中往往有姜夔的影子,也把姜夔作爲崇高的目標加以追求。姜夔在詞樂上的成就是他們關注的重要焦點,因而他們往往以姜夔的創作爲典範,無論平仄還是韻律,都以之爲依傍,甚至以此糾正《詞律》,其中對其自度曲的效法又尤其突出,不僅體現了對姜夔的推崇,而且也有清人試圖恢復詞樂的心理期待。"張宏生《帶入現場:清詞創作中的姜夔身影及其風貌》,載於《華南師範大學學報(社會科學版)》第2期(2021年3月),第60—75、206頁。
④ 關於清人以曲樂入詞的討論,可參見劉深、沙先一《清詞自度曲的創作方式與音樂、文本的雙重形態》,《文藝理論研究》第42卷第3期(2022年5月),第198—207頁。

四、用廣新聲——自度曲的唱和與群體交遊

清代詞學尤重地域群體,詞人通過結社交遊、同題共作或分字分韻的唱和方式建構人際網絡與文學交流場域,自度曲亦在文人群體的交遊唱和間得到了進一步的發展。下面即從清初文人的"新聲"出發,觀察自度曲在文人間的唱和與流傳概況。

(一)《支機集》之撰作——吾黨自製一二,用廣新聲

清初較早且多量製作自度曲的代表性詞人群體,是以蔣平階(生卒年不詳)、沈億年與周積賢三人爲主,遍及蔣平階二子與沈、周兩人之兄弟的雲間詞人①。三人詞作合集《支機集》,爲明亡後諸人寓居嘉興之作,其中也包含了不少自度曲的唱和,反映出順治時期文人自度曲的創作與唱和情形②。就此,沈億年所撰成的《支機集・凡例》表述頗爲清晰。他説:"詞調本於樂府,後來作者,各競篇名。則知調非一成,隨時中律;**吾黨自製一二,用廣新聲**。"③强調詞體原本即是配樂而歌者,只需合於音律而不必拘泥於字面形式之餘,也提到雲間詞人(吾黨)的自度曲除符合音律外,詞人彼此間的唱和也帶有"用廣新聲"的推廣目的。又云:"我師(案:即蔣平階)留思名理,不尚浮華,詞曲細娛,尤所簡略。今春周子(案:即周積賢)偶呈數闋,師**欣然絶賞,遂共作詞**。花落酒闌,吐言成妙,**本以嘯歌爲適,非矜字句之妍**。"④提到蔣平階讚賞周積賢自度之作,遂爲唱和之事。如將這裏的"本以嘯歌爲適",與上文的"隨時中律"互相參看,可知蔣氏論詞作詞以合律爲

---

① 蔣平階育有二子,長子名守大,字會策;次子名無逸,字左箴。周、沈二人亦均有弟,周積賢之弟名積忠,字西臨;沈億年之弟名英節,字旂叔。諸人在《支機集》中都有唱和之作留存。林玫儀《支機集完帙之發現及其相關問題》,載於《中國文哲研究期刊》第20期(2002年3月),第128頁。
② 施蟄存《蔣平階及其〈支機集〉》提到:"《支機集》諸詞,是隱迹埋名後寓居嘉興時師弟三人唱和之作,由沈億年編刻之。蔣序題'歲在玄黓執徐,律中夷則'。這就是壬辰七月(順治九年即1652年)。"以集内作品多爲順治時期所作。詳可參見施蟄存《蔣平階及其〈支機集〉》,載於詞學編輯委員會《詞學》第2輯(1981年12月),第225頁。
③ 馮乾編校《清詞序跋彙編》,第14頁。
④ 馮乾編校《清詞序跋彙編》,第15頁。

尚,關注作品得否配樂而歌,而非僅拘於字句之妍麗。又,沈億年《瑟瑟調》(塞外征人)詞序寫到:"舊無此調,時秋風乍至,瑟瑟其聲,因爲新曲以譜之。"①又,《琅天樂》(何處上真家)小序亦云:"夢至霄闕,引見一真官,官命合樂饗之,覺而依調成此詞。真官蓋曾主人間云。"②雲間諸人製作自度曲的動機,或出於物色所感,或睡夢所思,即便在詞序中並未説明自度曲的演奏方式或曲調來源,但新聲的"合樂"始終是雲間詞人念兹在兹者。

雲間詞人重視創調,並以自度新聲的酬贈唱和作爲實踐。蔣平階《天臺宴》(晚雲低映桃花路)的詞前小序即有:"吾門沈子幽祈、周子壽王,齊年同學,均有高尚之致,物表之思。辛年令序,同舉嘉禮,予以比古劉阮之事,**戲爲新調以贈**,名曰'天臺宴'。夫國風之正變也,其於男女妃匹之際,幃房宴笑之私,不啻詳矣,而仲尼經之。然則聖人之於人情,得其正者,有不諱也。或以予詞過婉麗,疑非古道,豈知言哉。"③蔣平階以自度曲慶賀門人弟子新婚,序中除了重申自身的自度曲合於"古道"以外,同時從"情"的人倫道德層面肯定人情之正以合理化自身製詞爲贈的行爲。其中"國風之正變""男女妃匹"以及"幃房宴笑"亦是將詞體的抒情內涵與詩教倫理連結,確認情感之"正"而不偏。

於酬贈之外,集中也不乏一般唱和之作。如蔣平階自度曲《雙星引》(瑶草幾番花),即有周積賢《雙星引》(何處是仙鄉)與沈億年《雙星引》(雙闕曉雲低)兩人的唱和。請見引詞如下:

　　瑶草幾番花。任天風扶起,飛上鸞車。何處説丹砂。兩行朱鷺,碧落爲家。　雙髻引風斜。一灣銀海浪,萬里玉隄沙。記取山頭博著,便留與,後人誇。④

　　何處是仙鄉。又塵飛瑶海,日倒扶桑。絳殿隱霓裳。八行麟鳳,十隊笙簧。　侍女拂天香。珮聲花仗底,簾影御爐旁。寄語羅浮舊客,莫相戀,莫相忘。(周積賢和詞)⑤

　　雙闕曉雲低。玉階新羽仗,飛下丹梯。露掌拂金卮。九頭雛鳳,

---

① 全清詞編纂研究室主編《全清詞·順康卷》,第6册,第3547頁。
② 全清詞編纂研究室主編《全清詞·順康卷》,第6册,第3540頁。
③ 全清詞編纂研究室主編《全清詞·順康卷》,第6册,第3494頁。
④ 全清詞編纂研究室主編《全清詞·順康卷》,第6册,第3494頁。
⑤ 全清詞編纂研究室主編《全清詞·順康卷》,第6册,第3510頁。

步輦遲遲。　　宮漏滴花枝。五更傳錦詔,三殿侍青衣。何事武陵深處,花雨暗,使人迷。(沈億年和詞)①

本詞牌爲雙調54字的平韻小令;句式以五言爲主,間雜三、四、六言。在這組唱和詞裡,三位詞人皆以仙家典故歌詠自身對仙鄉物事景象的諸多設想,切合了《雙星引》之詞調名。蔣氏開篇提到的瑶草爲仙家花草,是搭乘鸞車飛昇,得遇仙人並眺望凡間的諸種遐想。周、沈兩人的和詞則緊扣了原作主題,分別描繪了天宮殿闕仗儀的嚴整與侍婢羅列的堂皇景象,以及對仙鄉的想象與嚮往。

其餘又如沈億年的自度曲《步珊珊》(珂月似眉灣),詞題云:"花陰徐步,顧影成詞,遂以爲調。"②後有倚瑟(不詳其人)和詞。前面提到的《琅天樂》(何處上真家),蔣平階除有《琅天樂》(雙節引鷥簫)同調唱和外,詞前小序亦有:"此幽生夢中之調,予奇其事,故交和之,然遠不能逮,天人之相去如此。"③這一類自度曲唱和詞作散見於《支機集》各卷,與明人自度曲除楊慎以外多爲個人獨作,少見他人唱和或繼作的情況頗有不同。並且,雲間詞人的自度曲全爲小令,亦是呼應了"專意小令,冀復古音"的《凡例》所示④。雖然《支機集》整體收録的自度曲所佔比例並不高,但從雲間詞人對彼此自度曲作品的相互唱和也能看到他們具體實踐"用廣新聲"此一詞學主張的努力。

(二) 西陵詞人群——雖云好事,非同妄作

西陵爲現今杭州西興一帶,自宋以來即是詞人輩出、文化薈萃之地。周邦彦、張炎等人皆出身於此。清初西陵詞人群是以地域與師承結合的詞人群體,是從雲間詞人陳子龍結登樓社爲始,後又有共同受教於沈士俊的毛先舒與沈謙(1620—1670)等人集結賦詩,詞論受雲間影響頗深⑤。西陵

---

① 全清詞編纂研究室主編《全清詞·順康卷》,第6册,第3549頁。
② 全清詞編纂研究室主編《全清詞·順康卷》,第6册,第3541頁。
③ 全清詞編纂研究室主編《全清詞·順康卷》,第6册,第3489頁。
④ 馮乾編校《清詞序跋彙編》,第14頁。
⑤ 蔣平階《東江集鈔序》云:"自吾黨諸子以文章聲譽交於四國,四國豪賢莫不起而應之,而風尚之尤合者,無如西陵。故雖相去二百里而遥,而酬對若在几席。世變後尤致力於古文,厥有西陵十子與予特善,沈子去矜其一也。"沈謙《東江集鈔》,載於國家清史編纂委員會《清代詩文集彙編》,上海:上海古籍出版社2010年版,第70册,第179頁。

詞人多通曉音律，如毛先舒"六歲能辨四聲"①、沈謙"九歲能爲詩，度宮中商，投頌合雅"②，提供了他們自度曲詞的音律基礎。據《全清詞·順康卷》的統計，清初順康兩朝現存約170首自度曲，西陵詞人即佔了半數以上。世稱"西陵十子"的毛先舒、丁澎（1622—1686）、沈謙，即分別有13、30與30調自度曲（見附錄）。其中丁澎在自度曲《花裏》（早起）的自注中將新譜曲依據作法特性分爲"自度曲""翻曲"與"犯曲"三類，後兩類更成爲清人自度新曲的主要型態。其道："自度曲者，取唐宋以來詩家詞，依聲按律，自成一調，或因原調而益損之，如減字、攤破、偷聲、促拍皆可歌者是也。犯曲者，節兩調或數調之音，而叶之於宮商，以合一調，如《江月晃重山》《江城梅花引》之類是也。翻曲者，一調之韻，可平仄互換，如《憶王孫》之爲《漁家傲》、《卜算子》之爲《巫山一段雲》是也。**要皆前人所有，不自我倡，雖云好事，非同妄作，後之學者，庶無譏焉**。"③自注中表明了自度曲源於詩家詞，"依聲按律，自成一調"，或於原調略作調整而來，其餘犯曲、翻曲的創作同樣前有所承。特意强調此處分類並非自出己意，而是依循前人軌轍而來，即是爲了避免流於妄作率意之譏。

相較於雲間詞人因主要成員如周積賢等人早夭，蔣平階後來又遁世爲黃冠，專意道術，致使作品流傳受限。西陵詞人以自度曲相互唱和或繼作的風氣較雲間爲盛，除題材内容的拓展外，詞人度曲也不乏長調。以酬贈爲例，沈謙《東湖月》（甚鍾靈）一詞小序即云："己酉生日，潘生雲赤以自度曲壽余，覽次有感，依韻答之。"④沈謙有感於潘雲赤（？—？）以自度曲祝壽的情意，遂依循潘氏原韻填製自度曲《東湖月》以爲贈答；《弄珠樓》（烟濤萬頃）一首自度曲，爲沈謙於筵席間所贈，詞題云："弄珠樓宴集，贈陸嗣端司馬。"⑤其他例子多爲同調繼作，如金烺《泣西風·九日度梅嶺》（蕭瑟西風起雁群）有洪雲來（？—？）繼作一首、《横雲·歸途聞雁》（秋來返棹）⑥則有張台柱繼作的《横雲·眉》（輕顰淺笑）詠物詞⑦與錢來修（？—？）《横

---

① 毛奇齡《毛稚黄墓誌銘》，載於國家清史編纂委員會編《清代詩文集彙編》，第88册，第53頁。
② 沈謙《東江集鈔》，載於國家清史編纂委員會編《清代詩文集彙編》，第70册，第180頁。
③ 丁澎《扶荔詞》，收入顧廷龍主編《續修四庫全書》，第1724册，第606頁。
④ 全清詞編纂研究室主編《全清詞·順康卷》，第4册，第2017頁。
⑤ 全清詞編纂研究室主編《全清詞·順康卷》，第4册，第2013頁。
⑥ 全清詞編纂研究室主編《全清詞·順康卷》，第14册，第8093頁。
⑦ 全清詞編纂研究室主編《全清詞·順康卷》，第8册，第4488頁。

雲·感懷》(嗟來咄去)各一首①。沈謙的新翻曲《蝶戀小桃紅》②,有張台柱繼作《蝶戀小桃紅·間阻》(馬上韶光愁裡度)一首③,《滿鏡愁》則有毛先舒繼作一首④。西陵詞人群體有意識地選取了自度曲的形態以爲酬贈唱和或繼作,無形中拓展了自度曲的流傳範圍。

另外,由當時的詞選集可知,除成書於康熙十四年(1675)的《西陵詞選》收有詞人 25 調 26 首自度曲外,康熙十七年(1678)佟世南(？—？)、張星耀(按:即張台柱)編纂的《東白堂詞選初集》收有 44 調 53 首,《瑤華集》27 調 31 首,以及《亦園詞選》16 調 20 首等,多數皆爲毛先舒、沈謙與丁澎的自度曲調或是時人繼作的成果。後來蔣景祁(1646？—1695)於《瑤華集》各卷(尤其是卷五)更大量收錄時人自度曲作品。其《刻瑤華集述》提到:"尤檢討悔庵風華絕世,所撰樂府,巧奪元人。偶譜新聲,皆足壓卷……惟丁儀部澎、沈處士謙,自宮度曲,其按譜有出前人之外者,則概從本集所命。然皆聯珠合璧,纂述爲多,何嫌於作。"⑤除肯定尤侗自度曲"偶譜新聲,皆足壓卷"外,沈謙與丁澎所作雖與前人有所不同,亦同樣具有收錄價值。宋犖(1634—1714)《瑤華集序》曾提到《瑤華集》的編輯目的是爲了"使後之學者由此知樂""審音知樂者,知必有取乎爾也",自度曲作爲《瑤華集》重要的收錄類別,自然也是後人藉以"審音知樂"的途徑。清初文人自度新聲的創作意義與典範價值,至此確立。

五、永守法程、考古而立
——譜律的編定與自度曲的衰微

清初文人對詞樂的重視與追求,一方面表現在將既有的詞調配樂而

---

① 全清詞編纂研究室主編《全清詞·順康卷》,第 14 册,第 8405—8406 頁。
② 全清詞編纂研究室主編《全清詞·順康卷》,第 4 册,第 2005 頁。
③ 全清詞編纂研究室主編《全清詞·順康卷》,第 8 册,第 4480 頁。
④ 任珂瑩曾整理"清初詞人自度曲繼作表",並提到:"清初詞人自度曲中有 43 闋有繼作,其中陳世祥《春去也》、納蘭性德《玉連環影》、顧貞觀《踏莎美人》的繼作數量分別高達 19、20 和 46 首,而沈謙、丁澎二人皆有 9 闋自度曲後繼有人,這説明清初詞人自度曲有不少都受到了詞壇的認可。"以爲清人對本朝詞人自度曲的唱和與繼作象徵著自度曲經典化的過程。本文即參考其研究成果。詳可見任珂瑩《清初詞人自度曲研究》,第 96—97 頁。
⑤ 馮乾編校《清詞序跋彙編》,第 271、274 頁。

歌,以及新製自度曲外,另一方面則體現爲對聲律譜律的考索。關於譜律與詞樂之關聯,早在張炎《詞源》即揭示了依(樂)譜填詞,以得聲律協和的路徑。他說:"詞以協音爲先,音者何,譜是也。古人按律製譜,以詞定聲,此正聲依永、律和聲之遺意。"①詞爲音樂文學,倚聲填詞、協律和聲是填詞的基本規範與要求。宋代當時因詞樂尚未亡佚,詞人得以依據詞樂律吕填製詞作,至明清詞樂佚失,標明字數平仄之詞譜自然成了詞人填製詞作的重要參考來源。成書於明代的《詩餘圖譜》與《嘯餘譜》即爲代表。惟《詩餘圖譜》"平仄差核""載調太略",《嘯餘譜》"或列數體,或逸本名","甚至錯亂句讀,增減字數,而强標目,妄分韻脚"②,舛錯頗多。清人有鑑於此,遂在明人的基礎上進行修正,以確立填詞之規矩法度。

康熙十八年(1679)的《填詞圖譜》即是欲通過詞譜的編輯提供後人填詞的繩墨準則的嘗試,《凡例》云:"古來才人多工於詞,近日詞家皆俎豆周、柳,規模晏、辛,其才華情致,不讓古人。然陶資虚無,而生於規矩;匠運智巧,而不棄繩墨。**詞調盈千,各具體格,能不事規矩繩墨哉!** 故每調先列圖,次列譜。**按圖諧音,按譜命意,**以是填詞,思過半矣。"③對賴以邠而言,圖譜的編輯與修訂是由於詞調各具體格,爲確立填詞時得以遵循的"規矩",使後人得以"按圖諧音,按譜命意"。雖然《填詞圖譜》的立意是建立填詞的規範矩度,但其體例仍承襲了明人詞譜的缺漏④。有鑑於此,成書於康熙二十六年(1687)萬樹《詞律序》中表明詞譜編纂目的是由於"近來譜圖,實多舛錯"⑤,爲匡正舊譜違誤,提供後來詞人填詞指引,以得"詞體之正"。吴興祚《詞律序》解讀萬樹《詞律》之名,提到:"義取乎刑名法制,若將禁防佻達不率之爲者,**顧推尋本源,期於合轍而止,**未嘗深刻以繩世之自命爲才人宿學者也。**夫規矩立而後天下有良工,**銜勒齊而後天下無泛駕,吾知嗣是**海内詞家,必更無自軼於尺寸之外,而詞源大正矣。**"⑥以爲《詞律》一書是詞體本源與填詞規範的確立之作,後人依循書中之記載則可不

---

① 張炎《詞源》,載於唐圭璋編《詞話叢編》,第255頁。
② 鄒祗謨《遠志齋詞衷》,載於唐圭璋編《詞話叢編》,第643頁。
③ 見吴熊和點校、查繼超輯《詞學全書》,第141頁。
④ 歸納吴熊和評《填詞圖譜》之缺失約有五點:"以字數分詞調","一調多名時,每誤爲異調而加以分列","對一體多調之排序無根據","混淆詩詞句法"以及"僅標平仄而未及四聲"。吴熊和點校、查繼超輯《詞學全書》,第7頁。
⑤ 施蟄存《詞籍序跋萃編》,第881頁。
⑥ 施蟄存《詞籍序跋萃編》,第884頁。

失填詞之法度尺寸。嚴繩孫《詞律序》則從音樂角度切入,他説:

蓋古曲之亡而士之不習於音久矣。詞始於唐,盛於江南,而大備於宋。《花間》《草堂》,爛然一代之著作,至姜白石輩間爲自度曲。而北宋諸家已並用當時一定之調,而知諸曲復創自何人,至如此其多。而及其廢也,又何一旦風流歇絶,更無一人能記其拍以爲其遺音者,斯亦可惜也已夫。

古者,言在而音赴之,今則音亡而欲存其言,於尋章摘句之末,猶不能盡合,至淩夷舛謬,以漸失唐宋之舊。三百餘年以來,寥寥數公之外,詞幾於亡。雖欲不亡,而放失滋甚,是諸作譜者之罪也。①

嚴繩孫以詞體所謂古者,是"言在而音赴之",結合了文字與樂音的藝術整體;《詞律》的編纂則是在"音亡而欲存其言"的當下,復追"漸失唐宋之舊"的具體實踐,使文人重新"習於音"的途徑。後來的《四庫全書總目》以萬樹《詞律》二十卷爲大醇小疵,而"唐宋以來倚聲度曲之法,久已失傳,如樹者固已十得八九矣"②,肯定萬樹《詞律》可爲後人理解唐宋度曲之法的基礎外,也展現了清人"由聲律可通樂"的設想。

《詞律》爲詞體所奠下的框架,與"規矩""復古"與"樂音"等概念互爲表裏。詞學尊體説的核心是詩詞兩者皆可歌的相似性,通過音樂連結"詩言志,歌詠言"的風騷比興詮釋傳統。《詞律》本於詞體規矩準繩的建立與正源復古的編纂意識,與康熙時期致力編輯歷代詩文典籍,以求"定於一尊"的風氣相合,提供了康乾時期的上位者將詞體的尊體説與政治規制結合的詮釋可能。略早於《欽定詞譜》,成於康熙四十六年(1707)的《歷代詩餘序》可以説是此種意識的初聲。序中提到:

詩餘之作,蓋自昔樂府之遺音,而後人之審聲選調,所由以緣起也。而要皆昉於詩,則其本末源流之故有可言者。古帝舜之命夔典樂曰:"詩言志,歌永言,聲依永,律和聲。"可見唐虞時即有詩,而詩必諧於聲,是**近代倚聲之詞其理固已寓焉**。……朕萬幾清暇,博綜典籍於

---

① 施蟄存《詞籍序跋萃編》,第882頁。
② 永瑢、紀昀等纂修《四庫全書總目提要》,上海:上海商務印書館1931年版,第40册,第91頁。

經史諸書，**有關政教而裨益身心者**良已纂輯無遺，因流覽風雅廣識名物欲極賦學之全而有《賦彙》；欲萃詩學之富，而有《全唐詩》刊本。宋金元明四代詩選，更**以詞者繼響夫詩者**也。乃命詞臣**輯其風華典麗，悉歸於正者**。……若夫一唱三歎，譜入絲竹；清濁高下，無相奪倫，殆**宇宙之元音**具是。推此而沿流討源，由詞以溯之詩，由詩以溯之樂，即簫韶九成，其亦不外於本人心以求自然之聲也夫。①

序中以詞體源於樂府，且與詩相通一點，推導出"**倚聲之詞其理固已寓**"，詞體之"理"源出詩體的初步結論。所謂"悉歸於正者"，指的是情感志意的純正不雜，即"有關政教而裨益身心者"。此處的"元音"，不僅止於清初文人所謂本於自然的情性抒展，即"人心以求自然之聲"②；樂音所具備的"清濁高下，無相奪倫"的聲調位次之分，更隱含了位階秩序的次第。康熙五十四年（1715）陳邦彥的《御制詞譜序》即可視爲順康時期詞樂與尊體説的總結。請看下面引文：

> 詞之有圖譜，猶詩之有體格也。詩本於古歌謡，詞本於周詩三百篇，皆可歌。凡散見於《儀禮》《禮記》《春秋》《左氏傳》者，班班可考也。漢初樂府亦期協律，魏晉訖唐，諸體雜出，而比於律者蓋寡。唐之中葉，始爲填詞，製調倚聲，歷五代、北宋而極盛。崇寧門（按：應爲"間"）《大晟樂府》所集，有十二律六十家八十四調，後遂增至二百餘，換羽移商，品目詳具。逮南渡後，宮調失傳，而詞學亦漸紊矣。**夫詞寄於調，字之多寡有定數，句之長短有定式，韻之平仄有定聲**，杪忽無差，始能諧合。否則，**音節乖舛，體製混淆，此圖譜之所以不可略也**。間覽近代《嘯餘》《詞統》《辭彙》《詞律》諸書，原本《樽前》《花間》《草堂》遺

---

① 施蟄存《詞籍序跋萃編》，第 882 頁。
② 清初的"元音"之説内涵頗爲龐雜。惟大多情況皆可以解爲根源於不矯造的天然情性，發而於外的純正完美之音聲，或是根源於詩教六義而來的純正而完美的聲音。如陳子龍（1608—1647）《幽蘭草詞序》的"然皆境由情生，辭隨意啓，**天機偶發，元音自成，繁促之中尚存高渾**，斯爲最盛也。"（施蟄存《詞籍序跋萃編》，第 505 頁。）朱彝尊（1629—1709）的《樂府雅詞跋》："念倚聲雖小道，當其爲之，必崇爾雅，斥淫哇；極其能事，則亦足以**宣昭六義，鼓吹元音**。"（馮乾編校《清詞序跋彙編》，第 543 頁。）顧景星（1621—1687）《瑶華集序》亦云："詩成爲樂，導性情之自然；樂生於聲，本天道之至教。……蔣子斯集，其亦少女之微風，**元音之肇唱**也歟？"馮乾編校《清詞序跋彙編》，第 270 頁。

説，頗能發明，尚有未備。既命儒臣，先輯《歷代詩餘》，親加裁定；復命校勘《詞譜》一編，詳次調體，剖析異同，中分句讀，旁列平仄，一字一韻，務正傳訛。按譜填詞，渢渢乎可赴節族而諧筦弦矣。《樂記》曰：凡音者，生人心者也，哀樂喜怒感於心，而傳于聲。詞之有調，亦各以類應，不可牽合，而起調畢曲，七聲一均，旋相爲宮，更與周禮大司樂三宮、漢制三統之制相準。故紫陽大儒而詩餘不廢，**是編之集**，不獨俾承學之士，攄情綴採，有所據依，**從此討論宮商，審定調曲，庶幾古昔樂章之遺響，亦可窺見于萬一云**。①

綜觀上引《御制詞譜序》之内容，可以歸納出幾個要點。第一，連結詞之圖譜與詩之體格的源流。詩體係以格律爲基本規範，從句式的平仄至作品的語言表現，無不以韻律爲準繩；詞體在音樂佚失之後，亦逐漸演變爲依循詞牌平仄韻律與句式填制的圖譜之學。序中再三突出詞調"定數""定式"與"定聲"的特徵之外，還從調與樂的離合關係延伸出音節調式的錯落乖舛必然會影響到"體制"的結論，藉此肯定圖譜所標記的平仄聲韻對詞體創作的"定調"功能。第二，以國家政治力量進行詞譜的搜集與編定，將詩詞同源的尊體説典範化，確立詞體與詩教之連結外，康熙本人"務正傳訛"而"親加裁定"的作爲，既彰顯國家政權所掌握的文學最終詮釋與話語權，亦確立了《詞譜》編纂的至高性②。這裏的"定調"，是有鑒於"近代《嘯餘》《詞統》《辭彙》《詞律》諸書"，"頗能發明，尚有未備"的缺漏，目的在齊備並統一聲音之學，並爲後人"討論宮商，審定調曲"指出一簡便而易於遵循的途徑，以窺見"古昔樂章之遺響"。

其後紀昀(1724—1805)更強調了《詞譜》編定的必要性，他説：

---

① 王奕清等奉敕輯《御製詞譜》，收入永瑢、紀昀等纂修《欽定四庫全書》，臺北：臺灣商務印書館2001年版，集部第434册，詞曲類，第1a—2a頁。
② 宋犖於康熙二十五年(1686)的《瑶華集序》即云："今天子右文興治，揮弦解愠，睿藻炳然，公卿大夫精心好古，詩律之高，遠邁前代。……夫填詞非小物也，其音以官商徵用，其按以陰陽歲序，其法以上生下生，其變以犯調側調，調有定格，字有定數，韻有定聲，法嚴而義備。後之欲知樂者，必於此求之。"(馮乾編校《清代序跋彙編》，第269頁。)陳水雲指出："宋犖撰寫這篇序文也意在借這部詞選宣傳自己的詞學觀念，引導當時詞人走清朝統治者所規範的創作道路。……反映了康熙中後期詞學思想基本上朝封建統治者規定的方向發展。"(陳水雲《清代前中期詞學思想研究》，武漢：武漢大學出版社1999年版，第187—188頁。)如將《御制詞譜序》與宋犖的序言對照，兩者對詞體源於古樂，在聲、調、韻、法皆有其定式等觀點實寫一致。可以説《欽定詞譜序》是官方對宋犖之説的延續與深化，進一步確立了文學的政治功能。

詞萌於唐，而大盛於宋。然唐宋兩代，皆無詞譜。**蓋當日之詞，猶今日里巷之歌，人人解其音律，能自製腔，無須於譜。其或新聲獨造，爲世所傳**，如霓裳羽衣之類，亦不過一曲一調之譜，無裒合衆體，勒爲一編者。元以來，南北曲行歌詞之法遂絕，姜夔《白石詞》中間有旁記，節拍如西域梵書狀者，亦無人能通其説。**今之詞譜，皆取唐宋舊詞**，以調名相同者互校，以求其句法字數；以句法字數相同者互校，以求其平仄；其句法字數有異同者，則據而注爲又一體；其平仄有異同者，則據而注爲可平可仄。自《嘯餘譜》以下，皆以此法，推究得其涯略，定爲科律而已。然見聞未博，考證未精，又或參以臆斷無稽之説，往往不合於古法。惟近時萬樹作《詞律》，析疑辨誤，所得爲多，然仍不免於舛漏。惟我聖祖仁皇帝聰明天授，事事皆深契精微，既**御定唐、宋、金、元、明諸詩，立詠歌之準；御纂律吕精義，通聲氣之元。又以詞亦詩之餘，其音節亦樂之支流，爰命儒臣，輯爲此譜**。凡八百二十首調，二千三百六體。凡唐至元之遺篇，靡弗採録。元人小令，其言近雅者，亦間附之。唐宋大曲，則匯爲一卷，綴於末。每調各注其源流，每字各圖其平仄，每句各注其韻協，分刊節度，窮極窈眇。**倚聲家可永守法程**。蓋**聖人裁成萬類，雖一事之微，必考古而立之制**，類若斯矣。①

這裏提到的"自製腔"，即自度曲。就紀昀之説，唐宋兩代之所以不需詞譜，是由於詞樂尚未佚失，且文人通曉音律，多能自製新聲，流傳於後世。元代以後，詞樂佚失，故僅能仰賴《嘯餘譜》或《詞律》等書籍略窺前代詞樂樣貌，後者雖然於"析疑辨誤"層面有其功績，惟其中錯漏頗多。《欽定詞譜》的編定目的除糾補前代私人詞譜之失外，其官方色彩更彰顯了《詞譜》的典範特質。田同之（1677—1756）《西圃詞説》的評述，正可視作《欽定詞譜》典範意義的注脚，與當時詞家對規範矩度的期待。他説："宋元人所撰詞譜流傳者少。自國初至康熙十年（1671）前，填詞家多沿明人，遵守《嘯餘譜》一書。詞句雖勝於前，而音律不協，即《衍波》亦不免矣，此《詞律》之所由作也。……故浙西名家，務求考訂精嚴，不敢出《詞律》範圍之外，誠以《詞律》爲確且善耳。至於《欽定詞譜》，雖較《詞律》所載稍寬，而詳於源流，分別正變，且字句多寡，聲調異同，以至平仄，無不一一注明，較對之間，一望瞭然。

---

① 施蟄存《詞籍序跋萃編》，第 897—898 頁。

所謂**填詞必當遵古**,從其**多**者,從其**正**者,尤當從其**所共用**者,捨《詞譜》則無所措手矣。"①《欽定詞譜》是以唐宋舊詞互校,糾補萬樹私人著述的《詞律》之訛誤,以"考古而立之制"。倚聲家遵循詞譜所定,嚴辨譜式字聲即是一種由律至樂的"尊(詞)體"表現,扣合當時復古之風氣。另外一方面,紀昀提到"詞亦詩之餘,**其音節亦樂之支流**",即暗示了即便前代詞樂宮調已然佚失,但從《詞譜》所收作品的音節平仄亦能略窺前人之"樂"。惟《四庫提要》提到:"當時宮調,已茫然不省,而乃虛憑臆見,自製新腔,無論其分析精微,斷不能識。"②由於自度曲作爲時人的"自製新腔",並不屬於官方所提倡的"崇古"徑路,需依循"考古而立"的《欽定詞譜》始爲復古之正途。

當國家政權走向一統而趨於穩定,文學也必然地需面臨"定於一尊"的挑戰,尤其是清初康熙時期的大一統盛世,廣招文人以規格化前代音樂律呂的編制與樂書詞譜的內容,實爲國家統治權力極大化與覆蓋性的展示③。不僅是原先即與政治關係密切的詩體需服膺於新朝所標榜的典制規範,即便是向來被視爲小道的詞體,在詩詞同源與樂音教化的前提下,也是國家權力亟欲介入並加以定式化、規範化的對象④。康熙十七年(1678)開設博學鴻儒科,以官方力量招攬碩儒名士推動歷代詩詞文集的蒐集(如康熙四十六年[1707]成書的《御選歷代詩餘》)與《欽定詞譜》的編定,既彰顯新政

---

① 唐圭璋編《詞話叢編》,第1473頁。
② 永瑢、紀昀等纂修《四庫全書總目提要》,第40册,第170頁。
③ 康熙時人徐釚(1636—1708)的《紫雲詞序》云:"今天子首置樂章,凡於郊廟燕饗諸大典,其奏樂有聲之可倚者,必命詞臣豫爲釐定。今先生《紫雲詞》既已流傳南北,異日或有如周美成之爲大晟樂正者,間採《紫雲》一曲,播諸管弦,含宮咀商,陳於清廟明堂之上,使天下知**潤色太平**之有助也,不亦休哉?"這裏提到的"郊廟燕饗"之樂,或許即指康熙六年(1667)《中和韶樂》此一孔廟雅樂,而"潤色太平之助",則反映出時人對詞體實際功用的認識。清初順康以來即有意識地整理前代雅樂,惟無論是雅樂或燕樂,最終都不免走入教化與潤色太平等現實效用的詮釋。馮乾編校《清詞序跋彙編》,第244頁。
④ 黃進興《清初政權意識形態之探究:政治化的道統觀》一文從治統與道統的觀點梳理康熙時期官方政權與文人儒者間的關係,他提到:"康熙銜接'治統'與'道統'的政治理念,無形中使兩者會聚於'皇權'之中。……康熙獨特的政治理念,促使他在文化上必須有所建樹,大規模的編書即是其中的要目。著名的《康熙字典》《佩文韻府》《性理精義》等等皆是在他統治期間內完成。康熙不止敦促官員大規模編纂書籍,己身遞參預其事,並作最後的裁定。"又歸結到:"清初君主在政治意識型態所努力的是,將'政治勢力'延伸到'文化領域'。確切地說,是因統治者主動介入文化與思想的傳統,致使'皇權'變成'政治'與'文化'運作的核心,而統治者遂成爲兩項傳統的最終權威。"同樣的觀點置放到《欽定詞譜》的編纂,亦同樣可視爲皇權(道統)積極介入文化層面(治統)的顯例。引文分見於:黃進興《清初政權意識形態之探究:政治化的道統觀》,載於氏著《優入聖域:權力、信仰與正當性》,臺北:允晨文化出版1994年版,第106、109頁。

權對漢人文學傳統的提倡與熟習外,也間接宣示了官方對文學源流的詮釋與認可[1]。意即:官修書籍對文學作品的擇選與收錄既彰顯了政權對文學作品的審查與詮釋權,也劃定了他們所認可流通的文學類型與意識型態之範疇[2],確立文軌正轍,並提點日後學者得以遵循的標準法度。杜文瀾《憩園詞話》有云:"我聖祖既選《歷代詩餘》,復御製《詞譜》,標明體製,中分句韻,旁列平仄,**俾承學之士有所遵循**,詞書於是大備。"[3]肯定了《歷代詩餘》與《欽定詞譜》二書的編輯價值之同時,也重申了官方編修的動機是讓"承學之士有所遵循"的立場。

　　清初文人對樂音的追求與聲律的重視促成了譜律之學的興盛與自度曲的製作。譜律之學從原本萬樹《詞律》主張"復古"與"教化"的脈絡,到後來官方的《欽定詞譜》表現出新王朝文學下"永守法程"的詮釋脈絡,與自度曲希冀通過自製新聲達成"自我作古"的初衷大相徑庭,呈現了清人探索"詞樂恢復"此一概念的兩條徑路。陳水雲曾道:"在康熙中葉以後,隨著《詞律》《欽定詞譜》《詞林正韻》等詞書的出版,更主要的是因爲浙西詞派對遵守詞律的宣導及其詞學思想的廣泛傳播,明代詞壇曾有的'排之以硬語,每與調乖;竄之以新腔,難與譜合'現象在清代中期基本上消失了……在清初編纂成書的詞律、詞譜、詞選,爲人們據譜填詞提供了便捷可行的格律規範。"[4]康熙時期譜律書籍的出版以及浙西詞派嚴守聲律的理論矯治了明代以來文人填詞度曲不諧音律、恣意妄作的弊病,提供了後人填詞便捷可行的徑路。惟值得留意的是,從《全清詞・順康卷》《全清詞・雍乾卷》與《新聲譜》(見附錄)所收録的自度曲數量與詞人比例來看,清人的自度曲創作及唱和之情形至雍乾以後相對減少。究其原因,除了浙派推重聲律、宗法姜夔相關外,亦不可忽略《詞律》與《欽定詞譜》的"定式"與使用的便捷

---

[1] 關於清初文人心態之轉變與詩詞風氣之關係,可參照王力堅《清初漢文人心態的轉變及其對詩詞風氣的影響——以康熙十八年(1679)博學鴻儒科爲考察中心》,載於《中國文哲研究期刊》第49期(2016年9月),第41—81頁。

[2] 毛先舒《填詞名解》略例第一條即寫道:"填詞雖屬小道,然宋世明堂封禪,虞主祔廟之文皆用之。比於周漢雅頌樂府,亦成一代之制也。巨典攸存,故毋宜輕置矣。"將填詞與"明堂""封禪""祔廟"等雅頌樂府相提並論,推尊詞體之意實爲鮮明。也正因當時的風氣將詞體視爲不可輕置的巨典,國家權力始有介入規範的空間與必要。見吳熊和點校、查繼超輯《詞學全書》,第15頁。

[3] 唐圭璋編《詞話叢編》,第2852頁。

[4] 陳水雲《晚清詞學"温柔敦厚"説之檢討》,載於《臺大中文學報》第45期(2014年6月),第243頁。

性對文人創作的影響。終清之世，自度曲創作的詞人數量始終未能超越順康時期，也未見足以比擬清初詞人群體規模的唱和或繼作盛況。

六、結　論

　　歷來討論清人尊體説多以"詩詞同源""上附風騷"爲主要詮釋脈絡，然而在以音樂的教化作用連結詩詞兩者的同時，清人也透過詞體合樂性的探索古意之所在。自度曲的興盛作爲清初時期的特殊現象，是在明人填詞製曲不協音律與率意妄作的背景下，從尊體説的架構重新思索詞體與音樂關係的嘗試，藴含著詞人們對詞樂恢復的設想。所謂的"詞樂恢復/復古"並非還原宋人詞樂譜式，而是將詞體回復到配樂而歌、合律而作的音樂文學傳統。因此，清初文人除多表明自身製曲爲前有所承，而非"自爲己意"外，也重視聲律宮調的考索，藉此窺見前人的"音聲"之道。另一方面，他們也積極從形式步驟仿擬宋人的創調過程，以簫、笛等管色製曲，付與樂工歌妓演唱，確立自度曲的合樂性與可歌性。其後浙派詞風大盛，姜夔也成爲了文人填詞製曲主要的仿擬對象。換言之，清初自度曲的製作是在唐宋以來詞調散失、詞樂斷層的情形下，文人利用考察唐宋詞作的音節平仄填補當時樂音佚失的困境，並竭力由藝術形式（配樂而歌）上回歸到詞樂合一傳統的努力。

　　再者，清代詞學的地域性與群體性助長了自度曲的傳播。雲間詞人自製曲詞、相互唱和的詞學活動同樣見於後來的西陵詞人。無論是雲間詞人的"用廣新聲"或是西陵詞人強調"前人所有，不自我倡"，文人群體自覺地製作或填製時人自度曲以爲酬贈唱和的工具，即是實踐對聲律的追求意識。而順康時期不少詞選集或《填詞圖譜》皆收有清人自度曲，呈現了自度曲流傳的概況，也反映了文人對自度曲的認可。

　　最後，由"詞樂恢復"此一心理所延伸出的詞譜詞律之學與自度曲創作風氣爲一體兩面。清初譜律書籍等各項訂定，尤其是官修的《欽定詞譜》，既是"考古而立之制"，指向"永守法程"的隱性目的，亦是清代尊體説、崇古概念的派生與定調。而由《詞譜》不收明清人自度曲亦可知官方並未認可"自度新腔"的形態爲一"復古"的途徑。與清初文人標榜自度曲爲"自我作古"的態度頗爲不同。

總之，清代自度曲與"詞樂恢復"相關的論辯，是立足於尊體説的前提，從清初雲間、西陵詞人等著重聲律樂音的文人群體提倡下，對詞樂恢復／復古此一共同想象之建構。實際上，清人對"詞樂恢復／復古"的認識頗爲矛盾，他們一方面清楚認識到恢復前代詞樂的不可能，但又希冀通過聲律的考索以求得古意。因此，文人或將舊有詞牌配樂而歌、曼聲吟唱，或是仿擬前人，自度新曲，藉此探求詞體"合樂"之可能，形成了"詞樂恢復"概念的素樸内涵。清人自度曲至雍乾以降相對減少，其原因除了與浙派標舉姜夔，嚴辨音聲的主張有關外，亦不可忽略《詞律》的刊行流傳與《欽定詞譜》的頒定所間接帶來的影響。自度曲雖然在雍乾以降不乏文人製作，且屢屢強調新聲的合律可歌，而爲人視作"詞樂恢復"路徑的延續。然而從《全清詞·雍乾卷》與晚清《新聲譜》所收録的自度曲數量與流傳程度來看，與順康時期的盛景已不可同日而喻。

（作者單位：臺灣中興大學中國文學系）

附錄一："新聲譜"所收之詞人自度曲列表

編號	詞　人	詞　調	首　句
1	毛先舒（1620—1688）	《二十字令》	年歲淺
2	陸菜（1630—1699）	《二十四字令》	休撲蜻
3			休撲螢
4			休撲蜨
5		《二聽》	春聽鶯
6			秋聽雁
7	姚燮（1805—1865）	《桃葉令》	天百五
8	沈謙（1620—1670）	《美人鬢》	銀燈低照眉山綠
9	毛先舒	《滿鏡愁》	昨夜春風
10	丁澎（1622—1686？）	《一痕眉碧》	風送畫橋春淥
11		《燕啣花》	吹落燕啣花絮
12	顧貞觀（1637—1714）	《風馬兒》	繞闌幽澗乍泠泠
13	毛先舒	《撥香灰》	嫩黃楊柳東風後
14	丁澎	《山鷓鴣》	霧浸梨花冷畫屏
15	戈載（1786—1856）	《醉秋風》	空林昨夜霜飛早
16	姚燮	《花蜨犯》	蛺蜨紅馱
17	朱和羲（生卒年不詳）	《返魂香》	綻新枝
18	沈謙	《月籠沙》	簾外潺潺暮雨
19	陸烜（1761—？）	《紅杏洩春光》	小苑迴廊
20	顧貞觀	《踏莎美人》	齊閣泉香
21	宋琬（1614—1674）	《舊雨來》	曾記當年雨後
22	陸烜	《白燕令》	梨花夜月
23	戈載	《一枝秋犯》	賦楚吟香別兩年

續　表

編號	詞　人	詞　調	首　句
24	沈謙	《東風無力》	翠密紅疎
25		《蝶戀小桃紅》	多情卻被秋僝僽
26		《勝常》	黄柳堆煙
27	顧貞觀	《紅影》	有命從他薄
28	丁澎	《銀燈映玉人》	石葉眉峰澹鎖
29	顧貞觀	《剪湘雲》	瘦卻勝煙
30	金烺（1641—1702）	《泣西風》	蕭瑟西風泣雁群
31	吳法範（生卒年不詳）	《霜葉紅》	霜風淒切
32	潘觀保（1828—1894）	《哀江南》	蠟易成灰
33	丁澎	《合歡》	蹙損春山
34	任兆麟（？—1796）	《鳳凰臺上憶吹簫》	碧窗人悄
35	蔣敦復（1808—1867）	《紅香》	淡妝濃抹
36	顧翰（1783—1860）	《登樓怨》	亂山圍古堞
37	姚燮	《露華春慢》	櫂迴雲壑
38	沈謙	《東湖月》	甚鍾靈
39	張鴻卓（1803—1876）	《采蒓秋煮碧》	風迴海上濤如雪
40	朱和羲	《采茶秋煮碧》（和詞）	雲間吹出迴風雪
41	金烺	《橫雲》	秋來返棹
42	朱和羲	《落梅聲》	小院無聲
43	蔣敦復	《采雲吟》	采雲易散
44	吳承勳（生卒年不詳）	《四犯翠連環》	露蔚聲輕
45	姚燮	《問梅花》	銀海浩茫茫
46	楊夔生（1781—1841）	《澹紅簾》	薺麥孤城

尊體與復古:"詞樂恢復"視域下的清初自度曲現象　·153·

續　表

編號	詞　　人	詞　　調	首　　句
47	丁澎	《御帶垂金縷》	小山攢翠清波
48	蔣敦復	《綠影》	煙霏霧結
49	納蘭成性(1655—1685)	《青衫濕徧》	青衫濕徧
50	顧貞觀	《瀘江月》	記寒宵攜手
51		《梅影》	好寒天

朱和羲輯《新聲譜》,收入徐乃昌輯《懷豳雜俎》,臺灣圖書館藏,宣統三年(1911),南陵徐氏本。

附錄二:《全清詞·順康卷》及《補編》所收自度曲。並據吴藕汀、吴小汀《中國歷代詞調名辭典(新編本)》增補

詞　人	自度曲類型及詞調名			
^	自度/製曲	新翻曲	犯曲/犯調	無法確定/備注
顧貞立 (生卒年不詳)	《桃絲》			
^	《翠凌波》			
蔣平階 (生卒年不詳)	《雙星引》			(據吴藕汀改)
^	《天台宴》			
沈億年 (生卒年不詳)	《步珊珊》			
^	《琅天樂》			
^	《瑟瑟調》			
葉光耀 (生卒年不詳)				《春宵曲》
^				《秋宮怨》
徐籀	《折桂令》			
^	《秋歲引》			

續　表

詞　人	自度曲類型及詞調名			
^	自度/製曲	新翻曲	犯曲/犯調	無法確定/備注
王庭 （1607—1693）				《傷傷子》
張戩 （生卒年不詳）				《四時花》
陳世祥 （生卒年不詳）	《春去也》			
宋琬 （1614—1673）	《舊雨來》			
柴紹炳 （1616—1670）	《謝燕關》			
吳綺 （1619—1694）	《江南樹》			
^				《合歡羅勝》
張惣 （1619—1694）		《梅仙》		
徐旭旦 （1659—）	《寄我相思》			
^	《玉堂仙》			
^	《楚王妃》			
^			《梅花三弄》	
楊思本 （1620—?）				《春曲》
潘雲赤(?)		《西湖春色似蓬萊》		（據吳藕汀改）
沈謙 （1620—1670）	《東湖月》			
^		《美人鬢》		
^		《憶分飛》		

續 表

詞　人	自度曲類型及詞調名			
	自度/製曲	新翻曲	犯曲/犯調	無法確定/備注
沈謙 (1620—1670)		《遍地雨中花》		
		《金門賀聖朝》		
		《月籠沙》		
		《浪打江城》		
		《月中柳》		
		《歲寒三友》		
		《蝶戀小桃紅》		
		《錦帳留春》		
		《牡丹枝上祝英臺》		
		《玉樓人醉杏花天》		
		《玉女剔銀燈》		
		《雙燕笑孤鸞》		
		《離鸞》		
		《萬年枝》		
		《水晶簾外月華清》		
		《山溪滿路花》		
		《比目魚》		
		《九重春色》		
		《神女》		
		《露下滴新荷》		

續　表

詞　人	自　度　曲　類　型　及　詞　調　名			
	自度／製曲	新　翻　曲	犯曲／犯調	無法確定／備注
沈謙 (1620—1670)	《采桑》			
	《一串紅牙》			
	《弄珠樓》			
	《勝常》			
	《東風無力》			
	《滿鏡愁》			
	《扶醉怯春寒》			
		《弄月吟風》		
魏際瑞 (1620—1677)	《杜宇》			
	《五三五》			詞題"自製體"
	《薄倖》			
	《不如歸去》			
	《近東鄰》			
毛先舒 (1620—1688)	《撥香灰》			
	《飯松花》			（據吳藕汀補）
	《二十字令》			（據吳藕汀補）
	《訶梨子》			（據吳藕汀補）
	《緗梅》			（據吳藕汀補）
	《姍姍來遲》			（據吳藕汀補）
	《青苔思》			（據吳藕汀補）
	《百夜桃》			（據吳藕汀補）

續　表

詞　人	自度曲類型及詞調名			
	自度/製曲	新翻曲	犯曲/犯調	無法確定/備注
毛先舒 (1620—1688)	《小窗燈影》			(據吳藕汀補)
	《看花忙》			(據吳藕汀補)
	《十二橋》			(據吳藕汀補)
	《小憐妝》			(據吳藕汀補)
	《石藍花》			(據吳藕汀補)
	《二十五字令》			(據吳藕汀補)
狄循厚 (生卒年不詳)		《江城如畫》		
佟國璵 (生卒年不詳)	《雨花風柳》			《雪外天香》
邵錫榮 (生卒年不詳)		《隔簾美人》		
		《珠簾十二》		
徐惺 (生卒年不詳)				《郁金香》
陳敱永 (生卒年不詳)		《燕賀鶯遷》		
顧景星 (1621—1687)				《三字琵琶》
朱中楣 (1622—1672)				《花月詞》
丁澎 (1622—1696?)	《花裏》			
	《減字鷓鴣天》			
	《燕銜花》			

續　表

詞　人	自度曲類型及詞調名			
	自度/製曲	新翻曲	犯曲/犯調	無法確定/備注
丁澎 (1622—1696?)			《更漏促紅窗》	
			《怨桃花》	
			《金門歸去》	
			《兩相思》	
			《番女八拍》	
			《扶醉待郎歸》	（據扶荔詞改）
			《一痕眉碧》	
			《憶醉鄉》	
			《蕊珠》	
			《月魄》	
			《山鷓鴣》	
			《鳳樓仙》	
			《月上紗窗烏夜啼》	
			《連理一枝花》	
			《銀燈映玉人》	
			《西施愁春》	
			《合歡》	
			《高陽憶舊游》	
			《新雁度瑤臺》	
			《雙燕入珠簾》	

續　表

詞　人	自度曲類型及詞調名			
	自度/製曲	新翻曲	犯曲/犯調	無法確定/備注
丁澎 (1622—1696?)			《繞佛天香》	
			《御帶垂金縷》	
			《法曲琵琶教念奴》	
			《梅花三弄》	
			《玉女度千秋》	
		《蘆花雪》		新譜翻曲
		《眉嫮》		
		《月下美人來》		
陸進 (1625?—?)	《燕棲巢》			
		《同心樂》		
				《玩秋燈》
		《憶楚宮》		
俞士彪 (生卒年不詳)				《雙鸑怨》
		《撥棹過澗》		
張台柱（即張星耀） (生卒年不詳)		《河上鵲橋仙》		
		《蝶戀玉樓春》		
		《蝶戀小桃紅》		
		《瑣窗漏永泣孤鸞》		
	《橫雲》			
	《晚妝》			
	《剪春絲》			

續　表

詞　人	自度曲類型及詞調名			
	自度/製曲	新翻曲	犯曲/犯調	無法確定/備註
朱萬錦 (1630—?)	《雁過南樓》			
洪雲來 (生卒年不詳)	《纖纖月》			
沈豐垣 (生卒年不詳)	《風流怨》			
	《蕊花結》			
			《玉女度千秋》	
			《酹江月》	
佟世南 (康熙時人)	《月下飲》			
仲恒 (生卒年不詳)	《八詠樓》			
萬樹 (1630—1688)			《同心蘭》	
陸葇 (1630—1699)				《三休撲》
宋俊 (生卒年不詳)				《破子》
丁煒(1632?—1696)				《畫舸》
王晫 (1636—?)			《合璧》	
	《松風夢》			
周之道 (生卒年不詳)	《撥（拔?）金釵》			

續　表

詞　人	自　度　曲　類　型　及　詞　調　名			
	自度/製曲	新　翻　曲	犯曲/犯調	無法確定/備注
顧貞觀 (1637—1714)	《剪湘雲》			（據吳藕汀改）
	《瀘江月》			
	《梅影》			
	《馬風兒》			（據吳藕汀補）
			《踏莎美人》	（據吳藕汀補）
黃垍 (生卒年不詳)	《夏日遲》			
蒲松齡 (1640—1715)	《妾十九》			
金烺 (1641—1701)				《泣西風》
鄭景會 (生卒年不詳)	《美人香》			
			《臨江憶美人》	
		《望西湖》		
周稚廉 (1626?—1689)				《芭蕉雨》
				《飛來峰》
納蘭成德 (1655—1685)	《秋水》			（據吳藕汀改）
	《青衫濕遍》			
	《剪梧桐》			
	《玉連環影》			（據吳藕汀改）
				《添字采桑子》
	《落花時》			（據吳藕汀補）
	《憶桃源慢》			（據吳藕汀補）

續　表

詞　人	自度曲類型及詞調名			
	自度/製曲	新　翻　曲	犯曲/犯調	無法確定/備注
徐昌薇 (1655—1740)	《緑窗并倚》			
丁介 (生卒年不詳)	《長亭青雀》			
陳祥裔 (生卒年不詳)			《兩地相思》	（據吳藕汀改）
			《醉美人》	（據吳藕汀改）
			《臨江梅》	（據吳藕汀改）
			《賣花美人》	（據吳藕汀改）
			《美人賣花》	（據吳藕汀改）
			《梅花三弄》	
			《美人臨江》	（據吳藕汀改）
楊守知 (？—1730)				《惜秋光》
李淑媛 (生卒年不詳)		《秦娥點絳唇》		
范寀 (1683—1728)				《玉井蓮》
吉珠 (生卒年不詳)				《金雀鬢》
王崇炳 (生卒年不詳)				《陽關三疊》

附録三：《全清詞·雍乾卷》所收自度曲

編號	詞　人	詞　牌	首　句
1	陸烜（1761—？）	《紅杏泄春光》	小苑迴廊
2		《白燕令》	梨花夜月
3	李若虛	《自度曲三調》	隨遇而安
4			天地皆情耳
5			蹀躞連錢騘
6	楊揆	《春蘭夢影》	是誰拼
7	桂廷繭	《夢中人》	月將沉

Reverence and Revival: The Phenomenon of Self-composed Tunes in the Early Qing Dynasty under the Perspective of the "Revival of Lyrics and Music"

Yu Jia-Yun

The flourishing of self-composed tunes in the early Qing dynasty was both a correction to the perceived vulgarity and capriciousness of Ming-dynasty compositions and a demonstration of the Qing scholars' emphasis on the study of sound, advocating for a "revival of lyrics and music" (*ci yue fugu* 詞樂復古) as a revered practice. This paper builds on this observation and explores the context of early Qing self-composed tunes' emergence, developmental overview, and creative characteristics from the perspective of the "revival of lyrics and music." Early Qing literati critiqued the Ming predecessors' confusion of lyrics and music, largely deemed as arbitrary creations, and attempted to re-establish the connection between lyrics and music through self-composed tunes. From the perspective of "aligning with the elegance of *Shijing* and *Chuci*" (shangfu Feng Sao 上附風騷), the Qing's reverence extended not only to tracing the origins of lyric forms back to the classics but also included the production of self-composed tunes, the crafting of musical instruments, and the praise of tunes by figures such as Jiang and Zhang, all of which exemplify the act of "continuing the subtle resonance of sound" (*ji shengyin zhi mixiang* 繼聲音之秘響) in their archaizing endeavors. By examining Yunjian lyricists and Xiling lyricists as case studies, this paper studies their interactive compositions of self-composed tunes, which not only solidified the group identity among literati but also directly facilitated the transmission of these tunes, achieving the effect of "broadening new sounds" (*yongguang xinsheng* 用廣新聲). In essence, the early Qing literati's revival of lyrics and music was an effort to reintegrate lyric forms into a musical and literary tradition that combined music with singing and composition with the rules of harmony. However, with the establishment of musical notation during the late Kangxi era and the subsequent prevalence of Western Zhejiang lyrics studies, the creation of self-composed tunes gradually declined.

Keywords: self-composed tunes, early Qing dynasty, lyrics and music, revival, reverence

徵引書目

1. 王力堅：《清初漢文人心態的轉變及其對詩詞風氣的影響——以康熙十八年（1679）博學鴻儒科爲考察中心》，《中國文哲研究期刊》第 49 期（2016 年 9 月），頁 41—81。Wang Lijian. "Qing chu han wenren xintai de zhuanbian ji qi dui shici fengqi de yingxiang——yi kangxi shiba nian（1679）boxue hongru ke wei kaocha zhongxin"（The Shift in the Mentality of the Han Literati in the Early Qing Dynasty and Its Influence on Tendencies of Shi- and Ci-Poetry：An Examination of Erudition and Literature in the Eighteenth Year of Emperor Kangxi（1679））. Zhongguo wenzhe yanjiu qikan（*Journal of Chinese Literature and Philosophy*）49（September 2016）：pp. 41 – 81.

2. 王靖懿：《明詞特色及其歷史生成研究》，蘇州：蘇州大學中國古代文學博士論文，2015 年。Wang Jingyi. *Ming ci tese ji qi lishi shengcheng yanjiu*（*A Study on the Characteristics and Historical Formation of Ming Dynasty Lyrics*）. Suzhou：Suzhou University, Ph.D. Dissertation in Chinese Ancient Literature. 2015.

3. 永瑢、紀昀等纂修：《欽定四庫全書》，臺北：臺灣商務印書館，2001 年版。Yongrong, Ji Yun, et al.. *Qinding Siku Quanshu*（*Complete Library of the Four Treasuries*）. Taipei：Taiwan shangwu yinshuguan, 2001.

4. 永瑢、紀昀等纂修：《四庫全書總目提要》，上海：上海商務印書館，1931 年版。Yong Rong, Ji Yun, et al.. *Siku quanshu zongmu tiyao*（*Annotated Imperial Catalog Of The Four Treasuries*）. Shanghai：Shanghai shangwu yinshuguan, 1931.

5. 全清詞編纂研究室主編：《全清詞・順康卷》，北京：中華書局，2002 年版。Quan qing ci bianzuan yanjiushi edited. *Quan qing ci, Shun Kang juan*（*Complete Ci-poems of the Qing Dynasty: The Shunzhi and Kangxi Volume*）. Beijing：Zhonghua shuju, 2002.

6. 全清詞編纂研究室主編：《全清詞・雍乾卷》，南京：南京大學出版社，2012 年版。Quan qing ci bianzuan yanjiushi edited. *Quan qing ci, Yong Qian juan*（*Complete Ci-poems of the Qing Dynasty: The Yongzheng and Qianlong Volume*）. Beijing：Zhonghua shuju, 2012.

7. 朱崇才編纂：《詞話叢編續編》，北京：人民文學出版社，2010 年版。Zhu Chongcai edited. *Cihua congbian xubian*（*The Supplementary Collection of Criticism on Ci-poems*）. Beijing：Renmin wenxue chubanshe, 2010.

8. 任珂瑩：《清初詞人自度曲研究》，南寧：廣西大學中國古代文學碩士學位論文，2018 年。Ren Keying. *Qing chu ciren ziduqu yanjiu*（*A Study on the Composing Tunes of Early Qing Dynasty Poets*）. Nanning：Guangxi University, Master's Thesis in Chinese Ancient Literature, 2018.

9. 江合友：《明清詞譜史》，上海：上海古籍出版社，2008 年版。Jiang Heyou. *Ming qing cipu shi*（*A Study of the collections of tunes of Ci poems in Ming and Qing dynasty*）. Shanghai：Shanghai Guji Chubanshe, 2008.

10. 沙先一、張暉：《清詞的傳承與開拓》，上海：上海古籍出版社，2008 年版。Sha Xianyi, Zhang Hui. Qing ci de chuancheng yu kaita（*The Inheritance and Development of*

Qing Lyrics). Shanghai: Shanghai Guji Chubanshe, 2008.

11. 沙先一、張宏生:《論清詞的經典化》,《中國社會科學》2013 年 12 期,頁 96—119。 Sha Xianyi, Zhang Hongsheng. "Lun qing ci de jingdian hua" (On the Canonization of Qing Lyrics). *Zhongguo shehui kexue* (*Chinese Social Sciences*) 12(2013): pp. 96 - 119.

12. 青木正兒著、李景宋譯:《金冬心的藝術》,杭州:浙江人民美術出版社,2021 年版。 Aoki Masaru. *Jin Dongxin de yishu* (*The Art of Jin Dongxin*). Translated by Li Jingsong. Hangzhou: Zhejiang Renmin meishu chubanshe, 2021.

13. 林玫儀:《支機集完帙之發現及其相關問題》,《中國文哲研究期刊》第 20 期(2002 年 3 月),頁 113—174。Lin Meiyi. "Zhi ji ji wanzhi zhi faxian ji qi xiangguan wenti" (The Discovery of the Complete Version of Chih-chi chi and its Related Issues). *Zhongguo wenzhe yanjiu qikan* (*Journal of Chinese Literature and Philosophy*) 20 (March 2002): pp. 113 - 174.

14. 吳宏一、葉慶炳編:《清代文學批評資料彙編》,臺北:成文出版社,1979 年版。Wu Hongyi, Ye Qingbing edited. *Qing dai wenxue piping ziliao huibian* (*Compilation of Literary Criticism in the Qing Dynasty*). Taipei: Chengwen chubanshe. 1979.

15. 吳熊和點校、查繼超輯:《詞學全書》,北京:書目文獻出版社,1986 年版。Wu Xionghe, Cha Jichao. Cixue quanshu (*Complete Book of Ci Poetry Studies*). Beijing: Shumu wenxian chubanshe, 1986.

16. 周明初、葉曄補編:《全明詞補編》,杭州:浙江大學出版社,2007 年版。Zhou Mingchu, Ye Ye edited. *Quan ming ci bubian* (*Supplementary Collection of Complete Ming Song Lyrics*). Hangzhou: Zhejiang dazue chubanshe, 2007.

17. 施蟄存編:《詞籍序跋萃編》,北京:中國社會科學出版社,1994 年版。Shi Zhecun edited. *Ci ji xuba cuibian* (*Compilation of Selected preface and postscript of Ci Lyrics*). Beijing: Zhongguo shehui kexue chubanshe,1994.

18. 施議對:《詞與音樂關係研究》,北京:中華書局,2008 年版。Shi Yidui. *Ci yu yinyue guanxi yanjiu* (*A Study of the Relationship of Song Lyrics with Music*). Beijing: Zhonghua shuju, 2008.

19. 洛地:《詞樂曲唱》,北京:人民音樂出版社,1995 年版。Luo Di. *Ci Yue Qu Chang* (*Melodies and Singing of Ci*). Beijing: Renmin yinyue chubanshe, 1995.

20. 查紫陽:《從論詞樂恢復視野下的清詞自度曲創作》,《蘭州教育學院學報》第 12 期 (2016 年 12 月),頁 1—2+9。Cha Ziyang. "Cong lun ciyue huifu shiye xia de qing ci ziduqu chuangzuo" (The Creation of Composing Tunes in Qing Lyrics from the Perspective of Restoring the Relationship between Lyrics and Music). *Lanzhou jiaoyu xueyuan xuebao* (*Journal of Lanzhou Institute of Education*) 12 (December 2016): pp. 1 - 2+9.

21. 班固撰、顏師古注:《漢書》,臺北:藝文印書館,1962 年版。Ban Gu. *Hanshu* (*Book of Han*). Annotated by Yan Shigu. Taipei: Yiwen yinshuguan, 1962.

22. 夏承燾校輯:《白石詩詞集》,臺北:華正書局,1981 年版。Xia Chengtao. *Baishi shici ji* (*Collection of Poems and Song Lyrics by Jiang Kui*). Taipei: Huazheng Bookstore.

1981.
23. 夏承燾箋校：《姜白石詞編年箋校》，上海：上海古籍出版社，1981 年版。Xia Chengtao. *Jiang Baishi ci biannian jianjiao* (*Chronological Annotations of Jiang Baishi's Lyrics*). Shanghai: Shanghai Guji Chubanshe, 1981.
24. 唐圭章編：《詞話叢編》，北京：中華書局，1986 年版。Tang Guizhang edited. *Cihua congbian* (*The Collection of Criticism on Ci-poems*).Beijing: Zhonghua shuju, 1986.
25. 陳水雲：《清代前中期詞學思想研究》，武漢：武漢大學出版社，1999 年版。Chen Shuiyun. *Qingdai qianzhongqi cixue sixiang yanjiu* (*Study on the Literary Thought of the Early and Middle Qing Dynasty*). Wuhan: Wuhan daxue chubanshe, 1999.
26. 陳水雲：《晚清詞學"溫柔敦厚"說之檢討》，《臺大中文學報》第 45 期（2014 年 6 月），頁 233—268。Chen Shuiyun. "Wanqing cixue 'wenrou dunhou' shuo zhi jiantao" (Review on the Education of "Gentleness and Kind-Heartedness" in the Late Qing Dynasty). *Taida zhongwen xuebao* (*Journal of National Taiwan University: Chinese Literature*) 45 (June 2014): pp. 233–268.
27. 陸勇强：《陳維崧年譜》，北京：中國社會科學出版社，2006 年版。Lu Yongqiang. *Chen Wéisong nianpu* (*Chronological Biography of Chen Weisong*). Beijing: Zhongguo shehui kexue chubanshe, 2006.
28. 閔豐：《清初清詞選本考論》，上海：上海古籍出版社，2008 年版。Min Feng. *Qingchu qingci xuanben kaolun* (*A Study on the Selected Editions of Early Qing Lyrics*). Shanghai: Shanghai Guji Chubanshe, 2008.
29. 黄進興：《優入聖域：權力、信仰與正當性》，臺北：允晨文化出版，1994 年版。Huang Jinxing. *You ru shengyu: quanli, xinyang yu zhengdangxing* (*Entering the Sacred Domain: Power, Belief, and Legitimacy*). Taipei: Yunchen wenhua chuban, 1994.
30. 蔣重光選輯：《昭代詞選》，乾隆三十二年（1767）經鉏堂刊本。Jiang Chongguang edited. *Zhaodai Cixuan* (*Ci-Poetry Selection of a Venerated Dynasty*). Jingchutang in the 32nd year of the Qianlong reign (1767).
31. 蔣景祁編：《瑶華集》，北京：中華書局，1982 年版。Jiang Jingqi. *Yaohua ji* (*Collection of Yaohua*). Beijing: Zhonghua shuju, 1982.
32. 馮乾校：《清詞序跋彙編》，南京：鳳凰出版社，2013 年版。Feng Qian. *Qing ci xuba huibian* (*Compilation of Prefaces and Postscript of Qing Lyrics*). Nanjing: Fenghuang chubanshe, 2013.
33. 國家清史編纂委員會編：《清代詩文集彙編》，上海：上海古籍出版社，2010 年版。Guojia qingshi bianzuan weiyuanhui edited. *Qingdai shiwen ji huibian* (*Compilation of Poetry and Prose from the Qing Dynasty*). Shanghai: Shanghai Guji Chubanshe, 2010.
34. 張仲謀：《明詞史（增訂版）》，北京：人民文學出版社，2020 年版。Zhang Zhongmou. *Ming cishi* (*A History of Ming Dynasty Song-lyrics*). Revised Edition, Beijing: Renmin wenxue chubanshe, 2020.
35. 張宏生編：《清詞珍本叢刊》，南京：鳳凰出版社，2007 年版。Zhang Hongsheng edited. *Qing ci zhenben congkan* (*Rare Editions of Qing Lyrics*). Nanjing: Fenghuang

chubanshe, 2007.

36. 張宏生:《統序觀與明清詞學的遞嬗——從〈古今詞統〉到〈詞綜〉》,《文學遺產》第 1 期(2010 年 1 月),頁 86—93。Zhang Hongsheng. "Tong xu guan yu ming qing cixue de dishan——cong 'gujin citong' dao 'ci zong'"(The Evolution of Systematic Views and Qing Dynasty Lyric Studies: From "Gujin ci tong" to "Ci zong"). *Wenxue yichan* (*Literary Heritage*) 1 (January 2010): pp. 86‑93.

37. 張宏生:《帶入現場:清詞創作中的姜夔身影及其風貌》,《華南師範大學學報(社會科學版)》第 2 期(2021 年 3 月),頁 60—75、206。Zhang Hongsheng. "Dairu xianchang: Qing ci chuangzuo zhong de Jiang kui shenying ji qi fengmao" (Bringing into the Presence: Jiang Kui's Figure and His Style Modeled in the Creative Ci Writing in Qing Dynasty). *Huanan shifan daxue xuebao* (*shehui kexue ban*) (*Journal of South China Normal University* (*Social Science Edition*)) 2(2021): pp. 60‑75+206.

38. 張景祁撰,郭秋顯、賴麗娟主編:《張景祁詩詞集(二)》,臺北:龍文出版社,2012 年版。Zhang Jingqi. *Zhang Jingqi shici ji* (2) (*The Collected Works of Zhang Jingqi* (*Volume 2*)). Edited by Guo Qiuxian, Lai Lijuan. Banqiao: Longwen chubanshe, 2012.

39. 趙尊嶽:《趙尊嶽集》,南京:鳳凰出版社,2016 年版。Zhao Zunyue. *Zhao Zunyue ji* (*Collection of Zhao Zunyue*). Nanjing: Fenghuang chubanshe, 2016.

40. 詞學編輯委員會編:《詞學》第 3 輯,上海:華東師範大學出版社,1983 年版。Cixue bianji weiyuanhui edited. *Cixue* (*Lyric Studies*) vol. 3, Shanghai: Huadong shifan daxue chubanshe, 1983.

41. 萬樹:《詞律》,哈佛大學燕京圖書館藏,康熙二十六年(1687)堆絮園刻本。Wan Shu. *Ci lu* (*The Rhythm of Lyrics*). Harvard-Yenching Library, 1687.

42. 顧廷龍主編:《續修四庫全書》,上海:上海古籍出版社,2002 年版。Gu Tinglong edited. *Xuxiu siku quanshu* (*Supplement to the Complete Books in the Four Treasuries*). Shanghai: Shanghai Guji Chubanshe, 2002.

43. 嚴迪昌:《清詞史》,南京:江蘇古籍出版社,1999 年版。Yan Dichang. *Qing cishi* (*History of Qing Dynasty Lyrics*). Nanjing: Jiangsu Guji Chubanshe, 1999.

44. 溝口雄三、小島毅主編、孫歌等譯:《中國的思維世界》,南京:江蘇人民出版社,2008 年版。Koukou Yuzo. *Zhongguo de siwei shijie* (*The Intellectual World of China*). Edited by Kojima Tsuyoshi. Translated by Sun Ge et al. Nanjing: Jiangsu remin chubanshe, 2008.

45. 劉文鵬:《在政治與學術之間——20 世紀以來的"康乾盛世"研究》,《學術界》第 146 期(2010 年 7 月),頁 174—191。Liu Wenpeng. "Zai zhengzhi yu xueshu zhijian——20 shiji yilai de 'kang qian shengshi' yanjiu" (Between Politics and Scholarship: The Study of "High Qing era" since the 20th Century). *Xueshu jie* (*Academic Research*) 146 (July 2010): pp. 174‑191.

46. 劉深:《清詞自度曲與清代詞學的發展》,《南京大學學報(哲學·人文科學·社會科學)》第 6 期(2015 年 11 月),頁 136—153。Liu Shen. "Qing ci ziduqu yu qingdai cixue de fazhan" (Composing Tunes in Qing Lyrics and the Development of Qing Dynasty

Lyric Studies). *Nanjing daxue xuebao zhexue renwen kexue shehui kexue* [*Journal of Nanjing University (Philosophy, Humanities and Social Sciences)*] 6 (November 2015): pp. 136–153.

47. 劉深、沙先一:《清詞自度曲的創作方式與音樂、文本的雙重形態》,《文藝理論研究》第42卷第3期(2022年5月),頁197—208。Liu Shen, Sha Xianyi. "Qing ci ziduqu de chuangzuo fangshi yu yinyue, wenben de shuangchong xingtai" (The Creation of New Tunes for Ci-Poetry in the Qing Dynasty and Their Dual Forms of Music and Text), *Theoretical Studies in Literature and Art* 42.3 (May 2022): pp.197–208.

48. 劉焕性:《"康乾盛世"之説的由來》,《清史研究》第1期(2003年2月),頁108—109。Liu Huanxing. "Kang qian shengshi zhi shuo de youlai" (The Origin of the Concept of "High Qing era"). *Qingshi yanjiu* (*Qing History Research*) 1 (February 2003): pp. 108–109.

49. 劉慶雲:《對"自度曲"本原義與演化義的回溯與平議》,《詞學》32期(2015),頁16—30。Liu Qingyun. "Dui 'ziduqu' benyuan yi yu yanhua yi de huisu yu pingyi" (Retrospect and Discussion on the Original and Evolving Meanings of Composing Tunes). *Ci Xue* (*Lyric Studies*) 32 (2015): pp. 16–30.

清代雍乾時期書院的思想鉗制功用

雷恩海　田　競

【摘　要】清代書院的數量爲歷代之最，然而在高壓文化政策背景下，世宗、高宗兩代帝王發展書院教育的主要目的其實是將書院改變爲官辦性質，從而使其成爲朝廷鉗制文士思想、監控其言行的平台和工具，目的是以愚民化的方法來增強君主專制權力。兩代帝王先後通過增加提督學政的監察權，提高山長束脩及生員膏火銀，嚴格月課考核，改科舉策論文爲試帖詩，提倡程式化的八股文寫作，廣泛而深入地宣講《聖諭廣訓》等方式，實現對廣大士子思想的鉗制與禁錮。就其實質而論，乃建州落後的奴隸制宗法體系之金字塔式的主奴關係爲其根本，假借儒家倫理觀念爲其外衣，形成社會思想控制的嚴密體系，爲居於頂端之皇權服務。這一系列的措施雖獲得了王朝的一時穩定，但是極大地損害士風和學風，爲晚清的貧弱狀況埋下了禍根，也嚴重地阻止了中國社會近代化的進程。

【關鍵詞】雍正　乾隆　書院　思想鉗制　文化高壓

清廷實行文化高壓政策，其中尤以雍正、乾隆兩朝治理最爲嚴酷。然而雍乾兩朝各省興建書院的盛況，又似乎難與文網密酷的現實政治環境桴鼓相應。根據今人對清代書院的統計，乾隆時全域大略有二千五百所書院同時開課[1]，

---

[1] 白新良《明清書院研究》（北京：故宮出版社2012年版，第177頁）："乾隆間，全國新建書院凡1 139所，修復和重建前代書院計159所……如果再加上以精舍、書堂、書屋、書莊命名與書院性質相同的各種教育機構，以及考慮到清代尚有35所不詳何時修復、重建的前代書院多數也都是修復於此時，當時書院總數當在2 000所上下。連同清初以來新建和修復前代書院，總共不下2 500所。"

相較唐代四十所①，兩宋七百二十所②，明代一千九百六十二所③，仿佛可輔證高宗自詡的文治盛景。推行書院教育，的確有助於文教興國，然而從朝廷貫徹始終的高壓文化政策來看，發展文教只是馴化文士的附屬價值而已。雍乾二朝如何以興建書院爲手段，爲預備官僚隊伍灌輸清廷認可的行爲規範和道德標準，並以此制約文士們自由思想的生發，將是此文論述的重點。

一、文化監察的制度化

順治朝君臣最初關注書院，是以嚴厲打擊江浙文人的結社風氣爲鵠的的："題准各提學官督率教官，務令諸生將平日所習經書義理著實講求，躬行實踐，不許別創書院，群聚徒黨及號召地方游事之徒，空談廢業。"④而在全域的士子中，"那時滿廷最痛恨的是江浙人。因爲這地方是人文淵藪，輿論的發縱指示所在，'反滿洲'的精神到處橫溢。"⑤於是滿洲君臣們認爲針對强勢的江浙文化核心區域需要專設一位方面大員以打壓士子之臧否新朝，於是初設"學政"，亦稱"提督學政"一職，專門管理一省儒生："順治初，各省以次勘定，設提督順天學政一員，提督江南江寧等處學政一員，蘇松等處學政一員。山東、山西……設按察司僉事提調學政各一員。"⑥但是順治朝初設此職僅遣至順天、江南、江寧、蘇松四處，其餘各省承明制依舊附於各省按察司僉事。可見，强調學政的監督職責本是世祖應急性的措施；至於後來擴大學政的管理範圍，强化其職權，使其具備監察生員言行、交遊、思想的文化監察權，則自雍正朝始。

雍正元年（1723），諭令賦予學政具有引導風俗、衡文選才的職責："念學校爲士子進身之階。督學一官，尤人倫風化所繫。遴選學臣，倍加鄭重。爾等須廉潔持身，精勤集事，實行文風，兩者所當並重。若徒事文華而不敦

---

① 鄧洪波《中國書院史》，上海：東方出版中心2004年版，第18頁。
② 鄧洪波《中國書院史》，第61頁。
③ 鄧洪波《中國書院史》，第260頁。
④ 素爾訥撰，《學政全書》，清乾隆三十九年（1774）武英殿刻本，卷二六，第1頁。
⑤ 梁啓超著，夏曉虹、陸胤校《中國近三百年學術史》，北京：商務印書館2018年重印版，第17頁。
⑥ 托津等撰《清會典事例》，北京：中華書局1991年版，卷三六六禮部七七·學校，第1頁。

崇實行,猶未爲盡職也。表揚忠孝節義、崇祀先聖先賢、訪求山林隱逸、蒐羅名跡藏書,而衡文一道,專以理明、學正、典雅、醇潔爲主。"①至十一年(1733)朝廷賜各省帑金千兩修建省城書院,於是書院進入發展的全盛時期:

> 各省學校之外,地方大吏每有設立書院、聚集生徒、講誦肄業者。朕臨御以來,時時以教育人材爲念,但稔聞書院之設,實有裨益者少,而浮慕虛名者多,是以未嘗敕令各省通行,蓋欲徐徐有待,而後頒降諭旨也。近見各省大吏,漸知崇尚實政,不事沽名邀譽之爲,而讀書應舉之人,亦頗能屏去浮囂奔競之習,則建立書院,擇一省文行兼優之士,讀書其中,使之朝夕講誦,整躬勵行,有所成就。俾遠近士子觀感奮發,亦興賢育才之一道也。督撫駐紮之所,爲省會之地,著該督撫商酌奉行,各賜帑金一千兩。將來士子群聚讀書,預爲籌畫,資其膏火,以垂永遠。其不足者,在於存公銀內支用。封疆大臣等,並有化導士子之職,各宜殫心奉行,黜浮崇實,以廣國家菁莪棫樸之選。如此,則書院之設,有裨益於士習民風而無流弊,乃朕之所厚望也。②

十一年諭令後,"全國新建書院凡188所"③"修復及重建前代書院共25所"④。書院數量的增加僅是表象,世宗修建省城書院的舉措對清代書院發展產生的最深遠的影響是:將傳統的民辦書院"改爲朝廷出資、地方官員負責管理的準官方教育機構"⑤。

清代書院轉變爲官學性質後,體制之備爲前所罕有。鄧之誠《清季書院述略》已詳述其制度,鄧洪波《中國書院史》等作也已論及,今略言之:

雍乾時書院一般設有山長一名,山長爲進士出身、品學兼優之士,下有分教,掌管經史、理學、詞章諸門,分教之外,有監院一二名,多爲地方學官兼任;書院較府學縣學限制較少,其生源年齡跨度很大,除很少一些小書院

---

① 《清會典事例》,卷三六七禮部七八·學校,第 14 頁。
② 《清會典事例》,卷三九五禮部一〇六·學校,第 411 頁。
③ 白新良《明清書院研究》,第 165 頁。
④ 白新良《明清書院研究》,第 168 頁。
⑤ 馬鏞著,李國鈞、王炳照總主編《中國教育制度通史》第五卷,濟南:山東教育出版社 2000 年版,第 205 頁。

是爲幼童啓蒙所建立外，絶大部分書院是招收已接受了經史基礎教育，開始爲科舉應試作準備的士子；書院分爲内外院，内院爲留院讀書的生徒，一般年齡較小，内院生徒每月可領膏火銀，根據成績優劣膏火銀亦有高低，外院爲只應月課的生徒，年齡一般在二十歲以上，每月只應月課考試，文章名列優等者可領獎金，膏火銀和月課獎勵基本足夠維持生計；根據書院規模大小，每年招收的生童人數也有相差，但大多數内院招收在三十人以内，外院在四十到六十之間；書院辦學資金及場地建設主要來源於朝廷資助，地方官捐贈養廉銀，鄉紳及富商捐田捐資亦可作充實。雍乾時書院的基本制度大略如此，具體情況根據地區不同而有增益删減。

　　全國各地的書院被改造爲準官學之後，作爲朝廷派駐一省的文化監察代表，學政開始以書院爲核心，對士人群體實施全面的文化及思想監察。雍正十二年（1734），朝廷以杜絕官員及書院克扣生員廪膳膏火爲由，令學政造報生員名册，此名册包含"緣事開復、遊學、隨任……革頂、緣事、開復、補考、補廪等項，逐一備細造册鈐印"①。造册結束後再次重申月課制度："雍正五年定例：士子每年四季季考，按月月課，考課不到者戒飭，三次不到者詳革。但三次月課，爲期不過三月，士子或因住居遥遠，不能如期赴課，亦間有之。嗣後月課三次不到者，該學教官嚴傳戒飭……再各省駐防隨任之生員……即令補行歲試，以符定制……令該教官送具清册，注明某生駐防某省，某生隨任某處，加結申詳學臣存案。但不許止應鄉試而不補歲考……欠考各生，各學政務令按次補考。"②

　　乾隆朝除了不斷嚴格考課紀律，生員名册須摹寫體貌年齡禁止冒名頂替外，乾隆十年（1745），開始限制邊地士子遊學，如有出外的需求，須自書院、州縣、行省逐級報請，得學政批准方得以出行，返歸後需要及時銷假，否則將褫奪生員資格，略曰：

　　　　十年議准，嗣後邊庠士子，有遊學内地者，必呈明本學教官，牒行州縣，取具地鄰甘結，詳明學政，候批准遵行。仍令該州縣注册，歸日銷案。如有不呈報本學私自他出者，即將本生褫革究治。如已報明，

---

① 《清會典事例》，卷三六七禮部七八・學校，第 15 頁。
② 《清會典事例》，卷三八二禮部九三・學校，第 218—219 頁。

而教官不牒州縣及州縣不即轉詳學政者,將該州縣教官,分別查參議處。①

不久,內地各省也紛紛效仿此令來管轄生員。可以推算,一位生員每年有月課十二次、季考四次,新任學政到任後還須加歲考一次。即使赴各地幕府作幕僚的士子亦需統計報備,按照具體情況參加當地或回原籍考試,如若三次欠考將被革除身份。如果被革除,士子將失去作幕僚的資本,同時失去一切資助和社會地位,生計堪憂。因此士子不得不聽從書院的月課安排,而朝廷只需要學政隨時抽查書院月課即可完成對域内所有儒生的考勤監督。除此之外,一位生員離開原籍或供職地至多不得超過九十天,以往返八十天,每日行程四十里來算,則其除科考赴京之外,最遠不得離開常住地大約一千六百里,這樣的距離幾乎是難以離開本省的,即使幅員狹小的省份,士人也難以跨省活動。再結合清廷的保甲法:"嗣後城市鄉村,嚴行保甲。每處各自分保,每保各統一甲。城以坊分,鄉以圖別。排領比户,互相防閒……里正保正,得以微窺於平素;一出一入,得以隱察其行蹤……履歷不明,蹤跡可疑者,皆立爲糾舉,不許暫容甲内。"②可見清廷文化監察政策的首要目的便是對儒生人身自由的限制。這也從側面解釋了雍乾時期的文士不論做官與否,其別集中山水詩、遊記文基本是宦游或幕僚期間寫作,很難看到他們作於自發遊歷求學的旅途之中。"乾嘉詩壇的褒衣大袑之氣和以'學'爲詩、以詩飾世等風……"③的興起,應當與雍乾詩人群體不得山川形勝之助頗有關聯。

縱觀書院的發展史,胡適所言:"書院之真正的精神惟自修與研究……無一不有自由研究的態度。"④即思想的自由是書院的核心精神。歷代書院基本是私人組織,最多不過是地方官員籌辦,延請名師講學以教導子弟鄉民,所重在對家國情懷的熏陶和知識文化的普及,兼顧科舉求仕。而雍乾之後,科甲習氣幾乎令全域士子從風而靡。各省府州縣書院,受到朝廷好尚的巨大影響,其教學内容基本以舉業時文爲主,反映在今日所存諸書院課藝之中,選錄的内容都是四書文、試帖詩及賦,其中四書文爲主要部分。

---

① 《清會典事例》,卷三八三禮部九四·學校,第233頁。
② 清世宗胤禛撰《聖諭廣訓》,清光緒十二年(1886)津河廣仁堂刻本,甘肅省圖書館藏,第60頁。
③ 嚴迪昌《清詩史》,北京:人民文學出版社2019年版,第590頁。
④ 陳谷嘉、鄧洪波主編《中國書院史資料》,杭州:浙江教育出版社1998年版,第2596頁。

《蕺山書院課藝》卷首有山長馬傳煦的序文，略曰："夫時文雖科第之階梯，實則代聖賢以立言也。四子書義蘊無所不包，深者見深，淺者見淺，各視其學力之所至。而相題立體，復有法焉以限之，捨是二者，非文也。"①此話與乾隆帝弘曆《欽頒太學訓飭士子文》中所言："誠能為己，則四書五經，皆聖賢之精蘊，體而行之，為聖賢而有餘；不能為己，則雖舉經義治事而督課之，亦糟粕陳言，無裨實用，浮偽與時文等耳！"②其旨意遙相呼應。馬傳煦，乃浙江會稽人，咸豐九年（1859）會試狀元，其教育思想與乾隆皇帝如出一轍，足證弘曆轄制書院思想自由的影響十分深遠。

　　清廷對文士的監管制度，歷時兩代君主，籌謀二十餘年，以增設"學政"官起始，但並不僅限於監禁儒生人身自由，其他相配套的經濟及思想控制措施，更是將清代士人的思想禁錮成凝重板結的一塊，而形成萬馬其喑的昏暗局面。道咸諸儒，被後世學者嗤為"考據義理，兩俱無當。心性身世，內外落空"③，其悲劇的源頭，不正應上溯至此？

二、士習教養的世俗化

　　學而優則仕，原是歷代士子的標準人生範式。士子關心時政，朝廷以策論掄擢治國人才，是科舉制度的價值所在。雍正二年（1724）時仍然可見朝廷對試策的重視④，但弘曆完全取消了科舉考試中的策論："自乾隆二十八年（1763）以後，以一書一經一詩，永為定例。"⑤其中的"書""經"乃指考題從四書與五經中各選一題，"詩"則指乾隆二十三年（1758）時，弘曆令各省書院歲試增加的五言六韻試帖詩⑥。嚴迪昌先生剖析這一政策轉變的原因云：

---

① 徐雁平《清代東南書院與學術及文學》，合肥：安徽教育出版社 2007 年版，第 342 頁。
② 《清會典事例》，卷三八九禮部一〇〇·學校，第 323 頁。
③ 錢穆《前期清儒思想之新天地》，載於《中國學術思想史論叢》第八卷，北京：生活·讀書·新知三聯書店 2009 年版，第 12 頁。
④ 《清會典事例》（卷三八八禮部九九·學校，第 300—301 頁）："科考令作一書一經一策。……嗣後令該學政嚴飭教官季月考課時，於書文一篇外，或試以策，或試以論。務期切近時務，通達政治……選拔考試，分為兩場。首場四書文兩篇，經文一篇，二場策一道，論一篇，判一條。"
⑤ 《清會典事例》，卷三八八禮部九九·學校，第 302 頁。
⑥ 《清會典事例》（卷三八八禮部九九·學校，第 301 頁）："二十三年覆准：各省歲試，書藝一，經義一；科試，書藝一，策一，均增五言六韻詩一。"

弘曆何以要恢復中斷了七百年的試帖詩之考，將八股制義重新引入詩的領域？當然不是以詩化育人才，意在造就更多的詩人。只須審視以"我"與"題"的有無消長，即可明白清廷最高統治者的意圖。這絕非唐宋舊例的簡單重復，而是新的歷史時期文化統制、鉗制才思的特定需要。①

今人只須翻檢幾册清代各大書院所刻課藝精選，其中詩、賦的學究氣與紗帽氣對詩味詩心的嚴重異化，加之文字"案獄高峰在乾隆二十年後，而又以四十三年起的五年間爲極端"②，與暫停策論考試的時間完全重合，真令人嘆服嚴先生此論誠乃洞燭幽微、切中深隱之論。清廷取士看似重經義，實則很少對經義涵蓋的人文精神進行探討，不過是擷拾六經字面上一點碎文只義來考察。《儒林外史》中魯編修教育女兒就曾說過："八股文章若做得好，隨你做什麽東西，要詩就詩，要賦就賦，都是一鞭一條痕，一摑一掌血，若是八股文章欠講究，任你做出什麽來，都是野狐禪，邪魔外道。"③可見程式化的科舉考核方式，製造出無數的庸常之人，將天才與庸人拉平。從此數代文士，以此爲好尚，相與淬礪精進，而開放有限朝政供士子從合理途徑發表見解的策論文卻被棄之百年，則實在是弘曆有心爲之。

清廷爲了盡可能多的籠絡域內儒生前往書院接受統轄，盡量提高各書院束脩和膏火，以利誘之。柳詒徵《江蘇書院志初稿》記載鍾山書院山長一年可收入九百八十四兩④，相較於江蘇的知縣每年一千兩左右的養廉銀，山長束脩的確是一份可觀的收入。各地督撫亦大力倡導當地官員及鄉紳助力書院建設，他們捐贈的土地、商鋪、銀錢等，能夠付典生息，維持書院日常用度，並形成常例：每有大額捐贈，書院山長多會作文記載，甚至勒石銘記。現存大量的清代書院碑記多屬此類，可見一時風氣之盛。今以嘉興鴛湖書院山長馮浩於嘉慶元年（1796）所作《鴛湖書院規約碑記（代）》爲示，其中所錄款項出入甚爲詳備：

---

① 嚴迪昌《清詩史》，第 642—643 頁。
② 嚴迪昌《清詩史》，第 594 頁。
③ 吳敬梓《儒林外史》，杭州：浙江古籍出版社 2010 年版，第 68 頁。
④ 柳詒徵《江蘇書院志初稿》："（鍾山書院）山長束脩八百兩，火食一百六十兩，節敬二十四兩。"載於《柳詒徵文集》第四卷，北京：北京商務印書館 2018 年版，第 264 頁。

至乾隆丙子以來，諸前守加意教育。彭城李公星曜撥入精嚴寺田七十三畝，又贖回田價一百二十兩，存典取息。此項後止存漕平八十兩九三，兑每年息銀十兩一錢一分。又代州馮公章宿撥徐何祠田四十七畝四分二釐，皆爲課期諸生午飯、試卷及修葺院宇諸用。……無錫鄒公應元又議定掌教束脩銀一百兩，内課生員三十名，各月給膏火銀五錢。……至乙未戊戌，如皋王公燧有兩次典商，願捐銀一千六百八十兩，付典一分生息給用。到今，存本二千四百餘兩，經費乃有所出。……嘉慶初元丙辰，余由括蒼移守兹土，漸知其弊，敬率同城嘉秀兩令，合捐廉一千兩，俾歲添百金息，諸用可充。因爲酌定規條，甄核必公，約束必密。[1]

馮浩，浙江桐鄉人，乾隆十三年（1748）進士，任翰林十年後在文字獄頻發的初期即歸家，遂終生不仕，晚歲有二十餘年擔任江浙多地書院的山長，畢生致力於李商隱詩文箋注，並以之名於世。其實，馮氏的翰林——山長——學者的生涯選擇，在當時有一定的普遍性，學者們作出這種選擇的原因，大多是由於被文字獄摧折後的驚懼悲觀，深切地發現在帝權的玩弄下，自己不過是朝生暮死的渺小生命，所謂修齊治平的人生理想始終沒有實現的機緣，遂呈現出與朝廷的離立狀態，隱忍退讓，以葆存一點靈明，甚或苟全性命而已。言爲心聲，詩歌乃其心境與思想的自然流露：

路上草，何青青。昨宵一雨土氣潤，曉夾簇簇抽纖莖。南車北馬馳不停，土人平土鋤使去，比於朝菌尤先零。世間微物具生意，托根失地難長榮。兩行官柳爲表道，攀折未許垂盈盈。野田平碧曠無際，叢蒲亂葦攢迴汀，惜哉不倫堯階蓂。[2]

"催得啼禽成半死，輸他芳草佔横陳。"[3]既然在精神上已是半死之身，不如歸去。然而歸家後他們發現，朝廷由中央以至地方，從省會書院到州

---

[1] 馮浩《孟亭居士文稿》，載於《清代詩文集彙編》第 345 册，上海：上海古籍出版社 2010 年版，第 367—368 頁。
[2] 馮浩《孟亭居士詩稿》，載於《清代詩文集彙編》第 345 册，第 503 頁。
[3] 馮浩《孟亭居士詩稿》，載於《清代詩文集彙編》第 345 册，第 508 頁。

縣書院的管綫在大力吸納官方和民間資金的建設後，形成了"具有養士性質"①的教育系統。這條管綫的統轄權已經回歸朝廷，教師束脩與生員膏火實際上成爲朝廷約束文士的把柄。即使"非求榮子姓，只願老松楸"②，也是逃無可逃，避無可避。這纔是雍乾時期文人最壓抑最窒息的絕望。清廷以極小的投入③，換取的則是對全域文士的強勢統轄。

然而，即便清廷文治如此強硬高效，《清會典事例》《清十朝聖諭》《清史稿》等書中，君主斥責士品下流、士行驕浮的訓諭勸導文字卻俯拾即是，康雍乾三代君王先後作有《御制訓飭士子文》《御制朋黨論》《欽頒太學訓飭士子文》以整頓士風。如乾隆五年(1740)《欽頒太學訓飭士子文》，句句指向士風問題，斥責虛浮萎頓的士風乃士人熱衷仕進、疏遠聖賢的積習所致：

> 比者聚生徒而教育之，董以師儒，舉古人之成法規條，亦既詳備矣。獨是科名聲利之習，深入人心，積重難返，士子所爲汲汲皇皇者，惟是之求，而未嘗有志於聖賢之道，不知國家以經義取士，使多士由聖賢之言，體聖賢之心，正欲使之爲聖賢之徒，而豈沾沾焉文藝之末哉？……誠能爲己，則"四書""五經"皆聖賢之精蘊，體而行之，爲聖賢而有餘；不能爲己，則雖舉經義、治事而督課之，亦糟粕陳言，無裨實用，浮僞與時文等耳！故學者莫先於辨志，志於爲己者，聖賢之徒也；志於科名者，世俗之陋也。國家養育人才，將用以致君、澤民、治國、平天下，而囿於積習，不能奮然求至於聖賢，豈不謬哉？④

令人疑惑的是：以文治而自詡的有清一代，何以士子竟如此驕橫頑劣？而《二十年目睹之怪現狀》《官場現形記》等小説中所反映的文士形象或嗜貪圖利，或卑弱謹慎，或狡猾虛僞，卻難見其驕縱蠻橫。他們柔若無骨，實

---

① 徐雁平《清代東南書院與學術及文學》(合肥：安徽教育出版社 2007 年版，第 331 頁)："書院作爲教育機構，具有養士性質，生徒依賴膏火和月課獎賞，可以維持生計。"
② 馮浩《孟亭居士詩稿》，載於《清代詩文集彙編》第 345 册，第 508 頁。
③ 卞孝萱、徐雁平編《書院與文化傳承》(北京：中華書局 2009 年版，第 13 頁)，輯有鄧之誠《清季書院述略》："書院所費不多，院長之外，大院僅監院一二人，以儒官兼之，專掌事務，薪資最少。書院皆有藏書樓，典掌收借，責之高材生一二人兼管，此外齋夫數人而已。費省而效弘，固有足稱者焉。"
④ 《清會典事例》，卷三八九禮部一〇〇·學校，第 323 頁。

在是最爲卑弱、最易統治的一代士人了。在帝王大興文字獄的背景下，再讀弘曆的訓士文，便知其無非是捃摭末節以弄詭辯。朝廷已從制度和教育内容上扼制了士人的獨立精神和自由思想以及人格養成，以霸蠻强力摧折士人高潔心性，使其生於密酷文網之中不能盡言。説錯話要被殺頭，被抄家，被侮辱，不説話又被弘曆訓斥爲無能庸俗，没有家國情懷。精神之萎頓卑瑣、思想之昏瞶迷蒙，如此一來，士風倒向孱弱無能、澆薄重利，則是惟一的路徑了。

從乾隆時學者的别集中可以發現，不少有識之士已經對書院的功利化教育表示了擔憂。鄭燮《范縣署中寄舍弟墨第四書》：

> 我輩讀書人，入則孝，出則弟，守先待後。得志，澤加於民，不得志，修身見於世，所以又高於農夫一等。今則不然，一捧書本，便想中舉，中進士，作官，如何搜取金錢，造大房屋，置多田産。起手便錯走了路頭，後來越做越壞，總没有個好結果。其不能發達者，鄉里作惡，小頭鋭面，更不可當。夫束脩自好者，豈無其人？經濟自期、抗懷千古者，亦所在多有。而好人爲壞人所累，遂令我輩開不得口。一開口，便笑曰："汝輩書生，總是會説。他日居官，便不如此説了。"所以忍氣吞聲，只得揑人笑罵。[1]

先覺者已然察知，書院教育訓練生員，以程式化的僵化模式寫作，以掇拾四書字句而連綴篇章，以程朱學説而禁錮了思想。他們擔憂這種以求取功名爲完全導向，忽略學子獨立思維培育的育才方法，對士風的損害是隱性且長效的，士子們只圖求仕幹禄獵取功名，長此以往，縱有高士也難免骫骳以合流俗。

石韞玉，江蘇吴縣人，乾隆五十五年（1790）庚戌科狀元，晚年任蘇州紫陽書院山長二十餘年。從其記述中可以窺見，嘉道年間抄襲剽竊之風大盛，士子喜好追求標新立異的奇詭文字，浮滑膚淺的士風文風已是衰微難振了：

> 余謂今日時文之弊極矣！樸學者於《竹書》《路史》諸書中抄撮一

---

[1] 鄭燮《鄭板橋集》，上海：上海古籍出版社 1979 年版，第 12—13 頁。

二隱辭僻事，復竊以古文奇字，出而炫於人，咫聞之士往往驚嘆，以爲服、鄭復生。其高才生則又剷《騷》割《選》，瓶觀椎拍，天吳紫鳳，顚倒雜亂而無章，若波斯胡之誑市人，亦有售善價者，其勦襲雷同之弊，至上煩聖主訓正，而猶不改。無他，初地學人惟以詭遇弋獲爲事，不暇問先民榘矱，其視清真雅正之文以爲老生常談而無足取，此事遂漸成《廣陵散》也。噫！文章濫觴如是，其流弊亦何底乎？①

清廷暫停策論、全力推行八股，以高壓手段使文士舉手投足動遇荆棘，又量給廩餼，營造人文繁盛的幻象。以功利化的目的辦學，培育出的必然是浮淺澆薄的士風。韓昌黎曾言："氣，水也；言，浮物也。水大而物之浮者大小畢浮，氣之與言猶是也，氣盛則言之短長與聲之高下者皆宜。"②文章爲思想和精神的載體，清代士人氣若游絲，清詩"於號稱'承平'之世而偏多悲涼之歌"③，便可以理解了。

三、思想鉗制的愚民化

清廷以書院爲平台，在思想領域推行愚民政策，使士民馴順安分的重要教化活動是對《聖諭廣訓》《御制訓飭士子文》《御制朋黨論》《欽頒太學訓飭士子文》的宣講。

"聖諭"，在清廷的宣講中特指清聖祖玄燁在康熙九年（1670）十月所頒布的"聖諭十六條"。條目如次：

> 敦孝弟以重人倫，篤宗族以昭雍睦，和鄉黨以息爭訟，重農桑以足衣食，尚節儉以惜財用，隆學校以端士習，黜異端以崇正學，講法律以儆愚頑，明禮讓以厚風俗，務本業以定民志，訓子弟以禁非爲，息誣告以全善良，誡匿逃以免株連，完錢糧以省催科，聯保甲以弭盜賊，解仇

---

① 石韞玉《獨學廬四稿》，載於《清代詩文集彙編》第447册，上海：上海古籍出版社2010年版，第355頁。
② 韓愈撰，馬其昶校注，馬茂元整理《韓昌黎文集校注》，上海：上海古籍出版社1986年版，第171頁，《答李翊書》。
③ 嚴迪昌《清詩史》，第6頁。

怨以重身命。①

雍正二年（1724），胤禛對"聖諭"逐條注釋，敷廣以致萬言，稱作《聖諭廣訓》②。由胤禛親自操刀注解的這部分內容，纔是這場持續百年的愚民宣講的核心內容。

《聖諭廣訓》雖各條目皆以儒家倫理道德爲幌子，但邏輯的矛盾在於"孝"的內涵太過寬泛。"十六條"首以"敦孝弟以重人倫"開篇，胤禛注釋其原因爲："我聖祖仁皇帝……無非以孝治天下之意，故聖諭十六條，首以孝弟開其端。"③自此，整篇注釋幾乎皆是圍繞著對"孝"的內涵所進行的泛化和誇大。何謂孝？胤禛指出："夫孝者，天之經，地之義，民之行也……侍君不忠非孝，莅官不敬非孝，朋友不信非孝，戰陣無勇非孝，皆孝子分内之事也。"④士民應當如何盡孝？"事親孝，事君忠。盡人事者，即足以集天休。不求非分，不作非爲。"⑤如此替換概念實在有莫大的好處，君臣之忠始終難以逾越人倫親情之孝，而孝的基本概念中含有以下對上的依順，這種以下對上的無條件依順，纔是《聖諭廣訓》所期望推行的核心觀念：務必要士子馴順安分，遵守嚴格有序的尊卑等級觀念。就其實質而論，乃建州落後的奴隸制宗法體系之金字塔式的主奴關係爲其根本，假借儒家倫理觀念爲其外衣，形成社會控制的嚴密體系，爲居於頂端之皇權服務。此種源自於建州落後的奴隸制宗法思想，實乃入主中原後的順、康、雍、乾等帝皇的隱性傳承，雖然接受漢化，卻也更爲深入地刻意傳承這一"建州傳統"，因而不但顯性地劃分滿漢之別，而且更從思想意識上有意識地、甚或無意識地強調並貫徹這一落後的奴隸制宗法體系，於是主奴意識遂毫無限制擴拓至廣大社會，無處不入，無所不在，一方面造成了社會滿漢之割裂，一方面極大地阻礙了數千年華夏文明的演進，從而製造了思想、意識的倒退，致使士階層

---

① 據胤禛撰《聖諭廣訓》。
② 胤禛撰《聖諭廣訓》（第1—2頁）："謹將上諭十六條尋繹其義、推衍其文，共得萬言，名曰《聖諭廣訓》，旁遠引，往復周詳，意取顯明，語多直樸，無非奉先志以啓後人，使群黎百姓家喻而户曉，願爾兵民等，仰體聖祖正德厚生之至意，勿視爲條教號令之虛文，共勉爲謹身節之庶人，盡除夫浮薄嚣陵之陋習，則風俗醇厚，家室和平，在朝廷德化，樂觀其成，爾後嗣子孫，並受其福。積善之家必有餘慶，其理豈或爽哉？"
③ 胤禛撰《聖諭廣訓》，第1頁。
④ 胤禛撰《聖諭廣訓》，第2頁。
⑤ 胤禛撰《聖諭廣訓》，第29頁。

乃至整個社會廣泛滋生昏聵、頹萎、卑弱,學風衰萎,士風不振。

再結合胤禛於雍正三年(1725)所作的另一篇訓飭臣工的文章《御制朋黨論》,更易於理解其反復申誡尊卑有別的用意,更能看清借孔孟之書對士子實行思想鉗制的實質:

> 朕惟天尊地卑,而君臣之分定。爲人臣者,義當惟知有君,惟知有君,則其情固結不可解,而能與君同好惡。……宋歐陽修《朋黨論》創爲邪説,曰:"君子以同道爲朋。"夫罔上行私,安得爲道?修之所謂道,亦小人之道耳。……朕以爲君子無朋,惟小人則有之。……設修在今日而爲此論,朕必飭之以正其惑。大抵文人掉弄筆舌,但求聘其才辯,每至害理傷道而不恤。惟六經《語》《孟》及宋五子傳注,可奉爲典要。……今既登朝莅官,則君臣爲公義,而朋友爲私情。人臣當以公滅私,豈得稍顧私情而違公義。且即以君親之並重,而出身事主,則以其身致之於君,而尚不能爲父母有,況朋友乎?①

《御制朋黨論》的邏輯思路很清晰:君臣之道是最高天道,高於其他一切人倫關係;而君臣之道的"道"則是君貴臣輕、尊卑有別的森嚴的等級觀。顯然,此乃建州落後的金字塔式奴隸制宗法體系之本質所要求的,是對華夏文明數千年民本思想的消解與顛覆。以旗民參與科考事爲例,康熙朝本已允許八旗各色人等參與科舉考試②。六十九年後即雍正十三年(1735),卻永禁旗奴及其子孫入學考試③,至乾隆六年(1741),弘曆居然連乃父允許赴考的"投充養育俘略人"亦劃定爲旗人永生永世之奴,令其遵守主僕之分,廢止其本身及子孫考試之權④。此時距離康熙允許八旗旗民參加科舉考試已有七十五年,弘曆下令倒查旗民三四代祖先户籍來源,以核查子孫

---

① 《清會典事例》,卷三八九禮部一〇〇·學校,北京:中華書局1991年版,第319—320頁。
② 《清會典事例》(卷三八七禮部九八·學校,第288頁):"康熙六年(1667)題准,八旗有願作漢文考試者,各都統開送禮部,移送順天學院。"
③ 《清會典事例》(卷三八七禮部九八·學校,第290頁):"八旗開户人家,有投充者、有養育者、有浮掠者,伊等本係良民,既進開户,自應一體居官,並與考試。至於旗下累世家奴,實屬出身微賤,嗣後但許由旗下別途進身,其本身及子孫考試之處,永行禁止。"
④ 《清會典事例》(卷三八七禮部九八·學校,第291頁):"至投充、養育、俘略人等,歷年久遠,未進開户以前,在伊主家身供役使,究有主僕名分。嗣後投充養育人等,雖經開户,其本身及子孫考試,永行禁止。每逢考試之時,各該旗詳加查復,毋得開送。"

是否具備考試資格，釋放出的信號便是"天尊地卑，而君臣之分定"，是對建州奴隸宗法制的復歸。《聖諭廣訓》中"誡匿逃以免株連"條，即專門針對旗人逃奴："夫主僕之間，乃大義所在。逃人背主蔑義，窩逃者黨不義而藐王章……法安得恕？"①奴才的子孫將永遠是奴才，君王的子孫將永遠是君王，不允許作出任何改變，乃奴隸制世襲體系的強化，這就是世宗和高宗所說的"天道"。果然，到了嘉慶五年（1800），居然將所有八旗旗民參加科考的權利一體禁止了②。

若《聖諭廣訓》的頒布如其字面文字所言，為帝王夙夜匪勉以儒學教化萬民，翹企編氓歸於禮義正道，何以如此嚴防滿人參加科舉？不過是要滿漢百姓都做他聽話的奴僕罷了，嚴格區分滿人漢人，是為了防止百姓互相串並從而始終維持統治權力的穩定。

如此，則將士子教成呆滯、古板的平庸之徒，目的在於馴化士子形成安分守己、尊卑有序的奴性意識的文章，自雍正朝始，被歷代清帝不斷強調，成為國家教化的矩典。雍正三年（1725），"歲、科兩試，覆試童生，令其默寫《聖諭廣訓》一條"③。同年，胤禛正式制定了士子每月朔望誦習《聖諭廣訓》的制度："雍正三年（1725）議准，士子誦習，必早聞正論，俾德性堅定，將《聖諭廣訓》《御制朋黨論》，頒發各省學政刊刻刷印，齎送各學，令司鐸之員，朔望宣講。"④除了令士子誦讀聖諭之外，胤禛於人口稠密的鄉村亦廣設講約之所，請書院士子宣講"聖諭十六條"，以"教化"百姓⑤。乾隆十年（1745），除了強調"聖諭十六條"之外，將乾隆《訓士文》與雍正《朋黨論》一體推行宣講："《欽頒訓飭士子文》已勒石太學，應通行天下學宮。同聖祖仁皇帝《聖諭廣訓》、世宗憲皇帝《御制朋黨論》，令教官於朔望日一體宣講，永遠遵行。"⑥乾隆二十三年（1758）議准："嗣後考校經文，以遵奉聖訓及用傳

---

① 胤禛撰《聖諭廣訓》，第 51—52 頁。
② 《清會典事例》（卷三八七·禮部九八·學校，第 296 頁）："嘉慶五年奏准：八旗現食馬甲錢糧者，情願退甲考試者，准以童生應試。"
③ 《清會典事例》，卷三八六禮部九七·學校，第 277 頁。
④ 《清會典事例》，卷三八九禮部一〇〇·學校，第 319 頁。
⑤ 周振鶴撰集，顧美華點校《聖諭廣訓：集解與研究》（上海：上海書店出版社 2006 年版，第 586 頁）："至於約正與值月職務的設立，已正式使宣講成為官方的強制行為，比康熙時代更行周密。"
⑥ 《清會典事例》，卷三八九禮部一〇〇·學校，第 323 頁。

注爲合旨。其有私心自用，與泥俗下講章一無秉承者，概置不録。違者議處。"①嘉慶十九年(1814)，"向來直省各學政歲科考試，取進童生覆試時，定有敬謹默寫《聖諭廣訓》之條……而生員與取進後，亦日久不復循誦。……著禮部通行直省各學政，嗣後歲科兩試，並貢監生録科考遺，均一體敬謹默寫《聖諭廣訓》一二百字，其不能默寫者，按其文藝褫降等第幾斥置不録。"②

在清帝的不斷重申中，宣講聖諭和訓士文的思想控製作用日益加強。雍正推行宣講之初，要求書院在童生學習儒家經典之前，先背誦《聖諭廣訓》，使其"早聞正論"，其鉗制士子思想的用心昭然若揭。經過乾隆一朝的强化，到了嘉慶時，默寫《聖諭廣訓》已正式納入歲、科考試之中，相較雍正時的政策更加嚴格。至晚清，雍乾二朝致力於思想控制的後效已經顯現，"文字獄"等嚴酷手段雖已漸衰殆歇，但士子宣講《聖諭廣訓》的活動並未中止，其相關釋解書籍在清末仍舊被不斷刊刻③。同治七年(1868)，夏炘在《聖諭十六條附律易解》中便明白道出了"我朝最重主僕之分，滿洲人、旗人等皆是國家世僕，其八旗屬下之人又是八旗奴僕"④這樣的語句。這是雍乾兩代帝王實行思想鉗制系列政策的"成功"案例。周振鶴論《聖諭廣訓》，抉示清廷宣講之實質，有曰：

> 康熙聖諭與雍正《廣訓》實際上就是一種行爲與思想的規範化戒律，任何人的一言一行都要中規中矩，不得亂說亂動，這種思想控制並沒有隨著時代的前進而放鬆，直到晚清西方文化東漸以後，每月朔望宣講《聖諭廣訓》的活動依然照行不誤。雖然十六條聖諭的内容在封建社會中有其合理性，尤其是對於治理國家、穩定社會起著一定的作用，但在另一方面卻窒息了自由活潑的思想，使得全國只有一種聲音，沒有對立意見，思想的窒息等於社會活力的喪失，一切新鮮事物的接

---

① 《清會典事例》，卷三八八禮部九九‧學校，第 304 頁。
② 《清會典事例》，卷三八九禮部一〇〇‧學校，第 323—324 頁。
③ 甘肅省圖書館存有光緒二十八年(1902)江蘇撫署石印本《聖諭廣訓》，光緒二十九年(1903)北洋官報局石印本《聖諭像解》，光緒三十四年(1908)學部圖書局石印本《聖諭廣訓直解》，至少證明直到清廷覆滅之前，部分官書局仍在刻印《聖諭廣訓》，且其流布範圍仍舊非常廣泛。
④ 周振鶴撰集，顧美華點校《聖諭廣訓：集解與研究》，第 131 頁。

受都要受到阻礙，這就是中國近代以來始終落後的根源之一。①

實乃撥開繁蕪，探本執要。宣講活動之所以能夠貫穿有清一代始終，其主要原因正是在於宣講者主要是書院的士子及教員，源源不斷的生源補充，爲百年間宣講活動提供了最爲穩定的環境和人才智力保障。可以説，自雍正十一年（1733）之後，每一位清代士人都能夠默寫背誦《聖諭廣訓》和三篇訓士文，其思想糟粕深深地烙印在他們的腦海中，並代代相傳，形成思想鉗制的强有力的措施，且持久有效。

清代書院數量之巨，制度之備，實爲歷代之最。書院爲有清一代培養了無數人才，諸多乾嘉學者的先後湧現，大多得益於書院系統化的學術訓練和培養。這是無法否定的成就。然而它的官學性質，爲清世宗、高宗所利用，對外配合著高壓的文字獄案的實施和推進，逐漸被設計成文化監察的平臺；對内教學内容被捆綁爲思想鉗制的工具，配合著朝廷愚民政策的實施。質言之，康、雍、乾三朝文字獄的血腥、暴力的顯性强硬手段，與書院思想鉗制、束脩與膏火銀之隱性的柔性措施，互爲表裏，最終使得天下士子皆入其彀中，取得了明顯的社會與思想控制效果，從而亦造成了士習的頽萎、社會的停滯。身在其中求學的士子是清廷的官僚預備隊伍，他們所受到的思想鉗制，又在很長一段時間上影響著朝廷政策的制定和實施。雍乾兩代帝王鉗制士子之心，禁錮黎庶之口，剪除自由的羽翼，使正學掩晦，思想蒙蔽，又教以士子尊卑有序的奴性思維，結果就是將其馴化成懦弱趨利的巧宦。由此可知，雍乾時書院發展興盛與文字獄高發的矛盾表象下，是書院思想鉗制功能的重塑與增强，這實際上與清帝頻繁掀起的文字獄案一起，互爲思想鉗制政策的表裏，是清代文化高壓政策的重要組成部分。

（作者單位：蘭州大學文學院、國學研究中心）

---

① 周振鶴撰集，顧美華點校《聖諭廣訓：集解與研究》，第632頁。

The Function of Ideological Control in Qing-Dynasty Academies during the Yongzheng and Qianlong Eras

Lei Enhai Tian Jing

During the Yongzheng and Qianlong reigns of the Qing Dynasty, the number of academies reached an unprecedented level. However, within the context of stringent cultural policies, the primary objective of these emperors was to transform these academies into state-run institutions, thereby turning them into tools for the imperial court to control the thoughts and monitor the behaviors of scholars. This strategy aimed to strengthen monarchical absolutism through the method of keeping the populace unenlightened. The measures implemented included increasing the supervisory powers of the educational commissioners, raising the financial support for academy heads and students, instituting rigorous monthly academic assessments, transforming the content of the civil service examinations from discursive essays to poetry, promoting the formulaic style of the eight-legged essay, and extensively propagating the *Sacred Edicts and Amplified Instructions*. These actions effectively shackled and confined the intellect of the scholarly community. Essentially, these strategies were rooted in the hierarchical master-slave relations inherent to the backward feudal clan system of the Jurchens, cloaked under the guise of Confucian ethical norms, thereby creating a tight-knit system of social thought control serving the emperor at the apex of power. Although these policies temporarily stabilized the dynasty, they significantly damaged the scholarly ethos and academic integrity, sowed the seeds of the Qing Dynasty's later weakness, and severely hindered the modernization process of Chinese society.

Keywords: Yongzheng, Qianlong, academies, ideological control, cultural oppression

徵引書目

1. 卞孝萱、徐雁平編：《書院與文化傳承》，北京：中華書局，2009 年版。Bian Xiaoxuan, Xu Yanping. *Shuyuan yu wenhua chuancheng（Academy and Cultural Heritage）*. Beijing：Zhonghua shuju, 2009.
2. 白新良：《明清書院研究》，北京：故宮出版社，2012 年版。Bai Xinliang. *Mingqing shuyuan yanjiu（Study of the Ming and Qing Academies）*. Beijing：Gugong chubanshe, 2012.
3. 石韞玉：《獨學廬四稿》，上海：上海古籍出版社，《清代詩文集彙編》第 447 冊，2010 年版。Shi Yunyu. *Duxuelu sigao（Shi Yunyu's Poetry and Prose Collection, Part 4）*. In *Qingdai shiwenji huibian（Compilation of Poetry and Literature of the Qing Dynasty）*, 447. Shanghai：Shanghai guji chubanshe, 2010.
4. 托津等：《清會典事例》，北京：中華書局，1991 年版。Tuo Jin, et al. *Qing huidian shili（Qing Dynasty Laws and Regulations Cases）*. Beijing：Zhonghua shuju, 1991.
5. 吴敬梓：《儒林外史》，杭州：浙江古籍出版社，2010 年版。Wu Jingzi. *Rulin waishi（The Scholars）*. Hangzhou：Zhejiang guji chubanshe, 2010.
6. 周振鶴撰集，顧美華點校：《聖諭廣訓：集解與研究》，上海：上海書店出版社，2006 年版。Zhou Zhenhe. *Shengyu guangxun: jijie yu yanjiu（The Sacred Edict: Annotated Compilation and Research）*. Punctuated and collated by Gu meihua. Shanghai：Shanghai shudian chubanshe, 2006.
7. 柳詒徵著，楊共樂、張昭軍主編：《柳詒徵文集》第四卷，北京：北京商務印書館，2018 年版。Liu Yizheng. *Liu Yizheng wenji（Collected Works of Liu Yizheng）*, volume 4. Edited by Yang Gongle and Zhang Zhaojun. Beijing：Beijing shangwu yinshuguan, 2018.
8. 胤禛：《聖諭廣訓》，清光緒十二年（1886）津河廣仁堂刻本。Yin Zhen. *Shengyu guangxun（The Sacred Edict）*. Jinhe guangrentang, 1886.
9. 素爾訥：《學政全書》，清乾隆三十九年（1774）武英殿刻本。Su Erna. *Xuezheng quanshu（An Encyclopedia on Cultural and Educational Policies of the Qing dynasty）*. volumn 26. Wuying dian, 1774.
10. 徐雁平：《清代東南書院與學術及文學》，合肥：安徽教育出版社，2007 年版。Xu Yanping, *Qingdai dongnan shuyuan yu xueshu ji wenxue（The Southeast Academy and Scholarship and Literature in the Qing Dynasty）*, Hefei：Anhui jiaoyu chubanshe, 2007.
11. 陳谷嘉、鄧洪波主編：《中國書院史資料》，杭州：浙江教育出版社，1998 年版。Chen Gujia and Deng Hongbo. *Zhongguo shuyuanshi ziliao（A Compilation of Literature on the Development of Chinese Academies）*. Hangzhou：Zhejiang jiaoyu chubanshe, 1998.
12. 馬鏞著，李國鈞、王炳照總主編：《中國教育制度通史》第五卷，濟南：山東教育出版社，2000 年版。Ma Yong. *Zhongguo jiaoyu zhidu tongshi（A General History of the China's Education System）*, volumn 5. Edited by Li Guojun and Wang Bingzhao. Jinan：Shandong jiaoyu chubanshe, 2000.
13. 梁啓超著，夏曉虹、陸胤校：《中國近三百年學術史》，北京：商務印書館，2018 年重印。Liang Qichao. *Zhongguo jin sanbainian xueshu shi* (*An Intellectual History of China in the Past 300 Years*). Collated by Xia Xiaohong and Lu Yin. Beijing: Shangwu yinshuguan, 2018 reprint edition.

14. 馮浩：《孟亭居士文稿》《孟亭居士詩稿》，上海：上海古籍出版社，《清代詩文集彙編》第 345 册，2010 年版。Feng Hao. *Mengting jushi wengao* (*Collected Prose of Feng Hao*), *Mengting jushi shigao* (*Poetry Collection of Feng Hao*). In *Qingdai shiwenji huibian* (*Compilation of Poetry and Literature of the Qing Dynasty*), 345. Shanghai: Shanghai guji chubanshe, 2010.

15. 鄭燮：《鄭板橋集》，上海：上海古籍出版社，1979 年版。Zheng Xie. *Zhengbanqiao ji* (*Collected Works of Zheng Banqiao*). Shanghai: Shanghai guji chubanshe, 1979.

16. 鄧洪波：《中國書院史》，上海：東方出版中心，2004 年版。Deng Hongbo. *Zhongguo shuyuan shi* (*History of Chinese Academy*). Shanghai: Dongfang chuban zhongxin, 2004.

17. 錢穆：《中國學術思想史論叢》，北京：生活・讀書・新知三聯書店，2009 年版。Qian Mu. *Zhongguo xueshu sixiangshi luncong* (*Collected Works on the Intellectual and Academic History of China*). Beijing: Shenghuo dushu xinzhi sanlian shudian, 2009.

18. 韓愈撰，馬其昶校注：《韓昌黎文集校注》，上海：上海古籍出版社，1986 年版。Han Yu. *Hanchangli wenji xiaozhu* (*Annotated and Collated Edition of the Literary Works of Han Yu*). Collated and annotated by Ma Qichang. Shanghai: Shanghai guji chubanshe, 1986.

19. 嚴迪昌：《清詩史》，北京：人民文學出版社，2019 年版。Yan Dichang. *Qingshi shi* (*History of Qing Poetry*). Beijing: Renmin wenxue chubanshe, 2019.

新見哈佛大學燕京圖書館藏錢謙益《吾炙集》舊鈔本考論
——兼談此集的編選與刊刻

徐　洋

【摘　要】錢謙益所輯《吾炙集》作爲清初詩歌選集之重要一種，乾隆間雖曾遭禁毀，仍在清代產生了深遠影響。通過對相關序跋、題詞、評注的解讀，可知《吾炙集》的編選乃本乎真性情，標舉風雅，以見詩家之靈心。從錢氏評語亦可窺見其崇尚自然質樸、反對一味模擬復古的詩學主張，以及晚年對於幽憂衰颯的"亡國之音"的不滿情緒。《吾炙集》初以鈔本形式流傳，因遇文網，故秘而未刊，現存有光緒二十八年刊《怡蘭堂叢書》本、光緒三十三年刊《佚叢甲集》本、民國六年刊《虞山叢刻》本三種，各本跋文略述版本之由來，也存有若干疑點，《吾炙集》是否爲未成之書，所收詩家多寡，前人多謂尚待續考。新見哈佛大學燕京圖書館所藏舊鈔本，爲我們進一步研究提供了重要綫索，今蒐集辨析《吾炙集》刊本、鈔本，又考以相關詩文別集，可知傳世本《吾炙集》應非完帙，集中前二十家當是從錢氏原稿所出，而許友一家則並非原貌。另外，許友目下之末二首可能爲方文佚詩，而卷末評語亦非許友詩評，而是錢謙益評方文詩語。

【關鍵詞】《吾炙集》　錢謙益　鈔本　編選　刊刻

有清一代詩歌創作宏富，清詩總集的編纂蔚爲大觀，或爲以人存詩，或爲以詩存人，輯存了許多珍稀文獻史料，助益於後世之清代詩史、詩論以及社會文化史研究。雖不同選本的編選標準、卷帙多寡等情況各異，選家的個人審美亦參差,卻都在一定程度上反映出清詩發展的特徵以及輯選者的批評話語。錢謙益晚年的清詩選本《吾炙集》,收錄與時期詩人二十家①,詩作凡二百餘首,雖僅小冊,卻皆"板蕩之餘音,黍離之變調"②,所錄諸家除龔鼎孳外,皆遺民詩人。是編乾隆年間同錢謙益的其他著作同遭禁毀,幸而以鈔本形式流傳,頗受時人珍視,直至清末方有刻本行世,關於《吾炙集》的編選與流傳,謝正光、蔣寅、孫之梅、朱則傑等前輩學者曾有相關論述,但多未及深入,或有失察之處,因此仍有考辨的必要③。新見哈佛大學燕京圖書館藏《吾炙集》舊鈔本,爲我們的研究提供了新的綫索,今爬梳文獻,考辨疑點,以期《吾炙集》在清代的編刻與流傳情況有更進一步的呈現。

一、《吾炙集》的編選問題

探究《吾炙集》的編選與流傳等問題時,尤其注意序跋、題詞、評注、日記等文獻的搜集、爬梳和解讀,以期對《吾炙集》的内涵及其在清代的接受、傳播做更立體、動態的闡述。關於《吾炙集》的編選緣由與選錄標準,錢謙益卷首題辭云:

---

① 標目爲二十一家,錢澄之爲重出。
② 錢謙益《吾炙集》,《叢書集成續編》,第116册,臺北:新文豐出版公司1988年版,第21頁。
③ 《清初人選清初詩彙考》著錄有《吾炙集》清光緒怡蘭堂刻本、清鈔本、民國《虞山叢刻》本三種版本,並輯錄卷首題辭及王應奎、徐兆瑋、張南祴三家跋語,又拈出集中錢謙益詩評兩則,謂可觀錢氏晚年詩論,見謝正光、佘汝豐《清初人選清初詩彙考》,南京:南京大學出版社1998年版,第32—40頁。孫之梅概述了《吾炙集》的編選特色,並略考集中二十詩家生平及諸人與錢謙益之關係,而對於《吾炙集》是否爲定本,此文稱基本贊同徐兆瑋、張南祴跋文的論斷,見孫之梅《錢謙益與明末清初文學》,濟南:山東大學出版社2010年版,第369—380頁。蔣寅介紹了中國社會科學院文學所藏清張進鈔本《吾炙集》,並據此本與前人所述,認爲《吾炙集》非完帙,而集中所收詩家多寡,此文謂待考,見蔣寅《金陵生小言》,桂林:廣西師範大學出版社2004年版,第88—92頁。朱則傑、陳凱玲爲《吾炙集》訂補三則,除談及編選緣起,文中還指出《吾炙集》非完帙,集中所缺除前人題跋中所認爲的王士禛等四人外,另有遺民詩人方文,見朱則傑、陳凱玲《錢謙益〈吾炙集〉及其他》,《文藝研究》2008年第9期,第159—160頁。曹辛華認爲現存《吾炙集》爲錢謙益初選之本,並對《吾炙集》是否曾收入王漁洋詩的問題予以重點考辨,見曹辛華《現存〈吾炙集〉未收王漁洋詩問題考辨》,《光明日報》2023年2月,第13版。

每觀吳越間名流詩，字句襞續，殊苦眼中金屑。秋燈夜雨，泊舟吳門，從扇頭得遵王新句，不覺老眼如月。因語郭指曰："詩家之鋪陳攢儷，裝金抹粉，可勉而能也；靈心慧眼，玲瓏穿透，本之胎性，出乎毫端，非有使然也。'莫取琉璃籠眼界，舉頭爭忍見山河？'取出世間妙義，寫世間感慨，正如忉利天宮殿樓觀，影現琉璃地上，殆所謂非子莫證，非我莫識也。"正欲摘取時人清詞麗句，隨筆鈔略，取次諷詠，以自娛樂。遂鈔此詩壓卷，名曰《吾炙集》。復戲題二絶句於右："籠眼琉璃映望奇，詩中心眼幾人知。思公七尺屏風上，合寫吾家斷句詩。""高樓額粉笑如雲，還盍休隨喜慶群。大叫曾孫莫驚怖，老夫還是武夷君。"丙申中秋十二日，蒙叟題。①

題辭作於順治丙申（1656）中秋，錢謙益偶得錢曾新句，頗爲贊歎，並以此壓卷，命名爲《吾炙集》，旨在取次諷詠。所謂"靈心慧眼，玲瓏穿透，本之胎性，出乎毫端"正是其所推崇的風尚，而鋪陳修飾之作則爲次等，遂明其選此集乃本乎真性情，強調作詩之自然而然。在給錢曾《交蘆言怨集》的題辭中又道："余年來采詩，撰《吾炙集》，蓋興起於遵王之詩。所至采掇，不能盈帙。然所采者，多偃蹇幽仄、么弦孤興之作；而世之通人大匠，掉鞅詞壇者，顧不與焉。"②明言所采擇多"偃蹇幽仄、么弦孤興"之作，雪泥鴻爪，亦可見焉。又告錢曾曰："古人之詩，以天真爛漫、自然而然者爲工。若以剪削爲工，非工於詩者也。""吾之所取於《吾炙》者，皆其緣情導意、抑塞磊落、動乎矢機而任其自爾者也；通人大匠之詩，鋪張鴻麗，捃拾淵博，人自以爲工，而非吾之所謂自然而然者也。遵王之學益富，心益苦，其新詩陶洗鎔煉，不遺餘力矣，而其天然去雕飾者自在。西施之嫣然一笑，豈不益增其妍，而合德亦何惡於異香也哉！"③再次闡發其選詩之旨，取天真爛漫而非"以剪削爲工"，取抒發真性情、天然去雕飾之言。在錢謙益看來，詩爲抒寫自我的載體，非捆綁自我的枷鎖，不可犯削足適履之病，詩當以見"靈心"爲要，細觀《吾炙集》所選詩作，確合於此旨。《陸敕先詩稿序》中亦嘗提及《吾炙集》

---

① 《吾炙集》，《叢書集成續編》，第116册，第4頁。
② 錢謙益撰，錢曾箋注，錢仲聯標點《牧齋有學集》卷一九，上海：上海古籍出版社1996年版，第829頁。
③ 《牧齋有學集》卷一九，第829頁。

的編纂,云仿"唐人《篋中》之例"①,《篋中集》爲唐代元結乾元間所編,采七家凡二十四首詩,皆爲五古,元結序云:"風雅不興,幾及千歲,溺於時者,世無人哉。嗚呼!有名位不顯,年壽不將,獨無知音,不見稱顯,死而已矣,誰云無之?近世作者,更相沿襲,拘限聲病,喜尚形似,且以流易爲詞,不知喪於雅正⋯⋯已長逝者,遺文散失,方阻絶者,不見盡作。篋中所有,總編次之,命曰《篋中集》,且欲傳之親故,冀其不忘於今。"②知《篋中集》的編選旨在反對流俗,推崇質樸詩風,標舉"風雅"傳統,並專爲名位不顯者立傳,由此亦可觀《吾炙集》的選詩趣味和用意。

錢謙益於所采各家詩後多有評注語,長短不一,可從中觀其詩論。謝正光、佘汝豐在《彙考》中曾舉兩條,並稱"世之研究牧齋詩論者,似多未措意於此"③。如鄧漢儀《過泡子河感舊》詩後云:"'園林夜雨狐千隊,城郭春陰鬼萬家',淒涼暗淡,可泣鬼神矣。"④又鄧漢儀《花朝飲張惟則邸中》後:"'金甲御溝芳草路,銅駝故里落花聲',絶似金人元裕之、李長源風調,今人動稱盛唐李杜,偶人衣冠,何足以知此。"⑤熊幻住《普照寺純水僧房次壁間韻》有"獵火亂燒無蒂草,林霜不殺有心松"句,錢謙益極推許之,云:"異哉!若人非無蒂之草,而有心之松也。《傳》曰:'隕霜殺草。'《記》曰:'如松柏之有心。'竟病武夫,何以通知經術,尤可異也。人傳其哭兄詩云:'身經刀過頭方貴,尸不泥封骨始香。'沉著痛快,一字一血。今人點筆便稱唐詩,良可以塞口矣。"⑥其間"淒涼暗淡,可泣鬼神""沉著痛快,一字一血"皆表明了錢謙益的詩歌審美追求,再次强調詩中真性情之可貴,恰與前述"緣情導意、抑塞磊落、動乎矢機而任其自爾者"相合。另外,評注還談及清初詩壇之流弊,"今人動稱盛唐李杜,偶人衣冠""今人點筆便稱唐詩"便是錢謙益對時人詩必盛唐、模擬復古的反對之音。明七子一味模擬的風氣使詩歌創作缺乏真情,清初詩壇深受其害,反對詩歌流俗以及對真性情的力倡,是錢謙益一向的詩歌追求,無疑影響着《吾炙集》的編纂。錢氏題鄧漢儀《燕市

---

① 《牧齋有學集》卷一九,第825頁。
② 元結《篋中集》,《唐人選唐詩(十種)》,上海:上海古籍出版社1978年版,第27頁。
③ 謝正光、佘汝豐《清初人選清初詩彙考》,南京:南京大學出版社1998年版,第39頁。
④ 《吾炙集》,《叢書集成續編》,第116册,第4頁。
⑤ 《吾炙集》,《叢書集成續編》,第116册,第4頁。
⑥ 《吾炙集》,《叢書集成續編》,第116册,第5頁。《牧齋有學集》卷八有《和普照寺純水僧房壁間詩韻邀無可、幻光二道人同作》,或與此同時而作,幻光疑即幻住。

酒人篇》云："孝威以席帽書生,負山河陵谷之感。金甲御溝,銅駝故里。與裕之、長源,共欷歔涕泣於五百年內。""子之云盛唐李、杜者,偶人之衣冠也,斷齏之文繡也。我之云裕之、長源者,旅人之越吟也,怨女之商歌也。"①頗與《吾炙集》中評語契合。

何雲長篇《七夕行》是其隨瞿式耜抗清復明時所作,全篇以詩記史,參差錯落,慷慨跌宕,錢氏選入《吾炙集》並題辭云:"解裝得新詩一卷,才情意匠,蒼老雄健,尤喜其《七夕行》,感激用壯,有玉川子《月蝕》之遺音。他日采詩,可以繼元和之後塵,非如'西臺''井史'之流,幽憂噫塞,與吟蜇寒蟬索然俱盡者也。錄以弁《吾炙集》,藏之篋中,並不與士龍見之。或當村醪沉醉後,放墨漆屏風上,供雞毛筆草書耳。"②錢謙益謂何雲詩"蒼老雄健""感激用壯",有唐人盧仝《月蝕》之遺韻,而不似"西臺""井史"③之流般幽憂噫塞,衰頹黯淡,可見錢氏彼時內心對亡國之音的厭惡。錢氏序施愚山詩云:"兵興以來,海內之詩彌盛,要皆角聲多,宮聲寡;陰律多,陽律寡;噍殺恚怒之音多,順成啴緩之音寡。"④序徐季重詩云:"余老耄多忌諱,惡聞人間所稱引'越臺''吳井',《谷音》《月泉》之詩,白楊荒楚,鳴號啁噍,若幽獨君之孤吟,若甘棠之冥唱,蒙頭而避之,惟恐遺音之過吾耳也。"⑤又答彭達生序云:"僕西垂之歲,皈心空門,於世事了不罣眼。獨不喜觀西臺、智井諸公之詩,如幽獨若鬼語,無生人之氣,使人意盡不歡……今日爲詩文者,尚當激昂蹈厲,與天寶、元和相上下,足下有其質矣。"⑥值得注意的是,錢謙益早年對此類遺音頗爲贊許,嘗引鄭、謝二人事以褒之,而晚年心態卻發生了如此之轉變⑦,觀"吟蜇寒蟬,索然俱盡""余老耄多忌諱""當激昂蹈厲"等語,頗能感受到他對噍殺恚怒之音的不滿,且以此爲亡國之音,以示對竟陵諸人的反對。《七夕行》的選評,正是錢謙益"詩以存史"觀念的寫照。

靈心、世運與學問是錢謙益詩學觀念的重要組成部分,他屢屢強調這三個方面對於詩歌創作的重要意義,錢氏晚年歷經明清易代,更加重視將

---

① 《牧齋有學集》卷四七,第1550頁。
② 《吾炙集》,《叢書集成續編》,第116冊,第12頁。
③ 用宋遺民謝翱與鄭思肖典,謝翱有《西臺慟哭記》,鄭思肖有《心史》。
④ 《牧齋有學集》卷一七,第760頁。
⑤ 《牧齋有學集》卷一八,第796頁。
⑥ 《牧齋有學集》卷三八,第1333頁。
⑦ 陳福康認爲這種轉變頗爲奇特,且表明錢謙益某種程度的"不忠"。參陳福康《論錢謙益對〈心史〉的態度》,載於《新世紀圖書館》第8期(2012年),第14—16頁。

世運與靈心、學問融合，構建三者相統一的詩學理論體系，這一思想貫穿着他晚年的詩歌創作與批評。而《吾炙集》的編選便是錢氏"世運、靈心、學問"詩學觀的有益實踐，錢謙益自道之"靈心慧眼""本之胎性""緣情導意""學益富，心益苦""取出世間妙義，寫世間感慨"的選詩標準，正是對詩中真性情、詩家學養、以詩證史的不懈追求。《吾炙集》所采多有抒發心聲、表遺民故國之思的詩作，諸詩家又多得錢謙益沾溉，錢氏與他們的交往亦可於《有學集》中見之一二，錢氏曾爲鄧漢儀、龔鼎孳、唐允甲、王天佑、杜紹凱、胡澂、梅磊、張項印等人詩作序，亦多加贊譽，可與《吾炙集》參照。錢氏序梅磊詩云："而杓司生當亂離，顛頓結轖，鍾儀之南音，莊舄之越吟，詩餘飲罷，時時於筆墨之間見之。""若夫靈心儁氣，將迎悦忽，稟乎胎性，出之天然。"①序張項印詩，云獨愛其句之"翩翩自逝"之態，又稱最喜其《山居》二十首，"衰望巢居，老囑家祭，亦有放翁之遺忠焉"②。無不是"靈心""世運"思想的體現，錢氏所提倡的是出之於"胎性"的自然調達，更是對世事的感發與悲憫。在題鄧漢儀《燕市酒人篇》時，錢氏再次強調何爲"天地間之真詩"，云鄧氏詩"骨氣深穩，情深而文明""學益富，氣益厚，骨格益老蒼"③。亦是從靈心與學問兩方面肯定了鄧氏詩作的獨到之處。重視稟賦、世運、學問是錢謙益一貫的詩學主張，"真性情"與"學問根柢"也是虞山詩學倡導通經汲古、摒棄"俗學"的題中之意，它們的内涵隨着錢氏的創作與批評實踐而逐漸豐富和完善起來，離亂之際的悲情因素使得詩家對世風、世運的體認更加自覺，因而能更好地與靈心、學問相融，故錢氏晚年將三者的統一視爲更高的理論追求，《吾炙集》一編的意義便在於此，同時，錢謙益也間接塑造了一個隱匿的、感時憂亂的"遺民"自我形象。

二、《吾炙集》的刊刻情況

《吾炙集》起初以鈔本形式流傳，因遇文網，故秘而未刊，現存最早刻本爲光緒二十八年（1902）成都唐鴻學所刊《怡蘭堂叢書》本，後有常熟張南

---

① 《牧齋有學集》卷一八，第791頁。
② 《牧齋有學集》卷二一，第892頁。
③ 《牧齋有學集》卷四七，第1550頁。

刊《佚叢甲集》本，民國間丁祖蔭刊《虞山叢刻》本①。

《怡蘭堂叢書》本②，半頁十行，行二十字。卷中偶有闕文，如錢曾詩"疎牖斜開對病僧，閑看饞鼠嚙枯藤"，此本"閑看"後五字闕；鄧漢儀詩"花時連騎遇春城，不飲空辜燕市名"，此本"花""辜"闕。劍川趙藩序云：

> 虞山蒙叟所撰《吾炙集》未見刻本，光緒辛卯於祥符周季貺太守齋頭見鈔本一册，凡四十七頁，古今體詩綜二百四十五首，作者自錢遵王至許有介合廿餘人，遵王詩後有蒙叟跋，略云："吳門舟次，見遵王扇頭題句，正欲摘取時人清詞麗句，録以自娛，遂鈔此壓卷，名曰《吾炙集》。"署年爲丙申，則順治十三年也，未知當時所撰僅此册，抑尚有脱佚。王文簡集中謂聞録及王詩曰："聞是亦未得見定本也。"蒙叟以進退失據，爲世詬病，而卷中人大率勝國逋臣遺老，詩亦如宋末谷音之作，故君故國，怨慕淒婉，讀之使人往往涕下。其間偶涉諷刺事等，吷堯元黄，變革於古類然。聖代寬仁，文網疏闊，固在所不禁也，因録副存之。今來成都大關唐百川太守有叢書之刻，遂付之鋟木，而述得書緣起於簡端。光緒壬寅春正月下澣劍川趙藩謹敘。

序文述及是本的刊刻緣起。光緒辛卯（1891），趙藩見《吾炙集》鈔本於祥符周季貺太守處，並稱在此之前未見有刻本，季貺爲周星詒字。而落款爲光緒壬寅（1902），即趙氏得《吾炙集》鈔本後十餘年，因文網鬆動而鈔存，又遇成都唐鴻學輯刻《怡蘭堂叢書》，故付之刊印。可知此本底本當是周星詒藏本，然周氏藏本又是自何本出鈔則未可知，《吾炙集》初次刻印，趙、唐二人開風氣之先，於保存文獻有功，促進了《吾炙集》在清末的流傳。儘管錢謙益其人備受爭議，但《吾炙集》卻頗爲時人所重，蓋因此編采擇品評皆本乎一"真"字，正如趙序所云："蒙叟以進退失據，爲世詬病，而卷中人大率勝國逋臣遺老，詩亦如宋末谷音之作，故君故國，怨慕淒婉，讀之使人往往涕下。"此本趙序之後又有唐鴻學、何震熙二人題辭並自注，唐氏云："遺珠偏

---

① 參《中國古籍總目》編委會編《中國古籍總目》集部6，上海：上海古籍出版社2010年版，第3055頁；《中國古籍總目》編委會編《中國古籍總目》叢書部1，上海：上海古籍出版社2009年版，第918頁。

② 錢謙益《吾炙集》，《怡蘭堂叢書》本，上海圖書館藏（索書號：綫普368814）。

欲惱漁洋，畢竟難登選佛場。一見當時猶不易（王文簡竟未見，《詩話》下卷足證），①兩朝今日可無忘。"何氏題曰："淒涼法曲譜龜年，屈宋而還第二篇。遺恨新城王貽上，藏山獨賞有誰憐（漁洋敘《篋衍集》，以是集與施愚山《藏山集》，葉訒菴《獨賞集》並舉，俱惜未見）。②"又"雅雨搜羅眼界寬，無潛不發重騷壇。舉名見説猶寥落（盧抱孫謂是集與葉、施二集，三書爲今或莫舉其名，見《感舊集》序云），③況復挑燈把卷看。"《吾炙集》爲前人所重及其在清初之難見，由此見一斑。

《佚叢甲集》本④，光緒間常熟張南祴搜輯鉛印，半頁十一行，行二十六字，版心題"佚叢甲集""南祴草堂"字，卷首題"葉石君、馮定遠本合校柳南草堂本"，知其底本即柳南草堂本，柳南即王應奎。張氏校語置於原文下，云"葉本作某"或"馮本作某"，王應奎所校注者亦存見。此本卷末有徐兆瑋跋，稱："此册爲柳南草堂鈔藏本，自錢後人曾遵王以下，至侯官許友有介，著録者凡二十有一人。西江泮衲澄之下注云'毛本不載其詩'，疑柳南當日或假汲古秘帙對勘，故卷中當有標舉異同之處。"又有張南祴跋曰：

  牧翁《吾炙集》不分卷數，采詩凡二十一家。丁未秋余以柳南王氏鈔藏本轉録一通，與徐劍心前輩共讀之。沉鬱悲涼，謂此種熱淚可掬，未嘗不有餘哀焉。且爲之搜集考證，知當日所采並不只此，惜其原帙之不可復睹也。以語丁君秉衡，秉衡則出許有介詩一小册以贈。展視之，亦柳南故物，詩即《吾炙集》中所采，丹黄滿紙，燦然可玩。末有牧翁題詩、柳南識語各一則，皆集所未載。蓋柳南既鈔二十一家之本，又見馮定遠傳録許詩牧翁點閲本，因復鈔臨之而别爲一本者。余因取題詩識語補録集尾，而以圈點還之，許詩且校其字句之小異者。以爲今日得見牧翁手跡，雖零鉛剩粉，彌可寶矣。既將録稿付手民，復從李丈竟宇假得一本，互勘之，亦二十一家，編次先後微有不同，而"錢後人

---

① 參王士禎《漁洋詩話》卷下，丁福保輯《清詩話》上册，上海：上海古籍出版社 2015 年版，第 219 頁。
② 參王士禎《篋衍集序》，陳維崧輯，劉和文點校《篋衍集》，蕪湖：安徽師範大學出版社 2015 年版，第 12 頁。
③ 參盧見曾《刻漁洋山人感舊集序》，《雅雨堂集》文集卷二，清道光二十年（1840）清雅堂刻本。
④ 錢謙益《吾炙集》，《佚叢甲集》本，上海圖書館藏（書號：綫普長 009038）。

曾"至"東海何雲"二十家之後，有錢興國（字孝標，有《攜雲集》，見柳南《海虞詩苑》）一跋云："是葉石君照牧翁原本所鈔臨，勘閱亦仍其舊。"跋後乃接錄許詩，明非鈔自葉本而別出之。讀至此，而二十一家乃悉復其舊矣（"幼光""澄之"本一家，實只二十家）。意此爲牧翁定本，葉氏得其二十家，馮氏得其一家。……遂又以葉本校二十家，仍錄錢跋於何雲詩後，集中凡柳南所校注者，亦並見焉。

據跋語可知，李竟宇藏本前二十家之底本應爲葉石君依錢謙益原本所鈔本，張氏將李竟宇藏本、王應奎鈔藏馮定遠手錄許友詩册合校王應奎鈔二十一家本，別爲一本，收入《佚叢甲集》。據徐兆瑋日記載，此本刊印於光緒三十三年（1907），是年七月十九日，張南陔致書求其賜作《吾炙集》序，後徐兆瑋草《吾炙集》跋，於八月初九日寄張南陔①。而八月初十日張氏復致函云："《吾炙集》跋及《柳詩》跋專盼，寄到後二書即可付印。"此時徐跋當在郵寄途中，南陔未及見②。迨十月二十一日，徐兆瑋得張南陔所寄《吾炙集》，稱其"校刊頗精審，而中尚有未愜予意者數條，書非手定，終難愜心貴當也"③。此時《吾炙集》當已刊出，《佚叢甲集》本刊印始末可略見。

《虞山叢刻》本，較前二種更流行，爲常熟丁祖蔭民國間所刊，半頁十三行，行二十四字，入《叢書集成初編》。此本刊印經過見徐兆瑋日記民國四年（1915）至民國六年（1917）事。民國四年三月十八日記："因訪張南陔，云已至逍遥遊。予與芝孫（丁祖蔭）同往，晤南陔，商定社名曰虞山叢刻社，第一集先刊《吾炙集》《霜緩集》《天啓宮詞》《崇禎宮詞》《弘光宮詞》五種。"④三月二十二日與孫師鄭函云："芝孫輩議刻吾邑先哲遺書，現已着手從事。然所付刻係《吾炙集》《啓禎宮詞》之類，與弟初願相左。弟意在先刻《默庵》《鈍吟》二集，而芝孫以行銷爲宗旨，此所以鑿枘難合也。"⑤十一月十五日與丁祖蔭函云："《吾炙集》校勘一過。祈再復核。拙跋擬更定數字，明日寄呈也。柳南草堂本不知流落何處。南陔所藏李嶽薦本曾一見之，似未必

---

① 徐兆瑋著，李向東等標點《徐兆瑋日記》二，合肥：黄山書社2013年版，第784—786頁。
② 《徐兆瑋日記》二，第787頁。
③ 《徐兆瑋日記》二，第797頁。
④ 《徐兆瑋日記》三，第1551頁。
⑤ 《徐兆瑋日記》三，第1552頁。

勝柳南本也。"①而後《吾炙集》幾經校勘②,至次年(1916)五月校畢,五月初九日徐氏得丁祖蔭函,稱《吾炙集》已校出③。據徐氏日記所載,民國四年三月丁祖蔭、徐兆瑋、張南祴會面,成立"虞山叢刻社",輯刻虞山先賢遺書,擬定《叢刻》第一集刊《吾炙集》等書。徐氏本意先刻馮舒、馮班之《默庵》《鈍吟》二集,之所以最終決定先刊《吾炙集》,是以行銷爲旨,知其在當時頗爲流行。日記未明言此次校勘底本是何種,從"柳南草堂本不知流落何處。南祴所藏李嶽薦本曾一見之,似未必勝柳南本也"觀之,底本當非柳南草堂本,亦非李竟宇藏本。民國五年五月初二日與丁祖蔭函中,附徐兆瑋校《吾炙集》所得若干,云"《佚叢》刊作某""《佚叢》本作某"④,知以《佚叢甲集》本參校。卷末跋語仍是刊《佚叢甲集》時所作,略有更改,此本校定後遲遲未刊,至民國六年三月纔着手刻印,丁祖蔭三月十一日函云:"《叢刻》板片,早來印工因價大難覓,前日在蘇得一人,大約每千頁三角五可成,約明後可來。印就即先寄四五部,如何?"⑤並於五月初四日將《虞山叢刻》印成之樣本交予徐氏,前後歷時二餘年⑥。

三、哈佛藏《吾炙集》舊鈔本考論

關於《吾炙集》是否爲完帙,所采詩家人數多少,自清代以來學者多有考論。今傳世本《吾炙集》以丁祖蔭輯《虞山叢刻》本最爲通行,目錄列錢曾至許友共二十一人,卷末清人王應奎、徐兆瑋、張南祴三家跋語,皆談及此問題。乾隆戊辰(1748)王應奎跋曰:"是書編次先後,諸本微有不同,而許有介詩,亦有不編入者,蓋爲牧翁未成之書也。余此本從錢遵王家借鈔,而許詩又得之亡友侯秉衡者。適見曹彬侯處有馮定遠手錄本,而點閱則出自牧翁,甚爲可玩。余因借歸臨之,凡一日而畢。"⑦王氏所見錢曾家藏本當未

---

① 《徐兆瑋日記》三,第1608頁。
② 參《徐兆瑋日記》三,第1613、1622、1650頁。
③ 《徐兆瑋日記》三,第1653頁。
④ 《徐兆瑋日記》三,第1650頁。
⑤ 《徐兆瑋日記》三,第1797頁。
⑥ 《徐兆瑋日記》三,第1808頁。
⑦ 《吾炙集》,《叢書集成續編》,第116册,第21頁。

有許友詩，其鈔錄時又將侯秉衡處所得許友詩補入，合爲二十一家，又別錄許友詩一冊，並據所見之諸本差異，定《吾炙集》爲未成之書。

光緒丁未（1907），徐兆瑋考《吾炙集》及前人詩文集中相關記載，云：

《吾炙集》非完帙也。王漁洋《古夫於亭雜録》稱："以詩贄虞山，時年二十有八，其詩皆丙申年（1656）少作也。先生欣然爲序之，又采入所纂《吾炙集》。余嘗有詩云：'白首文章老巨公，未遺許友八閩風。如何百代論騷雅，也許憐才到阿蒙？'"①今集中無漁洋詩，證一。《陳確庵詩鈔》有《錢梅仙五十贈言》詩云："著述誰宗匠？虞山有巨公。登龍聲氣合，斛雉本源同。考牒知昭諫，題辭重太沖。尚傳吾炙句，一日滿江東。"自注："梅仙與虞山同係武肅。虞山序其詩，手書其警句入《吾炙》編，寄示京師各家。"②今集中無梅仙詩，證二。《鮚埼亭集·外編·周徵君墓幢銘》："鄞山先生周姓，諱容，字茂三，浙之寧波府鄞縣人也。……常熟錢侍郎牧齋稱之，謂如獨鳥呼春，九鐘鳴霜，所見詩人無及之者，録其詩於《吾炙集》。"③牧齋《有學集·題交蘆言怨集》亦言："《吾炙集》中有周茂之、許有介及宗人幼光者，皆能爲針師者也。"④今集中無鄞山詩，證三。《柳南隨筆》載牧齋尺牘《與黃庭表輿堅》云："往從行卷中，得見新篇，珠光玉氣，湧現於行墨之間，輒爲採錄，收入《吾炙集》中。時人或未之許，久而咸以爲知言也。"⑤今集中無庭表詩，證四。……此冊爲柳南草堂鈔藏本，自"錢後人曾遵王"以下，至"侯官許友有介"，著録者凡二十有一人。⑥

徐氏又據他書考知《吾炙集》還曾收王士禛、錢梅仙、周容、黃庭表詩。而四

---

① 參王士禛《古夫於亭雜録》卷三，北京：中華書局1988年版，第66頁。
② 參陳瑚《確庵文稿》卷一〇，《四庫禁毀書叢刊》，第184冊，北京：北京出版社1997年版，第315頁。
③ 參全祖望《鮚埼亭集》卷三，《全祖望集彙校集注》（上冊），上海：上海古籍出版社2000年版，第860頁。
④ 參《牧齋有學集》卷一九，第829—830頁。
⑤ 參王應奎《柳南隨筆》卷五，北京：中華書局1983年版，第85—86頁。原引錢謙益《與黃庭表輿堅》，參錢謙益《錢牧齋先生尺牘》卷一，《牧齋雜著》第四種，上海：上海古籍出版社2007年版，第362頁。
⑥ 《吾炙集》，《叢書集成續編》，第116冊，第21頁。

家詩爲何不見於傳世本中，徐氏以爲"與虞山選詩之旨不合，故始取之而終舍之"①，同年，其友人張南袱亦爲《吾炙集》搜羅考證，張氏見李竟宇藏本前二十家後有錢興國跋，稱是葉石君據錢謙益原本鈔録，又得王應奎鈔藏馮定遠手録許友詩小册，信以此二十一家爲《吾炙集》原定本②。而對於王士禎、錢梅仙等四家詩的有無，張氏贊同徐兆瑋之説，云："闕者固非，而漁洋、梅仙、鄮山、庭表諸詩，爲牧翁始取而終舍之，劍心之論，不亦較然無疑乎？"③

今人致力於清詩者，亦嘗對《吾炙集》入選作者人數，以及是否爲定本的問題予以辨别，但幾乎與前人所考無甚出入，也有稍作補充者。謝正光、佘汝豐認爲《吾炙集》"以詩繫人，選詩數量不等，有多至一百七首者，如許友"④。孫之梅梳理徐兆瑋、張南袱兩家跋語，稱："《吾炙集》究竟是不是定本，筆者基本同意徐兆瑋的臆測、南袱的推論。由於材料有限，尚待日後論證。"⑤蔣寅認爲，傳世印本《吾炙集》除去重出的錢澄之，共采詩家二十人，又據方文《嵞山續集》卷三《石塔僧懷介立》後之自注"牧齋先生《吾炙集》選介立《行江草》數十首，極推之"語，認爲《吾炙集》原采僧人介立詩，加之前人考得王士禎等四家，共收二十五人。又據郭柏蒼《全閩明詩傳》引《瓣香堂詩話》"内收録共二十六人"云云，稱："若照王應奎傳鈔本釋幻光與江西半衲澄之算兩人，則合集外五人適得二十六人，此屬巧合，抑或原書或所傳第一卷⑥即爲二十六人？尚待續考。"⑦朱則傑、陳凱玲據李聖華《方文著述考》一文所考《牧齋有學集》卷二二《送方爾止序》"點定《嵞山詩》一卷，貯《吾炙集》中"云云，以爲今本《吾炙集》確非完帙，所缺至少五人，除前人所考得的王士禎等四人外，另有遺民詩人方文無疑⑧。曹辛華文亦引《送方爾止序》，稱"現存的《吾炙集》中雖然没有方文的詩作，方氏之作的確是入選的"⑨。以上各

---

① 《吾炙集》，《叢書集成續編》，第116册，第21頁。
② 《吾炙集》，《叢書集成續編》，第116册，第22頁。參本文第二節，《佚叢甲集》本張南袱跋語。
③ 《吾炙集》，《叢書集成續編》，第116册，第22頁。
④ 《清初人選清初詩彙考》，第39頁。
⑤ 孫之梅《錢謙益與明末清初文學》，濟南：山東大學出版社2010年版，第369—380頁。
⑥ 蔣寅先生曾見中國社會科學院文學所藏本《吾炙集》，末有何焯跋稱"從馮丈補之借得此《吾炙集》第一卷"。
⑦ 蔣寅《金陵生小言》，桂林：廣西師範大學出版社2004年版，第88—92頁。
⑧ 朱則傑、陳凱玲《錢謙益〈吾炙集〉及其他》，載於《文藝研究》第9期（2008年），第159—160頁。
⑨ 曹辛華《現存〈吾炙集〉未收王漁洋詩問題考辨》，載於《光明日報》（2023年2月），第13版。

家論述合而觀之，懸而未決處仍有二：其一，《吾炙集》是否爲完帙、是否爲錢氏未成之書；其二，王士禎等諸家不見於今本《吾炙集》之作，是否爲錢謙益始取而終舍。前人多謂尚待續考。

今見哈佛大學燕京圖書館藏錢謙益《吾炙集》舊鈔本（下簡稱哈佛本）①，許是前人所未措意，可爲我們考辨上述存留問題提供新的綫索。此本兩冊，不分卷，半頁九行，行二十一字，鈔寫頗工，字跡樸拙，有"陳文田硯鄉氏藏本""雨山草堂""盧前"印，全冊無批校痕跡，亦無藏家題跋，知其先後經清人陳文田②、日人長尾甲、盧前所藏。考此本避諱，應爲乾隆間鈔本③。如前述，傳世刊本最早爲光緒壬寅（1902）《怡蘭堂叢書》本，哈佛本早於其百餘年，將前述刊本三種與哈佛本比對，各本詩家標目皆始於"錢後人曾"而終於"侯官許有介"，中間各家編次微有差異，文字亦間有不同，蓋後世傳鈔致誤，自不待言④。哈佛本亦有幾處顯誤之字，若"世間"作"世門"，"開口"作"問口"，不曉何故，或鈔寫失當，或不改底本。尤當注意卷末《寄山樓朱子葆》詩後題語，刊本三種皆作（參見圖1、圖2、圖3）：

    此人詩開口便妙，落筆便妙。有率易處，有粗淺處，有入俗處，病痛不少，然不妨其爲妙也。或曰："詩具如許病痛，何以不妨其妙？"答曰："他好處是胎骨中帶來，不好處是熏習中染來。若種種病痛，果爾從胎骨中來，便是焦芽敗種，終無用處矣。"顧與治深以余言爲然。⑤

---

① 錢謙益《吾炙集》，舊鈔本，哈佛大學燕京圖書館藏（索書號：T/5432/4785）。
② 陳文田（1812—1883），字硯鄉，江蘇泰州人，咸豐十年（1860）進士，官刑部主事，富藏書。參江慶柏主編，周忠增訂《江蘇藝文志·泰州卷》，南京：鳳凰出版社2019年版，第177頁。
③ 此本"玄""弦""弘""曆"皆避，知非乾隆以前所鈔，而兩處"秋旻"之"旻"不避，知鈔於道光以前，乾嘉間爲是，嘉慶間刻本、鈔本中"炎""談""淡"亦常避字，此本未避，故爲乾隆間鈔本的可能性較大。
④ 將《怡蘭堂叢書》本、《佚叢甲集》本、《虞山叢刻》本與哈佛本比勘，文字偶有差異。如哈佛本"玲瓏漏穿"，《怡蘭堂叢書》本與之同，而《佚叢甲集》本、《虞山叢刻》本作"玲瓏穿透"；哈佛本"口號紀事"，《怡蘭堂叢書》本與之同，《佚叢甲集》本、《虞山叢刻》本作"口號即事"；又如哈佛本之"閩中信""爲燈客""剗到江南""斯詩""殘荷半浦滿方塘"，刊本三種皆與之相異，同作"閩山信""留燈客""到晚江頭""新詩""殘荷半浦一圍桑"。相較於後二種刊本，《怡蘭堂叢書》本與哈佛本文字差異略小。《佚叢甲集》本與《虞山叢刻》本文字更近，這與此二種刻印時間稍晚不無關係，前據《徐兆瑋日記》考知，《佚叢甲集》本與《虞山叢刻》本之底本並不相同，校勘亦非出於同一人之手，但徐兆瑋校《虞山叢刻》本時，曾以《佚叢甲集》本爲參考。
⑤ 《吾炙集》，《怡蘭堂叢書》本，上海圖書館藏（綫普368814）；《吾炙集》，《佚叢甲集》本，上海圖書館藏（綫普長009038）；《吾炙集》，《虞山叢刻》本，《叢書集成續編》，第116冊，第21頁。

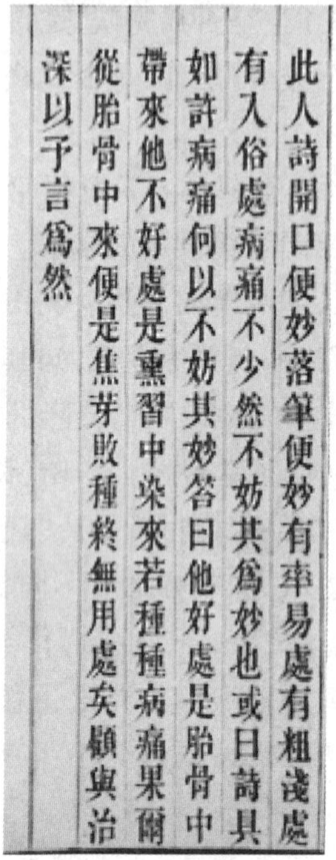

圖1　《怡蘭堂叢書》本　　圖2　《佚叢甲集》本　　圖3　《虞山叢刻》本

　　學者歷來以之爲錢謙益評許友詩語，蓋因其在許友詩後之故，儘管許友詩前已有錢氏題語，諸家對此也並無疑義。如孫之梅曾引此段云："'此人詩開口便妙'，顯然，錢謙益認爲許有介詩並非盡善盡美，其病處是從當時的學風、詩風習染而來，但根本上不悖心師意匠之靈心，符合自然而然、天真爛漫的選詩標準。"①研究許友詩者亦多引此爲據。陳寅恪《柳如是別傳》論"復明運動"時，嘗引此段，與許友詩前題語並置，謂之許友詩評，將《吾炙集》選許友詩多至一百七首歸因於錢謙益彼時的復明政治意圖②。《吾炙集》許友詩前題語云："丁酉陽月，余在南京，爲牛腰詩卷所困，得許生詩，霍然目開。每逢佳處，爬搔不已，因序徐存永③詩牽連及之，遂題其詩曰：'壇墠分茅異，詩篇束筍同。周溶（容）東越絶，許友八閩風。世亂才難盡，吾衰論自公。水亭頻剪燭，撫卷意何窮。'周溶（容）者，字茂山，明州人。

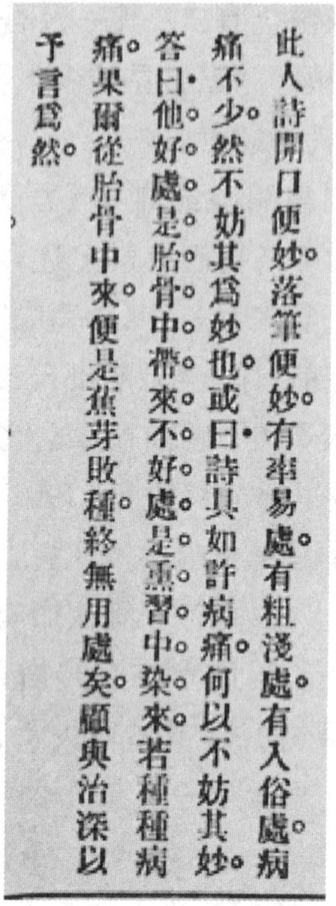

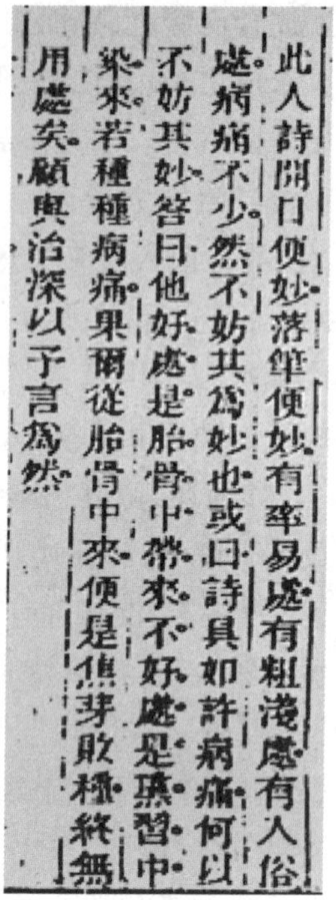

————————
① 《錢謙益與明末清初文學》，第378頁。
② 陳寅恪《柳如是別傳》下，北京：生活‧讀書‧新知三聯書店2015年版，第967—969頁。
③ 徐存永即徐陸，閩人徐熥長子，與許友交好。

嘗爲余言許友者也。既而閩之君子或過余言，又題曰：'數篇重咀嚼，不愧老夫知。本自傾蘇渙，何嫌説項斯。解嘲應有作，欲殺豈無詞。周處臺前月，長懸卞令祠。'余時寓清溪水閣，介周臺、卞祠之間，故落句云爾。"①據此題語，錢氏丁酉（1657）在南京時始讀許友詩，頗爲激賞，適逢其爲徐存永詩作序，遂成評許友詩二首，此二首亦見於《牧齋有學集》卷之八，名《題許有介詩集》《再讀許友詩》。《牧齋有學集》卷一八有《徐存永尺木集序》言及許友詩，可與《吾炙集》中語互觀，序云："往存永談閩詩，深推其友許有介。頃遊南京，見有介詩，每逢佳處，把搔狂叫，喜存永爲知言，乃慨然命筆，爲其集序。""讀有介之詩，知閩之才士，與存永爭能鬥捷者，後出而愈奇。"②此序作於順治丁酉，而選録許友詩當在稍後，錢氏《題交蘆言怨集》稱《吾炙集》中已有許友詩③，據方良《錢謙益年譜》所考，《題交蘆言怨集》作於戊戌（1658）年④，則選許友詩應在丁酉、戊戌間。

　　錢謙益以老杜自比，以蘇渙比於許友，不吝贊美之辭，以爲許友乃閩詩人中可與徐存永比肩者。觀卷末評語，"開口便妙，落筆便妙"差可繫之許友，"率易""粗淺""入俗"等則頗不似許友詩風，令人生惑。陳寅恪《柳如是別傳》僅辯駁《吾炙集》許友詩前題語稱："牧齋此集所選同時人詩，唯有介之作多至一百七首，亦知必招致譏怪，故賦詩解嘲，自比少陵，並借助天竺西來教義，牽強組合兩種對立之説以文飾之。"⑤陳氏雖亦引卷末"此人詩開口便妙"云云，但未多做解釋。然今觀卷末評語，刊本段首"此人"，哈佛本作"山人"，且哈佛本段末有"録殿是集，亦以爲後來之勁也"，刊本皆無。（參見圖4）

　　"此"字草寫時與"山"字形近，有傳鈔致誤的可能，然二字孰是孰非，哈佛本卷末多出之一句，是後人妄加，抑或本來有之？檢《吾炙集》鈔本，《中國古籍總目》僅著録一種，爲國家圖書館藏本，此本不避清諱，當爲民國以後所鈔録⑥。檢諸館藏，知另有中國社會科學院文學所藏鈔本、復旦大學藏鈔本、華東師範大學藏鈔本。中國社會科學院文學所藏鈔本筆者尚未得

---

① 《吾炙集》，哈佛大學燕京圖書館藏清鈔本。
② 《牧齋有學集》卷一八，第788頁。
③ 《牧齋有學集》卷一九，第829頁。
④ 方良《錢謙益年譜》，北京：中國書籍出版社2013年版，第212頁。
⑤ 《柳如是別傳》下，第967—969頁。
⑥ 錢謙益《吾炙集》，鈔本，國家圖書館藏（索書號：14700）。

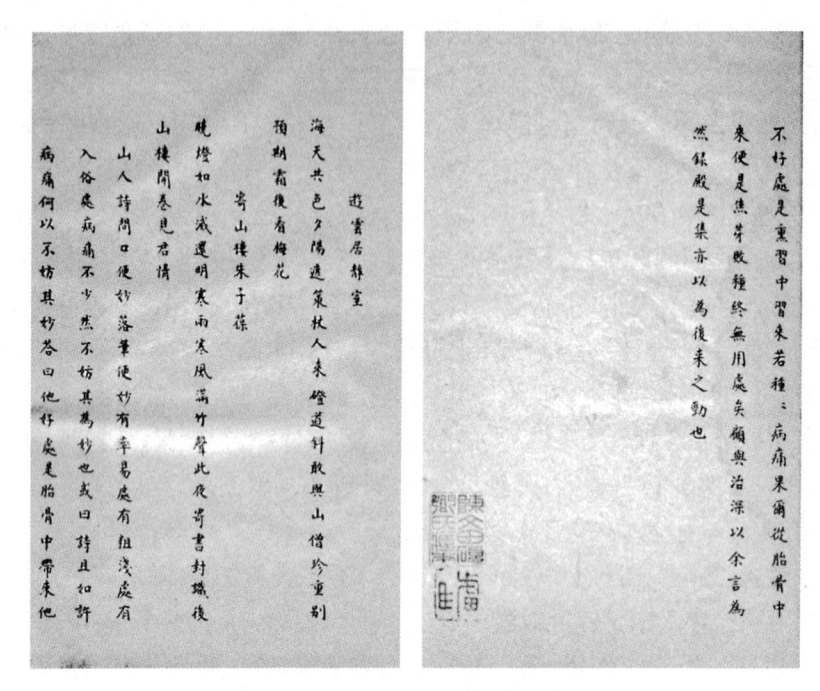

圖4　哈佛大學燕京圖書館藏鈔本

見，是本當即蔣寅先生曾見本，爲雍正元年石湖張進據何焯妻王氏所鈔馮補之藏本過錄，有康熙五十五年（1716）何焯跋、雍正元年（1723）張進跋，何跋稱其從馮補之處借鈔《吾炙集》第一卷。是本後附"《吾炙集》之餘"，選袁宏道、袁中道、顧起元、俞安期等七人詩二十五首，它本皆無，蔣寅先生稱不知是否爲原本所有①。附錄七人皆爲晚明時人，彼時《吾炙集》尚未開始編纂，此亦頗不合於錢氏"選時人詩"之旨，目前所見別本皆無此部分，不知是否爲後人所增。復旦大學藏鈔本兩種，"弘"字皆不避，蓋康雍間所鈔，第一種鈔本②有"履方"印記，錢曾詩後無題辭，卷首已佚，題辭是否如哈佛本一樣錄於卷首已未可知，集中有朱筆圈點；另有東越徐氏鈔本③，鈐"綠玉齋舊主藏書印"，綠玉齋即爲徐燉、徐𤊹居處，此本許是其後人所鈔，經比勘，發現此本與《怡蘭堂叢書》本極近，前述《怡蘭堂叢書》本闕文處，此本亦闕，

---

① 《金陵生小言》，第91頁。
② 錢謙益《吾炙集》，清鈔本，復旦大學圖書館藏（索書號：6261）。
③ 錢謙益《吾炙集》，清鈔本，復旦大學圖書館藏（索書號：rb2532）。

二本應系同出。以上鈔本除張進鈔本未見外，其餘三種卷末題語皆與刊本無異。唯華東師範大學藏本①與哈佛本同。（參見圖5）

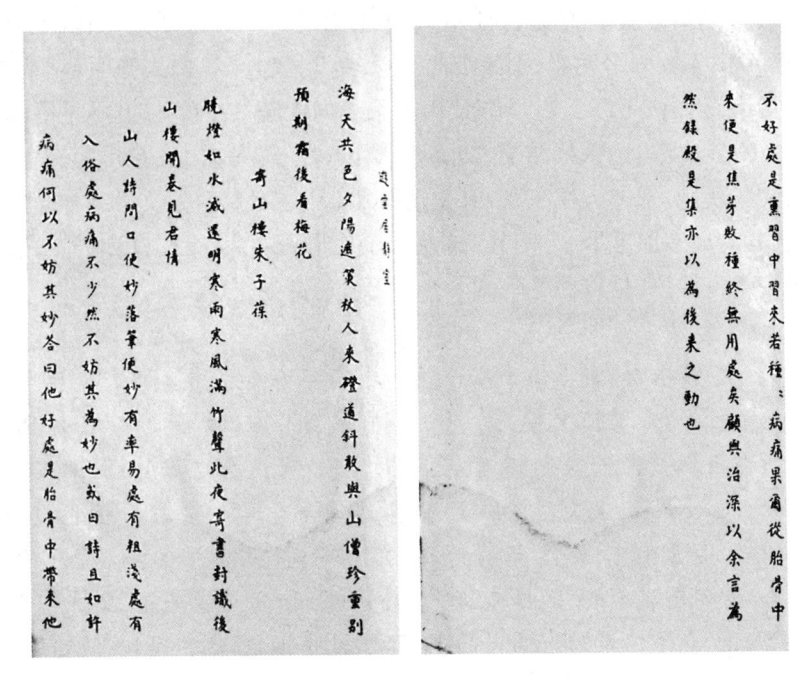

圖5　華東師範大學圖書館藏鈔本

此本爲盛宣懷舊藏，鈐"愚齋圖書館"印，版式與哈佛本基本相同，文字亦近，觀其筆跡，頗似哈佛本，不知是否出於一人之手。若爲一人所鈔，兩本中"開口"皆作"問口"，知非一時筆誤，當有所本，此等顯誤之字未加釐正，或以存底本面貌。若兩本不是一人所鈔，則亦應屬一系，然所據底本爲何，已不可知。那麼，"此人"與"山人"孰是，因早期並無刊本，僅依諸鈔本則難以遽斷，可從文本以外再尋得一些綫索。如前述，"率易""粗淺""入俗"等語與許友詩風頗不合，且許友詩前題語中，錢氏稱其爲"許生"，多加褒揚，文末又稱"此人"，似略顯生硬，集中稱"遵王""士龍"等皆爲字號。若"山人"爲是，那麼此題語便是錢謙益對"山人"詩之評價，而"山人"又非許友名號，或許另有其人？

前文談到，朱則傑等前輩學者曾據《牧齋有學集》卷二二《送方爾止序》

---

① 錢謙益《吾炙集》，清鈔本，華東師範大學圖書館藏（索書號：愚集1571）。

"點定《嵞山詩》一卷,貯《吾炙集》中"云云,認爲《吾炙集》當收有遺民詩人方文詩。而方文號嵞山,又別號淮西山人,故筆者揣測,若此段首作"山人",可能是指方文。方文自稱山人,《嵞山詩》中多處可見。其《自題小像》云:"山人一耒是明農,別號淮西又忍冬。"[1]又卷二"山人號明農"[2],"淮西本山人,種山亦已久"[3]。卷七"山人采藥向中陵"[4],卷九"山人古學號淹通"[5],《北遊草》"山人好結交,交亦半天下"[6]。詳考方文《嵞山集》與錢謙益詩文集所記,知二人往來密切,交情甚篤,且錢謙益對方文的才華頗爲賞識,對其詩亦多加推舉,曾謂其"詩兼數子格老蒼""以杜、白爲地宅""能於酬應中書寫性情,是以迥絶時流"[7]。錢氏《送方爾止序》云:

> 崇禎辛未,爾止謁余虞山。別十四年而有甲申之事。今年癸卯,自金陵過訪,又二十年矣。……竊怪喪亂以來,詩壘日盛,隋珠昆玉,所在抵鵲。獨於爾止詩,目開心折,以謂得少陵之風骨,深知其阡陌者,一人而已。點定《嵞山詩》一卷,貯《吾炙集》中。……而世之過而問者,南箕北斗,既虛相薦樽,左獲右虎,又互相排笮。譬之孤軍疲馬,當四戰之衝,致師摩壘者,交發迭肆,雖復深溝高壘,猶未能解甲堅臥也。今將奉爾止爲渠帥,淮陰建大將旗鼓,出井陘口,拔趙白幟,樹漢赤幟,若反覆手耳。自今以往,余可以仆旗臥鼓,一意於禪燈貝牒之間,豈不幸哉!人亦有言:虎帥以聽,誰敢犯子?爾止行矣。文章自有定價,無多讓。中原豪傑將有捧盤而致胙者,以余言爲乘韋其可也。[8]

錢謙益對方文詩評價甚高,謂之得少陵風骨,或許不無溢美之詞,但足見其偏愛。"今將奉爾止爲渠帥"云云,意在讓方文繼其衣鉢,振羽詩壇,對其寄予厚望。《讀方爾止嵞山詩稿卻寄二十韻》也曾表露此心聲:"桐城

---

[1] 方文撰,胡金望等校點《方嵞山詩集·續集後編》卷五,合肥:黄山書社2010年版,第881頁。
[2] 《方嵞山詩集》卷二,第59頁。
[3] 《方嵞山詩集》卷二,第66頁。
[4] 《方嵞山詩集》卷七,第284頁。
[5] 《方嵞山詩集》卷九,第342頁。
[6] 《方嵞山詩集·續集·北遊草》,第430頁。
[7] 《牧齋有學集》卷三九,第1356頁。
[8] 《牧齋有學集》卷二二,第905—906頁。

方爾止,能詩稱國手,貽我盋山詩,聲價重瓊玖。寒宵偶攤書,光怪驚户牖。波瀾獨老成,健筆自抖擻。……吾衰苦無徒,單子範繩醜,誓將掃壇墠,屬子執尊卣。"①"屬子執尊卣"頗合於哈佛本題語"以爲後來之勁也",或可爲證。

《送方爾止序》成於康熙癸卯(1663)年,這時錢謙益已將《盋山詩》一卷收入《吾炙集》中。方文亦嘗作詩述及此事,可以互觀。同年作《別錢牧齋先生》云:"我客虞山暑正煩,十朝九扣先生門。……臨別依依更回首,相期冬月再過存。"②乙巳(1665)又憶及前事作《常熟訪錢牧齋先生》,云:"前歲磻溪介眉壽,遠近爭趨如恐後。欲偕林叟來持觴,先遣長書謝親舊。卻寄盋山詩一章,謬稱國手何敢當。私喜平生説詩意,與公符合爭微芒。……三十年來臭味同,好將疑義質宗工。忽聞都市焚書令,鐵篋惟應置井中。"③將方文詩作收入《吾炙集》後的第二年(1664),錢謙益殁。

另外,題語"顧與治④深以余言爲然",各本皆有之,錢謙益謂顧與治對其評價極爲贊同,想見顧與治對此人詩風頗爲了解,而顧氏與方文又爲至交,也許並非巧合。《盋山集》卷首即丙子詩《秋夜飲顧與治齋中》,卷三《與治五十》有句:"君年三十七,我年二十三。臼杵始定交,聲詩播江南。君年今五十,我亦三十七。世運有革除,交情永無失。"⑤又《顧與治齋頭話舊》云:"屈指貧交三十年,少時相愛老相憐。江邊置産渾無計,門外求書尚有錢。腰痛那能還客拜,朋來只可對床眠。新詩珍重休拋卻,留與千秋人共傳。"⑥顧與治《方爾止生日兼送其遊合肥》句云:"君才宜早達,三十尚浮沉。"⑦又《寄懷方爾止》云:"文如珠玉自有價,志不温飽今何求。珍重《盋山》三十卷,欲知風雅垂千秋。"⑧僅此一二語,即可見顧、方之相知,於彼此詩才之相惜。兩人之交往詳於詩集所載,此不贅言。

---

① 《牧齋有學集》卷一一,第542頁。
② 《方盋山詩集·續集後編》卷四,第780頁。
③ 《方盋山詩集·續集後編》卷二,第684頁。
④ 顧與治即明遺民顧夢遊,江寧人。有《顧與治詩》八卷,乃其殁後方文等人爲其網羅校訂並刊行,前有方文、錢謙益等人作序。
⑤ 《方盋山詩集》卷三,第93頁。
⑥ 《方盋山詩集·續集·徐杭遊草》,第515頁。
⑦ 顧夢遊《顧與治詩》卷三,《叢書集成續編》,第120册,上海:上海書店1995年版,第228頁。
⑧ 《顧與治詩》卷三,《叢書集成續編》,第120册,第264頁。

再者，卷末題語前二首《遊雲居靜室》《寄山樓朱子葆》疑爲方文詩[1]，惜今傳世本《嵞山集》未載。兹略考於下：

《遊雲居靜室》：

> 海天共色夕陽遮，策杖人來磴道斜。敢與山僧珍重别，預期霜後看梅花。

雲居山乃方文曾遊宿之地[2]，其詩作中多次記之。《嵞山集》卷三《建昌魏明府招飲署齋即席作歌》云"自言雲居山秀絶""雪晴共上雲居山"[3]。同卷《雲居訪晦山大師贈十三韻》"匡廬之西雲居山"[4]。又卷五"雲居元有約，秋勁始能來"[5]。又卷九《望雲居山寄懷晦公》"三春日擬上雲居，雖到殘冬願不虚"句下自注："雲居頂有明月湖真如寺。""佛印舊居此山，子瞻嘗過之。"[6]同卷九《上雲居山》："雲居去地三千丈，縹緲真爲雲所居。……僧老不知陵穀變，向人猶説舊皇輿。"[7]《續集·徐杭遊草》："雲居山頂宿，彈指七年餘。"[8]

《寄山樓朱子葆》：

> 曉燈如水滅還明，寒雨寒風滿竹聲。此夜寄書封識後，山樓開卷見君情。

方文與朱子葆[9]交好，並幾次賦詩以記。崇禎庚辰年（1640）有《送朱子葆歸嘉興》詩："孤飛越鳥戀南枝，白草黄花客去遲。小閣共眠秋雨夜，危檐獨掛曉霜時。狂歌一曲愁先結，痛飲千鐘醉莫辭。門外江風復江水，解維何處

---

[1] 許友集未載，參許友《米友堂集》，日本内閣文庫藏清康熙刻本；許友《米友堂集》不分卷，《清代詩文集彙編》，第144册，上海：上海古籍出版社2010年版。
[2] 位於今江西九江永修縣西南，爲佛教名山，山頂有真如寺。
[3] 《方嵞山詩集》卷三，第104頁。
[4] 《方嵞山詩集》卷三，第105頁。
[5] 《方嵞山詩集》卷五，第198頁。
[6] 《方嵞山詩集》卷九，第327頁。
[7] 《方嵞山詩集》卷九，第329頁。
[8] 《方嵞山詩集·續集·徐杭遊草》，第497頁。
[9] 朱子葆即朱茂防，明末清初詩人，朱彝尊叔父，好結客，負濟世之才，所居山樓，四方名士宴集。見金堡《遍行堂集》卷七《朱子葆詩序》。

寄相思。"①據李聖華《方文年譜》所考,時方文與朱子葆初定交②。又《白下逢朱子葆感舊》詩云:"青溪煙雨憶昔遊,與君醉臥溪上樓。神州倏忽變滄海,故人強半歸荒丘。星星落落二三子,霜水茫茫十五秋。今夜雨窗重對酒,蔣山一望淚雙流。"③《飲朱子葆山樓》云:"鴛鴦湖上雪霏霏,老我重遊心事違。夾巷尚餘新戰壘,高人無改舊漁磯。山樓荒落多幽致,玉樹繽紛勝錦衣。況有芳樽能醉客,河橋昏黑竟忘歸。"④同卷《戊申元旦,蘇州顧美雲、嘉禾朱子葆、贛州曾止山、紹興吳平露同集哺雛軒分賦》詩後注云:"子葆亦三十年之交。"⑤

兩詩樸實無華,意態蒼老,頗似方文詩風,而與許友詩之清麗孤曠、高迥脫俗不甚相同。方文詩以醇樸之氣凝聚,優柔平和,又因不離平實,偶作淺率之語,嘗爲時人訛病。王士禛稱其"少多才華,晚學白樂天,好作俚淺之語,爲世口實"⑥。朱彝尊評其"間作可笑詩句,頗爲時論揶揄。然如嘉穀登場,或舂或揉,秕糠終少於粒米"⑦。鄧漢儀謂:"要汰俚率,存其蒼老,斯爾止爲足傳矣。"⑧施潤章序方文《西江遊草》云:"爾止爲詩多主此論,雖民謠里諺、塗巷瑣事,皆可引用,興會所屬,衝口成篇,人或疑爲率易,不知其慘澹經營,一字未安,苦吟移日。故其詩真至渾融,從肺腑中流出,絶無斧鑿之痕。"⑨方文詩雖偶失於淺俗,卻本乎真性情,下筆成篇,難掩其妙。反觀《吾炙集》所題:"開口便妙,落筆便妙。有率易處,有粗淺處,有入俗處,病痛不少,然不妨其爲妙也。……他好處是胎骨中帶來,不好處是熏習中染來。"似評方文之語也。哈佛本作"山人",當有來處。

故而筆者以爲,許友目下一百七首詩很可能並非全部爲許友詩,而有方文詩雜入,除上文予以考辨的《遊雲居靜室》《寄山樓朱子葆》之外,是否

---

① 《方嵞山詩集》卷六,第 221 頁。
② 李聖華《方文年譜》,北京:人民文學出版社 2007 年版,第 121 頁。
③ 《方嵞山詩集·續集·徐杭遊草》,第 514 頁。
④ 《方嵞山詩集·後續集》卷四,第 815 頁。
⑤ 《方嵞山詩集·後續集》卷四,第 823 頁。
⑥ 王士禛《漁洋詩話》卷下,丁福保輯《清詩話》上册,上海:上海古籍出版社 2015 年版,第 213 頁。
⑦ 朱彝尊《静志居詩話》,北京:人民文學出版社 1990 年版,第 707 頁。
⑧ 鄧漢儀撰,陸林、王卓華輯《慎墨堂詩話》,北京:中華書局 2017 年版,第 195 頁。
⑨ 施潤章《西江遊草序》,方文撰,胡金望等校點《方嵞山詩集·附錄》,合肥:黃山書社 2010 年版,第 910 頁。

仍存方文詩①，又是否雜入其他人詩，尚難有確論。此一百七首中之許友詩，除今《米友堂集》載入的，究竟還有多少首，俟考②。基本確定的是，前人所謂許友詩一百七首，並非錢氏原稿，應是後人拾掇而成，流傳既久，誤解遂深。那麽，此"一百七首"出自何人之手？王應奎乾隆間跋稱《吾炙集》之許有介詩亦有不編入者，王氏云其前二十人詩從錢遵王家借鈔，而許詩得之其亡友侯秉衡，知錢曾家藏本當未有許友詩。李竟宇藏本前二十家之底本爲葉石君依錢謙益原本所鈔，許友詩則是另補於二十家後，這樣看來，前二十家應系錢氏原稿。王應奎"二十一家"鈔本之許友詩得自侯秉衡，另鈔馮定遠手録錢謙益點閲許友詩册一種，此二種俱爲張南誠所得，張氏刊行《吾炙集》時稱以葉石君本③、馮定遠本許友詩册④合校柳南草堂本，但未説明柳南草堂本許友詩與柳南鈔録之馮本許友詩有何異同，檢張南誠《佚叢甲集》本《吾炙集》，許友詩句下多有張氏校語，云"馮本作某"，然至第六十五首《夜悶》後戛然而止，再無一校語，難道此是偶然？若非偶然，則《夜悶》之後的若干首詩很有可能是馮本所没有的，而馮本所録乃錢謙益點閲本，故而揣度，錢氏原本所采許友詩也許並無百餘首之多。張南誠刊行《吾炙集》時未加辨明，不知有意與否。其跋稱："二十一家乃悉復其舊矣。""意此爲牧翁定本，葉氏得其二十家，馮氏得其一家。""百餘年破碎沉霾之物，至今而猶見延津之合，豈非大奇！"⑤有言過其實之嫌，彼時《佚叢》刊印在即，以此爲"牧翁定本""延津之合"，顯然是利於行銷的。

結　　語

依前文考述，我們或可説哈佛本卷末題語作"山人"不誤，傳世本《吾炙

---

① 李聖華《方文著作考》稱錢謙益《吾炙集》所點定的《嵞山詩》一卷已佚，不見於今傳世本《吾炙集》。參李聖華《方文年譜》附録一，第494頁。
② 《吾炙集》許友目下之一百七首詩見於傳世本許友詩集者，目前可考的有四十二首。參許友《米友堂集》，日本内閣文庫藏清康熙刻本；許友《米友堂集》不分卷，《清代詩文集彙編》，第144册，上海：上海古籍出版社2010年版。
③ 實爲李竟宇藏本，底本爲葉石君本。
④ 實爲王應奎鈔臨馮定遠本許友詩册。
⑤ 張南誠《吾炙集·跋》，見《吾炙集》，《佚叢甲集》本，上海圖書館藏（書號：綫普長009038）；《吾炙集》，《叢書集成續編》，第116册，第22頁。

集》載有方文詩,卷末題語亦爲錢謙益評方文詩語,而與許友無關。傳世本《吾炙集》是否爲完帙,答案應是否定的。首先集中許友與方文兩人詩作非本來面貌,完帙之説已不妥。另外,錢曾家藏本、葉石君據錢謙益原本鈔臨本皆録前二十家詩作,説明前二十家是從原稿所出,筆者揣測,此二十家或僅是《吾炙集》之一部分,可能即何焯跋語所稱的《吾炙集》第一卷,錢曾家藏本與葉石君本也只鈔了這部分,至於爲何,許是鈔寫時《吾炙集》後半部分並未完稿,僅鈔得前二十家,抑或是拾掇錢謙益殁後所餘之殘稿而鈔。而前人所提及的王士禛、錢梅仙、周容、黄庭表、僧人介立詩入《吾炙集》當屬事實①,或許已佚,没能與前二十家同爲流傳。徐兆瑋、張南袛等人以爲的"始取而終舍之"恐非是,錢氏選王士禛等人詩後,或以詩文相告,或示於親友門生,亦多褒揚之語,若後來再將之删剔,則難合於情理,《吾炙集》應非完帙。此外,若依哈佛本卷末所云"録殿是集,亦以爲後來之勁",《吾炙集》當時或已完稿,而非前人所以爲的未成之書或初選之本,錢謙益録方文詩以殿后,次年即病殁。當時文網甚密,故《吾炙集》秘而未刊②,私相傳鈔,遺失者當有之,補綴者當有之,而今所見許友、方文詩相雜,除此原因之外,或許還有另一種可能,即前人有意爲之。彼時文字獄盛行,方文乃遺民詩人之中尤爲尖鋭者,其著述一度遭遇禁毁,其三十卷本《嵞山集》及《武林草》《四遊草》《丙午詩》《嵞山詩鈔》等書稿皆佚③,而《吾炙集》之《嵞山詩》一卷或許亦難逃厄運,將"山"改作"此",又將"録殿是集,亦以爲後來之勁"語删剔,也許是後人之有意遮蔽,待日後得見新的文獻材料,再予以補充。

（作者單位：上海大學文學院）

---

① 《吾炙集》收周容、黄庭表、方文詩,見於錢謙益語;收錢梅仙詩見於陳瑚語;收僧人介立詩見於方文語;收王士禛詩見於其自述,稱是方文相告:"順治辛丑(1661),方嵞山文自虞山過廣陵,言牧齋先生近撰《吾炙集》,載阮亭詩數篇。此集竟未之見。"(《漁洋詩話》卷下,丁福保輯《清詩話》上册,第219頁。《古夫於亭雜録》亦載。)
② 《牧齋有學集》卷一八,第825頁。
③ 參李聖華《方文著作考》,《方文年譜》附録一,第121頁。

A New Examination of the Annotated Manuscript of Qian Qianyi's *Wu Zhi Collection* Held by Harvard-Yenching Library: A Discussion on Its Compilation and Publishing

Xu Yang

The *Wu Zhi Collection*, compiled by Qian Qianyi, is a significant anthology of early Qing poetry. Despite being banned during the Qianlong era, it had a profound impact throughout the Qing Dynasty. Analysis of the prefaces, postscripts, inscriptions, and commentaries associated with the collection reveals that its compilation was rooted in authenticity and genuinity, aiming to showcase elegant tastes and the spiritual essence of poets. Qian's own commentaries also reveal his preference for natural simplicity over slavish imitation of antiquity, as well as his late-life dissatisfaction with the "sounds of a lost nation" (*wang Guo zhi yin* 亡國之音) that reflected melancholy and decay. Initially, the *Wu Zhi Collection* circulated in manuscript form and remained unpublished due to censorship. Existing printed editions include the Yilantang Congshu 怡蘭堂叢書 version published in the 28th year of the Guangxu era, the Yicong Jia Ji 佚叢甲集 version from the 33rd year of the Guangxu era, and the Yushan Congke 虞山叢刻 version from the 6th year of the Republic of China, each with postscripts briefly tracing the origins of the version, yet certain doubts remain. Whether the *Wu Zhi Collection* is a complete work, and the number of poets included, have often been points for further investigation. The discovery of an old manuscript in the Harvard-Yenching Library provides critical clues for additional research. Upon collecting and analyzing the printed and manuscript versions of the *Wu Zhi Collection* and comparing them with related anthologies, it becomes evident that the extant version of the collection is likely incomplete. The poetry of the first twenty poets in the collection likely originated from Qian's own drafts, while the work attributed to Xu You does not reflect its original form. Moreover, the last two poems under Xu You's section might be uncollected works by Fang Wen, and the concluding commentary is not a critique of Xu You's poetry but Qian Qianyi's commentary on Fang Wen's poetry.

Keywords: *Wu Zhi Collection*, Qian Qianyi, manuscript, compilation, publishing

徵引書目

1. 王士禎：《漁洋詩話》，見丁福保輯：《清詩話》，上海：上海古籍出版社，2015年版。Wang Shizhen. *Yuyang Shihua* (*Notes on Poetry by Wang Yuyang*), in *Qing Shihua* (*Notes on Poetry of Qing Dynasty*). Collected by Ding Fubao. Shanghai：Shanghai guji chubanshe, 2015.
2. 元結：《篋中集》，《唐人選唐詩（十種）》，上海：上海古籍出版社，1978年版。Yuan Jie. *Qie Zong Ji* (*Collection from the Book-bin*). *Tangren Xuan Tangshi Shi Zhong* (*Ten Tang Anthologies of Tang Poetry*). Shanghai：Shanghai guji chubanshe, 1978.
3. 方文撰，胡金望等校點：《方嵞山詩集》，合肥：黃山書社，2010年版。Fang Wen. *Fang Tushan Shiji* (*Collected Poems of Fang Tushan*). Punctuated by Hu Jinwang, et al. Hefei：Huangshan shushe, 2010.
4. 方良：《錢謙益年譜》，北京：中國書籍出版社，2013年版。Fang Liang. *Qian Qianyi Nianpu* (*The Chronological Biography of Qian Qianyi*). Beijing：Zhongguo shuji chubanshe, 2013.
5. 朱彝尊：《静志居詩話》，北京：人民文學出版社，1990年版。Zhu Yizun. *Jingzhiju Shihua* (*Remarks on Poetry from the Dwelling of Quiet Intent*). Beijing：Renmin wenxue chubanshe, 1990.
6. 李聖華：《方文年譜》，北京：人民文學出版社，2007年版。Li Shenghua. *Fang Wen Nianpu* (*The Chronological Biography of Fang Wen*). Beijing：Renmin wenxue chubanshe, 2007.
7. 陳寅恪：《柳如是別傳》，北京：生活·讀書·新知三聯書店，2015年版。Chen Yinke. *Liu Rushi Biezhuan* (*Alternative Biography of Liu Rushi*). Beijing：Shenghuo dushu xinzhi sanlian shudian, 2015.
8. 徐兆瑋著，李向東等標點：《徐兆瑋日記》，合肥：黃山書社，2013年版。Xu Zhaowei. *Xu Zhaowei Riji* (*The Diary of Xu Zhaowei*). Punctuated by Li Xiangdong. Hefei：Huangshan shushe, 2013.
9. 孫之梅：《錢謙益與明末清初文學》，濟南：山東大學出版社，2010年版。Sun Zhimei. *Qian Qianyi Yu Mingmo Qingchu Wenxue* (*Qian Qianyi and Literature of the Late Ming and Early Qing Dynasties*). Jinan：Shandong daxue chubanshe, 2010.
10. 蔣寅：《金陵生小言》，桂林：廣西師範大學出版社，2004年版。Jiang Yin. *Jinlingsheng Xiaoyan* (*Words of the Scholar of Jinling*). Guilin：Guangxi shifan daxue chubanshe, 2004.
11. 鄧漢儀撰，陸林、王卓華輯：《慎墨堂詩話》，北京：中華書局，2017年版。Deng Hanyi. *Shenmotang Shihua* (*Notes on Poetry by Deng Hanyi*). Collected by Lu Lin, Wang Zhuohua. Beijing：Zhonghua shuju, 2017.
12. 錢謙益：《吾炙集》，《叢書集成續編》第116冊，臺北：新文豐出版公司，1988年版。Qian Qianyi. *Wu Zhi Ji* (*Wu Zhi Collection*), *Congshu Jicheng Xubian* (*Supplementary Collection of Collectanea*), *No.166*. Taibei：Xin Wenfeng chuban gongsi, 1988.

13. 錢謙益撰,錢曾箋注,錢仲聯標點:《牧齋有學集》,上海:上海古籍出版社,1996 年版。Qian Qianyi. *Muzhai Youxue Ji* (*Collected Learning of Muzha*). Annotated by Chen Rui, Punctuated by Qian Zhonglian. Shanghai: Shanghai guji chubanshe, 1996.
14. 謝正光、佘汝豐:《清初人選清初詩匯考》,南京:南京大學出版社,1998 年版。Xie Zhengguang, She Rufeng. *Qingchuren Xuan Qingchushi Huikao* (*A Comprehensive Study of Early Qing Poems Selected by Early Qing Scholars*). Nanjing: Nanjing daxue chubanshe, 1998.
15. 顧夢遊:《顧與治詩》,《叢書集成續編》第 120 冊,上海:上海書店,1995 年版。Gu Mengyou. *Gu Yuzhi Shi* (*Collected Poems of Gu Yuzhi*), *Congshu Jicheng Xubian* (*The Continuation of the Collection of Books*), *No.120*. Shanghai: Shanghai shudian, 1995.

編寫"亡國"歷史記憶
——徐鉉《吳王隴西公墓志銘》之興亡敘事與李煜論定

張鑫誠

【摘　要】本文以墓志銘爲媒介，期以探析趙宋官方對待降君之態度，透視南唐降臣入宋後的處境與心態，進而側觀趙宋君臣如何回憶並編寫征服南唐的歷史記憶，以及如何詮釋被征服者的政治地位。本文鉤沉徐鉉受宋太宗命爲李煜撰墓志銘背後複雜緊張的政治背景，發現徐鉉在把握趙宋官方統一南唐的立場時，也存故主之義，使之同時具有特殊的文學與史學價值。徐鉉構建南唐國亡乃天命所歸的敘事模式，既淡化李煜亡國之君責任，又尊奉揄揚了趙宋承天受命的正統性。徐鉉還粉飾歷史情境中趙宋侵略的主動性，同時還將國覆責任推之於離間趙宋、南唐關係的吳越。而著重敘述南唐被代表正統的趙宋所併，也源於太宗朝對"太平"這一統治目標的追求。徐鉉在對李煜形象與功業進行蓋棺論定時，突顯李煜對内以古道馭民施行仁政，對外謹藩國之度；藉之促使降臣群體再次認同南唐被趙宋征服的歷史事實。徐鉉繼承"燕許"碑取實錄的寫作要旨，客觀指出李煜治國時的弊端，也隱含反省規箴之意。在銘文中以騷體描述李煜既葬勒銘的過程，以典奥淒婉之風抒發哀悼；且運散入騈，顯出雄辭逸氣。徐鉉實對北宋文壇具深遠影響，以該文爲取徑重新審視徐鉉騈文價值，明晰北宋廟堂文章倡古道、守法度、重氣格的文學風尚實有源自宋初徐鉉之跡。

【關鍵詞】李煜　徐鉉　南唐　墓志銘　宋代駢文

一、前　　言

　　太平興國三年（978）七月壬辰，右千牛衛上將軍李煜（937—978）卒，追封吳王①。徐鉉（916—991）現存《騎省集》中，收《大宋左千牛衛上將軍追封吳王隴西公墓誌銘》一篇（以下簡稱《吳王隴西公墓誌銘》），墓主即是李煜。關於這篇墓誌銘的寫作背景，魏泰《東軒筆録》之記載最爲人所樂道：

　　　　太平興國中吳王李煜薨，太宗詔侍臣撰吳王神道碑。時有與徐鉉爭名而欲中傷之者，面奏曰：“知吳王事跡，莫若徐鉉爲詳。”太宗未悟，遂詔鉉撰碑，鉉遽請對而泣曰：“臣舊事李煜，陛下容臣存故主之義，乃敢奉詔。”太宗始悟讓者之意，許之。故鉉之爲碑，但推言歷數有盡，天命有歸而已。其警句云：“東鄰遘禍，南箕扇疑。投杼致慈親之惑，乞火無里婦之談。始勞因壘之師，終復塗山之會。”又有偃王仁義之比，太宗覽讀稱歎。異日復得鉉所撰《吳王挽詞》三首，尤加歎賞，每對宰臣稱鉉之忠義。②

通過了解歷史情境中徐鉉的南唐降臣身份③，結合魏泰之記載，我們已然可以想見，徐鉉受命爲故主寫作墓誌銘的尷尬處境與寫作難度：太宗讚賞徐鉉忠義的同時，何嘗不會懷疑徐鉉是否仍心念故國。考之史傳，徐鉉在南唐危亡之際諸多忠義之舉，如在趙宋陳兵壓境時，能不以自身安危爲念，與宋太祖激烈辯論④而在國亡入北時，面對宋太祖的責難，也正色不畏死亡保持江南大臣的氣節⑤。也正因如此，太宗對徐鉉及其後學始終保持距離，內

---

① （元）脱脱等《太宗本紀》，《宋史》，北京：中華書局1985年版，卷四，第59頁。
② （宋）魏泰撰，燕永成整理《東軒筆録》，鄭州：大象出版社2019年版，卷一，第211頁。現徐鉉集中所載的是《吳王隴西公墓誌銘》，並非神道碑。
③ 宋太祖開寶四年（971），南唐去國號“唐”，自稱江南，以表臣服。爲免混淆，本文仍以“南唐”指稱李煜與徐鉉的故國。
④ （宋）李燾《續資治通鑑長編》，北京：中華書局2004年版，卷一七，《太祖開寶八年》，第362頁。
⑤ 李昉《大宋故静難軍節度行軍司馬檢校工部尚書東海徐公墓誌銘》：“及（徐鉉）歸朝，太祖盛怒，責之曰：‘吾向與汝言，何謂弗達于汝主？且拒抗之罪，皆汝所爲！’公頓首謝曰：‘臣爲江南大臣，而其國滅亡，抵此死有餘罪，餘復何言！’太祖于是歎息曰：‘忠于所事者乎！汝當　（轉下頁）

心不免保持疑問：汝事我是否如事李氏。因此徐鉉入宋後在直學士院任內制之職，後判尚書都省，始終遠離權力核心，顯然緣於太宗對於南來降臣的不信任①。然而在李煜已逝的時局下，徐鉉已入仕宋朝多年，寫作時必需站在趙宋官方統一南唐的立場上著墨，不能過分迴護故國；但同時若過分詆毀故主，則於自身"忠義"之名節有損。可見李煜墓志銘的寫作，稍有不慎即可能導致嚴重的政治後果。

　　基於《吳王隴西公墓志銘》的文本發生情境：作者、寫作對象、讀者之間，都存在著複雜的政治背景，從而使之成爲一篇具有特殊國家意志內涵之墓志銘。目前學界還尚未有任何專論研究此篇，僅偶有考訂李煜死亡情境時參藉此篇作爲輔證，或是研究徐鉉詩文時概略性膽涉是篇②。該篇墓志的文本建構過程與藝術特徵，以及文本背後折射了怎樣的政治歷史情境皆未能被仔細抉發，實有遺珠之憾。誠如柯慶明指出碑文作爲文學之特殊性在於其媒介能夠保存久遠，永久記憶成爲其預設的性質和功能；因而其讀者顯然不拘於特定對象，甚至含有感動後世讀者的期待③。這篇碑實質上也代表了北宋官方對於李煜的評價，以及如何詮釋南唐被征服的當代記憶，從而留下許多值得探尋的疑問：首先宋太宗爲何特敕徐鉉爲李煜撰碑？實際上恐未必僅如筆記中所言，只因徐鉉其詳知李煜事跡，趙宋官方應有著更深的政治考量。作爲降臣身份的徐鉉墓誌中如何詮釋南唐的政治地位問題？徐鉉在墓誌中既懷有故國之思的同時，又有對故國人、事之反省，那麼在寫作故主墓志銘時，如何平衡並表現二者？降臣身份與趙宋政治環境，又如何影響徐鉉對故國興亡歷史過程的認識？是否會對他的撰述意向產生作用？徐鉉是否又會發展出特殊的觀念、論述，用以理解、詮釋故國之興亡？

　　此外，從宋代文章學、駢文學的角度，《吳王隴西公墓志銘》實也是被歷代文家所注重的名篇。陳振孫《直齋書錄解題》稱："所撰李煜墓銘，婉嫕有

（接上頁）事我如事李氏。'命坐，存撫甚厚。"見曾棗莊、劉琳主編《全宋文》第3冊，上海：上海辭書出版社；合肥：安徽教育出版社2006年版，卷四八，第175頁。

① 張維玲《從天書時代到古文運動：北宋前期的政治過程》，臺北：臺大出版中心2021年版，第71—72頁。
② 施懿超《沿溯燕、許，風氣初開：徐鉉駢文研究》，《浙江理工大學學報》2010年第6期，第944—948頁。魏瑋《論徐鉉入宋后文章——兼與高教版〈中國文學史〉商榷》，《唐山師範學院學報》2011年第6期，第13—16頁。李振中《徐鉉及其文學考論》，鄭州：鄭州大學出版社2016年版。
③ 柯慶明《古典中國實用文類美學》，臺北：臺灣大學出版中心2016年版，第299頁。

體，文鑒取之。"①四庫館臣承陳振孫之意，《騎省集》提要云："後呂祖謙編《文鑑》，多不取儷偶之詞，而特錄此碑，蓋亦賞其立言有體。"②可見後世目錄學家撰寫提要時對此墓志銘的重視，可見茲文影響流傳之廣。同時明清以來幾部重要的駢文選本皆有收錄此篇③，包括王志堅《四六法海》、王先謙《駢文類纂》、高步瀛《唐宋文舉要·乙編》。同時現代學者的論著中對此篇也有所關注，呂思勉、程千帆、張仁青等在論述宋代駢文時，皆敘及徐鉉在宋代駢文史上的一席之地，並皆舉該篇墓志銘爲其代表作④。

　　陳彭年爲徐鉉集做序時稱其"蔡中郎之所自許，則有太丘之碑；潘黄門之所用工，獨是荆州之誄"⑤，即盛讚其碑誄之情意真切。四庫館臣稱徐鉉："才高學博，文沿溯燕許，迥然孤秀。"⑥呂思勉也稱徐鉉之駢文："雍容大雅，尤爲一時之冠。南唐後主之卒也……其文措辭得體，極爲當時所稱道。今一諷頌之，誠穆然見燕許之遺風也。"⑦由之可見，徐鉉身處五代之末，駢文寫作卻不直接繼承晚唐，而是繼承盛唐時的燕許大手筆，這應當與其在南唐及入宋之後臺閣之臣的身份有關。呂思勉說通過這篇，足以"穆然見燕許遺風"，然今之學子若非諳熟唐宋駢文者，恐亦感抽象。因此本文也將以《吳王隴西公墓志銘》爲例，分析徐鉉駢文如何"沿溯燕許"，補充宋初駢文史之一隅。

　　因此本文在開展研究時，力圖還原文本的背景——時代政治背景、徐鉉個人知識學術背景。而後開展文本細部的解讀，考察文本如何反應時代政局、人物風貌。還應注意文史參證比較，墓誌與史傳書寫立場與筆法的差異，認識趙宋官方對李煜（獻國之主）的評價。最後再通過考論徐鉉對"燕許筆法"的承襲，闡揚此篇的寫作藝術。通過以對《墓志銘》的解讀爲媒介，在回應前文問題的同時，期以探析趙宋官方對待"降君"之態度，透視南

---

① （宋）陳振孫《直齋書錄解題》，上海：上海古籍出版社1987年版，卷一七，第488頁。
② （清）永瑢等《騎省集》，《四庫全書總目》，北京：中華書局1965年版，卷一五二，第1305頁。
③ 惟李兆洛《駢體文鈔》基本只收唐代以前的駢文，故未見。
④ 參見呂思勉《宋代之駢文》，《文學與文選四種·宋代文學》（上海：上海古籍出版社2010年版，第22頁）；程千帆《兩宋文學史》（上海：上海古籍出版社1991年版，第533頁）；張仁青《中國駢文發展史》（杭州：杭州大學出版社2009年版，第380—382頁）。
⑤ （宋）陳彭年《故散騎常侍東海徐公集序》，見《全宋文》，第9册，卷一八七，第228頁。
⑥ （清）永瑢等《騎省集》，《四庫全書總目》，卷一五二，第1305頁。
⑦ 呂思勉《宋代之駢文》，《文學與文選四種·宋代文學》，上海：上海古籍出版社2010年版，第22頁。

唐降臣入宋後的處境與心態，進而側觀趙宋君臣如何回憶與編寫征服南唐的這一段"歷史記憶"。

二、故國南唐興亡之敘事

不同於一般墓誌以墓主生平爲敘事核心，由於李煜南唐國主之特殊身份，《吳王隴西公墓志銘》則以南唐國的興亡作爲主體敘事綫索，因此重點即在於徐鉉如何既尊奉大宋統一南唐的正統性，又保持南唐和李煜的尊嚴。本節考察徐鉉如何建構南唐國滅的過程，並比照其與史傳記載有何異同，以此觀照徐鉉在墓志銘中的藝術匠心。

（一）國運與國滅之定調：推言曆數有盡，天命有歸

徐鉉開篇没有像許多宋代散體墓志銘那樣直接書寫人物名諱，而是對李煜、南唐的命運，進行了一個天命性質、蓋棺定論式的終結，在開篇起到了定調作用：

> 盛德百世，善繼者所以主其祀；聖人無外，善守者不能固其存。蓋運曆之所推，亦古今之一貫。其有享蕃錫之寵，保克終之美，殊恩飾壤，懿範流光，傳之金石，斯不誣矣。①

在開篇首聯中，注意到徐鉉對於"天命"視角下政權更迭的論述，並非單以李煜爲中心：不能守國的"善守者"指的自然是李煜，而徐鉉"聖人無外"的論述則起到了爲亡國之君開脱的作用；而"主其祀"的"善繼者"則顯指趙宋君王。實際上李煜墓志銘的寫作，延續國祚興亡之議題，構建了雙綫的敘事的脈絡——主綫即是南唐（李煜），副綫則爲趙宋（太祖、太宗）。

也應注意到後代評家，也多從"蓋運曆之所推"角度讚揚徐鉉作文之"有體"，《東軒筆録》載："故鉉之爲碑，但推言曆數有盡，天命有歸而已。"②

---

① （宋）徐鉉著，李振中校注《大宋左千牛衛上將軍追封吳王隴西公墓志銘》，《徐鉉集校注》，北京：中華書局 2016 年版，卷二九，第 793 頁。
② （宋）魏泰《東軒筆録》，卷一，第 211 頁。

四庫館臣在評騭《宋季三朝政要》時也説該書卷末論宋之亡時："忽推演命數、兼陳因果、轉置人事爲固然、殊乖勸戒之旨。殆欲附徐鉉作李煜墓誌之義而失之者歟。"①頗可見徐鉉該文推言天命的筆法，對後世之影響。包括在銘文部分，徐鉉也寫道天命與國祚之關係："喪亂孔棘，我恤疇依。聖人既作，我知所歸。終日靡俟，先天不違。惟藩惟輔，永言固之。"②《毛詩·雲漢》云"天降喪亂，饑饉薦臻"③，徐鉉在銘文中化用《詩經》之意，隱含了天命不在南唐故有喪亂的敘事模式，而後敘南唐等待著順應天命，甘願作爲附屬固守一方。徐鉉藉用經典中對於"天命"與"國祚"交互影響的論述，將國家動亂、稱臣歸順皆歸之於天。歸結到歷史情境下，也強化趙宋政權合法性。

徐鉉在墓志銘敘事中"推言歷數有盡"，至少有三方面的緣由。首先自然是作爲舊臣追敘故國必須"立言有體"的考量。此時距離南唐國滅僅僅三年，不便過多將亡國罪責歸於舊主，歸之天命則淡化了李煜作爲亡國之君的罪責，起到墓志銘安慰死者之作用。這種舊臣心態不僅見於徐鉉，隨後主入宋之南士亦或多或少有之。太平興國二年（977）鄭文寶撰寫《南唐近事》記錄南唐人物時，僅止於描述他們的風格和品格，卻無意將之放在功過效應的框架中褒貶，一如他對南唐國勢的變化，傾向於認定是天命所定④。另一方面該文作於太宗太平興國三年（978），也有著迎合趙宋初年強調"天命有歸"政權合法性之政治氛圍之意圖。宋太祖（927—976）去世時，太宗（939—997）以哀弟身份所作的謚册文寫道："三靈睠命，兆庶樂推，既應天以順人，乃變家而爲國。……無爲而治，讓德于天，四登圜壇，告類上帝。神功聖德，冠絶古今。"⑤可見在總結太祖功業時，將其承北周禪讓，並一統四海之功業，歸之於上天的顧命，並且也敘述太祖四次南郊祭天，以顯揚政權之合法性。宋太宗即位初期，懷著擔心被質疑得位不正的憂慮，也必須再次強調趙宋王朝與自身的承天受命。根據宋初科舉中太平封禪主題賦頌、臣

---

① （清）永瑢等《四庫全書總目》，卷四七，第 428 頁。
② （宋）徐鉉著《徐鉉集校注》，卷二九，第 795 頁。
③ （漢）毛亨傳，（漢）鄭玄箋，（唐）陸德明音義《毛詩傳箋》，北京：中華書局 2018 年版，卷一八，第 424 頁。
④ 李卓穎《從委諸天命到追究責任——南唐舊臣入宋之後的歷史認知與書寫》，《漢學研究》第 38 卷第 2 期（2020 年 6 月），第 164 頁。
⑤ （宋）趙光義《太祖謚册》，（宋）宋綬、（宋）宋敏求編，司義祖整理《宋大詔令集》，北京：中華書局 1962 年版，卷九，第 38 頁。按此文實乃沈倫代筆。

僚進獻升平詩等活動，可以推知自太宗即位初期，已有封禪的計劃①。期望完成前代皇帝未竟志業，並且更加宣揚趙宋的合法性。同時在降國之主的墓誌銘書寫"聖人既作，我知所歸"等天命因素，也有著爲了接下來的統一事業做宣傳的效果。宋太宗在太平興國四年（979）攻滅北漢，同年移師幽州，意圖北伐契丹奪回燕雲之地，顯示他急於完成太祖留下的統一任務②，以鞏固王朝的天命正統至無以撼動的地步。最後，可能也與亂世之下弱國臣子，自身國運有數的天命觀有關。徐鉉爲李煜《御製雜說》所撰的序云："屬者國步中艱，兵鋒始戢，惜民力而屈己，畏天命而側身，靜慮凝神，和光戢耀。而或深惟遂古，邈考萬殊，懼時運之難并，鑑謨猷之可久。"③李煜執政晚期，將自己的著述集結，令徐鉉作序。而在開寶二年，南唐已經向趙宋稱臣，三年後趙宋即發兵全面進攻南唐。因此此時南唐君臣皆已感"國步中艱"，產生了亡國的憂患。徐鉉爲後主的《雜說》作序時，透露出後主著作可以長久流傳，然國運恐怕已經難以長久之意。已然可見徐鉉在南唐的時候，對於國家與君王的命運，已帶有"天命""時運"思想的悲觀視角。

（二）國勢消長之雙軌敘事與"太平"意識

在歸結天命之後，徐鉉即遵循墓誌銘的傳統寫法，將視角投射到作爲墓主的李煜身上。然雖如此，徐鉉卻將南唐與趙宋的國祚相承而書之，呈現雙軌筆法：

> 王諱煜，字重光，隴西人也。昔庭堅贊九德，伯陽恢至道。皇天眷祐，錫祚于唐，祖文宗武，世有顯德。載祀三百，龜玉渝胥，宗子維城，蕃衍萬國。江淮之地，獨奉長安，故我顯祖，用膺推戴。淳耀之烈，載光舊吳，二世承基，克廣其業。
>
> 皇宋將啓，玄貺冥符。有周開先，太祖歷試。威德所及，寰宇將同。故我舊邦，祗畏天命，貶大號以禀朔，獻地圖以請吏。故得義動元后，風行域中，恩禮有加，綏懷不世。魯用天王之禮，自越常鈞；鄭存紀

---

① 張維玲《宋太宗、真宗朝的致太平以封禪》，《清華學報》第43卷第3期（2013年9月），第491—492頁。
② 蔣復璁《宋遼澶淵之盟的研究》，《宋史新探》，臺北：正中書局1966年版，第104—107頁。
③ （宋）徐鉉《徐鉉集校注》，卷一八，第534頁。

侯之國,曾何足貴?①

明人總結唐宋墓誌銘的寫作要素有十三:"凡墓誌銘書法有例,其大要十有三事焉:曰諱、曰字、曰姓氏、曰鄉邑、曰族出、曰行治、曰履歷、曰卒日、曰壽年、曰妻、曰子、曰葬日、曰葬地。"②徐鉉此篇《吳王隴西公墓誌銘》十三事皆無遺漏。並且由於李煜是昔日國君的緣故,所以本篇墓誌銘異於尋常碑誌文體制的是,在交代李煜的籍貫之後,順而開始敷寫唐代"載祀三百,龜玉淪胥"的國祚興亡,突顯南唐是繼承唐的正統而立國。

在與李煜地位身份類似的吳越王錢俶(929—988)之墓誌銘中,錢俶舊臣慎知禮也有對於吳越興國事跡類似的書寫③。由於吳越國是由唐末杭州本土豪強錢鏐所建立,初以保衛鄉里起兵,而後攻吞叛唐的越州董昌及附近州郡,朱溫篡唐之後首封吳越王,此後便雄據江南。所以在墓誌銘中書寫吳越國祚時,只能寫"唐季不嗣",而錢鏐"式遏寇虐",顯然就沒有李煜的墓誌銘那樣從"皇天眷祐,錫祚于唐"到"宗子維城,蕃衍萬國"那樣得國來得名正言順。

儘管據正史所載,南唐的開國國君李昪本身並非真正是李唐後裔,而是起兵之後自稱為唐憲宗子建王李恪的四世孫④。然總歸"宗子維城,蕃衍萬國"對於南唐來說成為被建構的傳統,自然也附著在末代國君李煜的墓誌銘中。徐鉉十分強調,南唐的國祚承繼唐代而來,儘管比起"五代"正統地位尚有不如,但足以作為昔日李唐的別支而得到尊重。以之顯示入宋的南唐舊臣不同於他國降臣,暗示了趙宋征服南唐,也是對於李唐天命的繼承。而後書寫主體從南唐轉入趙宋之興起,"玄覩冥符"便給予了宋承天受

---

① (宋)徐鉉《徐鉉集校注》,卷二九,第793頁。
② (明)王行:《墓銘舉例》,臺北:臺灣商務印書館1983年版,影印文淵閣《四庫全書》本,第1482冊,卷一,第一頁上。
③ 慎知禮《大宋……追封秦國王墓誌銘》:"王諱俶,字文德,彭城人也。唐季不嗣,我烈祖武肅王啓五諸侯霸,式遏寇虐,世位以德。我顯考文穆王率十連帥□,□□王家,有志四方,克開厥後,世勳顯矣,盟府存焉。"見曾棗莊、劉琳主編:《全宋文》,第3冊,卷四二,第65頁。另值得注意的是,為錢俶撰墓誌銘的慎知禮,同樣是吳越國舊臣,與徐鉉之於李煜的身分相當,或說明趙宋在對待"降主"的事跡論定時,有相對一貫的方式。因與本論文論述主旨關涉不大,茲不詳論。《宋史·慎知禮傳》載:"知禮幼好學,年十八,獻書干俶,署校書郎。……太平興國三年,從俶歸朝,授鴻臚卿。"(元)脫脫等:《宋史》,卷二七七,第9445頁。
④ (宋)歐陽修撰,(宋)徐無黨注《新五代史》,北京:中華書局1974年版,卷六二,《南唐世家·李昪》,第767頁。

命的色彩。事實上宋初對於趙宋是承繼哪一朝作爲正統,衆臣爭執不一。"有周開先,太祖歷試",即敍述趙宋繼承後周的正統,可見徐鉉仍是贊成以實際政權的更迭來作爲正統的傳遞,即持"數姓相傳"的意見,這也與史傳中他上疏的意見相合①。而後徐鉉突顯南唐"祇畏天命"而"禀朔",疊以"魯用天王之禮"等典故,都是爲了突顯趙宋建國之後,"寰宇將同"的正統性,也暗含了南唐終將被一統的命運。

　　值得注意的是,徐鉉在墓志銘中著重敍述南唐被代表"正統"的趙宋所併吞,這恐怕與太宗朝時期對"太平"這一統治目標的追求有關②。根據隋唐之封禪經驗,王朝一統是宣稱太平的重要條件③。而即使未收復燕雲,趙宋君臣也在努力建構"太平"④。當李煜被俘入京時頗爲憂恐,郭守文即寬慰他説:"國家止務恢復疆土,以致太平,豈復有後至之責耶?"可見當時即使一介武將亦知王朝的"太平"理想⑤。而徐鉉在雍熙元年(984)回顧趙宋國祚時,也努力聲稱趙宋已經達到"一統""太平",可見徐鉉對於經營"致太平"也頗用心⑥;無論這是出於其士人"生預太平"的價值追求,或是爲了追逐政治地位而對太宗的迎合。甚至陳彭年總結徐鉉之生平時,也談到如果徐鉉是撰封禪文章的最佳人選⑦,或許這也代表了徐鉉的"致太平"追求。

---

① 《宋史·律曆志》:"雍熙元年四月,布衣趙垂慶上書言:'本朝當越五代而上承唐統爲金德,若梁繼唐,傳後唐,至本朝亦合爲金德。'……常侍徐鉉與百官奏議曰:'五運相承,國家大事,著於前載,具有明文。頃以唐末喪亂,朱梁篡弑,莊宗早編屬籍,親雪國讎,中興唐祚,重新土運,以梁室比羿、浞、王莽,不爲正統。自後數姓相傳,晉以金,漢以水,周以木,天造有宋,運膺火德。'"(元)脱脱等《宋史》,卷七〇,第1596—1597頁。
② 張維玲在《渴望封禪——宋太祖、太宗朝對統治正當性的追求》一章中,詳細論述了趙宋開過君主爲了確保政權正當,持續有著期許宣告王朝"致太平"的目標。太祖、太宗朝通過外交軍事手段努力安定邊境,同時君臣配合求治内政,並意圖藉封禪之禮以宣告太平。見張維玲《從天書時代到古文運動:北宋前期的政治過程》,第21—35頁。
③ 《隋書·房彦謙傳》:"開皇中,平陳之後,天下一統,論者咸云將致太平。"(唐)魏徵、(唐)令狐德棻《隋書》,北京:中華書局1973年版,卷六六,第1566頁。
④ 《續資治通鑑長編·太祖開寶九年》載:"二月己亥,群臣再奉表請加尊號曰一統太平。上曰:'燕、晉未復,遽可謂一統太平乎?'不許。"(宋)李燾《續資治通鑑長編》,卷一七,第364頁。
⑤ (宋)李燾《續資治通鑑長編》,卷一七,《太祖太寶九年》,第361頁。
⑥ 《續資治通鑑長編·太宗雍熙元年》徐鉉等人上奏:"天造皇宋……於今二十五年……日盛一日,年穀豐登,干戈偃戢。若於聖統未合天心,焉有太平得如今日? 此皆上天降祐,清廟垂休,致成恢復一統之運也。"《續資治通鑑長編》,卷二五,第576頁。
⑦ 陳彭年在《故散騎常侍東海徐公文集序》:"聖上方欲繼千年之洪業,答上帝之耿光,朝諸侯而東巡,祀介丘而降禪。若乃秦丞相之健筆,兼漢郎將之雄文,銘此成功,垂之不朽,求其輿議,公即其人。"見《徐鉉集校注》,附録,第880頁。

因此解釋徐鉉在敘述南唐之將覆時，何以帶有厚重趙宋一統與太平的官方立場。

(三) 山嶽崩頹，既履危亡之運：南唐國滅過程之書寫

儘管南唐在十五年間"謹藩國之度"，然最終不免遭逢國滅的命運，墓誌銘中敘述滅國的經過並試圖進行歸責推因：

> 至於荷全濟之恩，謹藩國之度，勤修九貢，府無虛月，祇奉百役，知無不爲。十五年間，天眷彌渥。然而果於自信，怠於周防。西隣起釁，南箕構禍。投杼致慈親之惑，乞火無里婦之辭。始勞因壘之師，終後塗山之會。①

"祇奉百役，知無不爲"亦正是實筆，除了常貢，李煜在趙宋每次出師征伐他國與吉凶大禮時，也皆會進貢②，甚至國滅前一年，仍重金資敵③。因此順承文意而來，首先李煜自己即負"怠於周防"責任，甚至輕而易舉地便被趙宋的使節盧多遜騙去了"江南十九州之形勢，屯戍遠近，戶口多寡"④，導致國土更加被趙宋與吳越國覬覦。

隨後徐鉉將李煜個人的"果於自信"，聯結至國家的淪亡："西隣起釁，南箕構禍"，"西鄰"乃用《左傳》典，指涉開寶七年(974)八月以降趙宋開始圖謀南唐(江南國)⑤。然徐鉉在其後的敘事中則將國難的責任大部分都推

---

① (宋)徐鉉《徐鉉集校注》，卷二九，頁793。
② 《宋史·南唐世家》載："煜每聞朝廷出師克捷及嘉慶之事，必遣使犒師修貢。其大慶，即更以買宴爲名，別奉珍玩爲獻。吉凶大禮，皆別修貢助。"(元)脫脫等《宋史》卷四七八，第13858頁。
③ 《南唐書校注·後主本紀》："(開寶七年)冬十月，國主遣江國公從鎰，貢帛二十萬匹、白金二十萬斤，又遣起居舍人潘慎修買宴帛萬匹、錢五百萬。"(宋)陸游著，錢仲聯、馬亞中校注：《南唐書校注》，杭州：浙江古籍出版社2015年版，卷三，第98頁。
④ (宋)李燾《續資治通鑑長編》，卷一四，《太祖開寶六年》，第299頁。
⑤ "西鄰"典見《左傳·僖公十五年》："初，晉獻公筮嫁伯姬於秦，遇《歸妹》之《睽》。史蘇占之，曰：'不吉，其繇曰：……西鄰責言，不可償也。《歸妹》之《睽》，猶無相也。震之離，亦離之震，爲雷爲火，爲嬴敗姬。'"見(晉)杜預注，(唐)孔穎達疏，(清)阮元校刻：《春秋左傳注疏》，北京：中華書局2009年影印清嘉慶二十年江西南昌府學刊本，卷一四，第3922頁。"西鄰"用指江南國西邊的強鄰趙宋，此時的江南無以償受西鄰的責難。趙宋圖江南史事見《宋史·太祖本紀》："(開寶七年)八月丁亥，諭吳越伐江南。……甲辰，幸講武池，觀習水戰，遂幸玉津園。九月癸亥，命曹彬、潘美、曹翰將兵十萬出荊南，以伐江南。"(元)脫脫等《宋史》卷三，第42頁。

給吳越國，"南箕"乃指吳越，源自《毛詩·巷伯》"哆兮侈兮，成是南箕"，鄭箋云："箕星哆然蹋狹而舌廣，今讒人之因寺人之近嫌而成言其罪，猶因箕星之哆而又侈大之。"①《巷伯》是寺人孟子所作，本來就是由於自身被周幽王身邊的小人讒毁，而作詩刺之②。徐鉉此處也正用此意，顯然即是指吳越國爲搬弄讒言之奸邪③。在墓志銘中徐鉉構建了吳越國覬覦南唐，並且挑撥南唐與趙宋的友好關係的敘事情境。陸游《南唐書》記載："（甲戌年閏十月）辛未，王師進拔蕪湖及雄遠軍，吳越亦大舉兵犯常、潤。國主遺吳越王書曰：'今日無我，明日豈有君？一旦明天子易地賞功，王亦大梁一布衣耳。'吳越王表其書於朝④。"以至於南唐最終"投杼致慈親之惑"⑤，失去了趙宋的信任。而後在開寶七年，太祖皇帝遣使詔李煜赴闕，李煜稱疾不行，即所謂"終後塗山之會"⑥，兩國外交關係破裂。

南唐、吳越兩國衝突由來已久。實際上在建隆二年，李煜剛剛即位，就上表給宋太祖，說明自己繼承王位同時表示臣服之意，同時還說明了吳越國對南唐的軍事威脅⑦。可見李煜剛剛即位的時候，唐、越兩國關係不佳，甚至時有邊境衝突，所以李煜在表文中表示了對吳越國挑撥離間的擔憂。李煜輸誠表文中寫道"巧肆如簧之舌，仰成投杼之疑"，而徐鉉在墓志銘中

---

① （漢）毛亨《巷伯》，《毛詩傳箋》，卷一二，第289頁。
② 《巷伯》篇首小序云："巷伯，刺幽王也。寺人傷於讒，故作是詩也。"詩末云"寺人孟子，作爲此詩。凡百君子，敬而聽之。"同前注，第289頁。
③ 《東軒筆錄》中摘該篇警句，其中此處作"東鄰遘禍，南箕扇疑"。見（宋）魏泰：《東軒筆錄》卷一，第211頁。按吳越國在南唐之東，此處"東鄰"與"南箕"二句互文，則皆指吳越國，與《徐鉉集》略有不同。而《宋文鑑》亦作"西隣起釁，南箕構禍"，見（宋）吕祖謙編《宋文鑑》卷一三九，北京：中華書局1992年版，第1949頁。
④ （宋）陸游《後主本紀》，《南唐書校注》，卷三，第117頁。
⑤ "投杼"即曾母疑曾參殺人，投杼而走的典故。徐鉉用此典巧妙描述了南唐與趙宋的尊卑關係，以及因謠言而被挑撥離間的外交困境。
⑥ 事見（宋）歐陽修撰，（宋）徐無黨注：《新五代史》，卷六二《南唐世家》，第779頁。"塗山之會"見《哀公七年》："子服景伯曰：禹合諸侯於塗山，執玉帛者萬國，今其存者，無數十焉。"以禹比擬趙宋，而處於諸侯地位的南唐未能赴約。（晉）杜預注，（唐）孔穎達疏，（清）阮元校刻：《春秋左傳注疏》，北京：中華書局2009年版，影印清嘉慶二十年江西南昌府學刊本，卷一四，第3921頁。
⑦ 《宋史·南唐世家·李煜》："建隆二年，景遷洪州，立爲太子監國，是秋襲位，居建康，改名煜。……且奉表陳紹襲之意曰：'然所慮者，吳越國隣於弊土，近似深讎，猶恐輒向封疆，或生紛擾。臣即自嚴部曲，終不先有侵漁，免結釁嫌，撓干旒扆。仍盧巧肆如簧之舌，仰成投杼之疑，曲構異端，潛行詭道。願迴鑒燭，顯諭是非，庶使遠臣得安危懇。'"（元）脫脫等《宋史》，卷四七八，第13857—13858頁。

也寫道"投杼致慈親之惑",來說明吳越國煽動破壞南唐與趙宋之間的關係。此處用同樣"投杼"的典故吐露南唐的危險處境,絕非巧合,徐鉉應是看過李煜即位時的上表,甚至也可能當時李煜所上之表即是徐鉉所擬。將亡國歸罪於吳越,同樣淡化了死者李煜的罪責,同時減輕了趙宋作爲侵略者的主動性,趙宋只是受到奸邪挑唆並且順天命而行罷了。

但是我們如果回歸到真實的歷史情境中,會發現戰釁之起,顯然不是像徐鉉所寫那樣,是由於吳越國挑撥離間。從宋太祖對吳越國使節黃夷簡的傳告中可見,趙宋原正有意滅南唐,並且脅迫吳越一同進兵,而且不要被"皮之不存毛將焉附"所惑①。當時的吳越恐怕也是在大勢所趨之下,迫不得已一同進兵江南國,吳越的宰相就進言説:"江南,國之藩蔽,今大王自撤其藩蔽,將何以衛社稷乎?"但是錢俶没有忤逆趙宋的勇氣②。以實際歷史情形相參照,更可見徐鉉對於趙宋主動攻滅南唐事實的巧妙粉飾,益見其立言委婉有體。徐鉉作爲降臣,不得不將亡國責任從趙宋推到吳越國,相對保留了南唐的尊嚴,並維護了趙宋作爲侵略者"慈親"之形象。

三、存故主之義——李煜入宋、死亡與蓋棺論定

四庫館臣稱讚徐鉉能夠堅守作爲舊臣的道義,對李煜進行客觀的評價:"以視楊維楨作明鼓吹曲,反顔而詆故主者,其心術相去遠矣。"③在南唐滅國之後,徐鉉還書寫了李煜的入朝、境遇,以及死亡後的影響,安葬的過程等方面,最後還對李煜作爲君王之形象進行總體的蓋棺論定。這些無一不是作爲降臣身份需要小心謹慎的,並且還涉及趙宋官方對李煜的評價問題。

(一)敘寫太祖、太宗對待李煜之態度

在"終後塗山之會"之後,徐鉉延續前文所採取的雙軌筆法,將敘事視角的主角挪移到趙宋君王身上,從其中也可看到宋太祖和宋太宗對李煜的

---

① (宋)李燾《續資治通鑑長編》,卷一五,《太祖開寶七年》,第322頁。
② 《續資治通鑑長編·太祖開寶八年》:"吳越初起兵,丞相沈虎子者諫曰:'江南,國之藩蔽,今大王自撤其藩蔽,將何以衛社稷乎?'不聽。遂罷虎子政事,命通儒學士崔仁冀代之,總其兵要。"
(宋)李燾《續資治通鑑長編》,卷一五,第388頁。
③ (清)永瑢等《騎省集》,《四庫全書總目》,卷一五二,第1305頁。

不同態度，先看太祖："太祖至仁之舉，大資爲懷，錄勤王之前效，恢焚謗之廣度，位以上將，爵爲通侯，待遇如初，寵錫斯厚。"①可見墓志至此敘事重點主要是側重戰勝者對抗命者的寬容，然仍銘助了李煜曾經爲趙宋出力的"勤王之前效"，並且像光武帝一樣"焚謗"，不追究過去的嫌隙。

在淡化責任的同時，並非否定了李煜違抗天命的事實，所以徐鉉也不忘記揄揚太祖不計前嫌的仁厚"太祖至仁之舉，大資爲懷，錄勤王之前效，恢焚謗之廣度"。這一點在銘文中也可見互文："明明大君，寬仁以濟。嘉爾前哲，釋兹後至。"②此外宋太祖對李煜實際上並不十分尊重，甚至多表現出作爲勝利者的嘲弄。筆記詩話中即記載宋太祖對李煜文學才能的肯定，但同時也正隱含了"李煜若以作詩工夫治國事，豈爲吾虜也"的譏諷③。或許因此，在墓志銘中關於宋太祖的書寫也就止於"寵錫斯厚"。然而徐鉉用了更多筆墨書寫宋太宗對李煜的優待：

  今上宣猷大麓，敷惠萬方，每侍論思，常存開釋。及飛天在運，麗澤推恩，擢進上公之封，仍加掌武之秩。侍從親禮，勉諭優容。方將度越等彝，登崇名數。嗚呼！閱川無捨，景命不融，太平興國三年秋七月八日遘疾，薨于京師里之第，享年四十有二。皇上撫几興悼，投瓜軫悲，痛生之不逮，俾殁而加飾，特詔輟朝三日，贈太師，追封吳王。命中使荏葬，凡喪祭所須，皆從官給。④

可見太宗和太祖對李煜態度的差別，宋太宗不僅給李煜更豐厚的爵禄，甚至還將李煜視作近似清客身份，與之論思文藝。

倘若再結合實際史料，也能更明晰考察太祖、太宗對於"降主"李煜態度之差異，以明晰徐鉉撰墓志之性質。趙宋對李煜的最初處置可以參照

---

① （宋）徐鉉著《徐鉉集校注》，卷二九，第794頁。
② （宋）徐鉉著《徐鉉集校注》，卷二九，第795頁。
③ 《石林燕語》："江南李煜既降，太祖嘗因曲燕問：'聞卿在國中好作詩'，因使舉其得意者一聯。煜沈吟久之，誦其詠扇云：'揖讓月在手，動搖風滿懷。'上曰：'滿懷之風，卻有多少？'他日復燕煜，顧近臣曰：'好一箇翰林學士。'"（宋）葉夢得《石林燕語》，鄭州：大象出版社，2019年版，卷四，第124頁。《宋詩紀事》引蔡絛《西清詩話》云："藝祖（宋太祖）言：李煜若以作詩工夫治國事，豈爲吾虜也？"（清）厲鶚《宋詩紀事》，杭州：浙江古籍出版社2019年版，卷八六《李煜》，第3054頁。
④ （宋）徐鉉著《徐鉉集校注》，卷二九，第794頁。

《李煜除官制》①，其中也可見趙宋官方對於攻伐南唐的解釋，對待李煜即是戰勝者的姿態，將李煜歸罪於"輯瑞不趣于朝會"，並且問罪時還頗有抵抗，其實也都是掩飾侵吞的場面話。史傳有載："（開寶）七年，太祖皇帝遣使詔煜赴闕，煜稱疾不行，王師南征，煜遣徐鉉、周惟簡等奉表朝廷求緩師，不答。"②由此我們也可以注意到，徐鉉在墓誌銘書寫中，較爲淡化了李煜"拒命""後至"的責任。從史傳中我們也可以看見，李煜由於"頗聞固拒"，一開始十分惶恐不安，直到趙宋官方安慰他説國家務在致太平，不會多追究責任③。

參照《長編》中太平興國三年（978）的記載："（宋太宗）幸崇文院觀書，恣親王、宰相檢閱問難。復召劉鋹、李煜令縱觀，上謂煜曰：'聞卿在江南好讀書，此中簡策多卿舊物，近猶讀書否？'煜頓首謝，因賜飲中堂，至醉而罷。"④劉鋹是南漢的末代君主，與李煜身份相近。由此也可見太宗對李煜仍帶關心。在歷史情境中，趙光義確實對李煜恩禮有加，違命侯的封號被撤銷，改爲隴西郡公。李煜曾向趙光義訴其貧窮，趙光義於其月俸之外，又賜錢三百萬。儘管李煜仍舊處於軟禁之中，但居處似乎頗有幾位樂工來往⑤。同時李煜死亡時，太宗也確實爲之輟朝三日⑥，至少可見太宗對此事的重視。再結合李煜去世時的政治考量，書寫太宗"撫几興悼，投瓜軫悲"，恐怕也有爲準備收復北漢與燕雲失地，作厚待降主之宣傳的政治意圖。同時李煜死亡後，墓誌銘所展現出的悲傷的主人公正是趙宋皇帝，而非昔日南唐臣民，也映射出這篇墓誌銘的性質，實屬於皇權對於"降主"之觀照。

（二）禮樂仁孝之主：李煜形象之論定

雖然徐鉉在寫作墓誌銘時使用了雙軌筆法，不過李煜的主綫地位仍然明顯，墓誌銘在敘述南唐貶號獻地的史實之後，接著一段全敘李煜治國有

---

① （宋）趙匡胤《李煜除官制》："李煜承累世之遺基，據六朝之故地。朕奄有天下，底定域中。苞茅雖貢於王庭，輯瑞不趣於朝會。洎偏師問罪，鋭旅傅城，猶冀懷來，頗聞固拒。爾自貽於悔吝，余曷忘於哀矜。是用盡滌瑕疵，併推恩渥。"收於《宋大詔令集》卷二二七，第878頁。
② （宋）歐陽修撰，（宋）徐無黨注《新五代史》，卷六二《南唐世家》，第779頁。
③ 《續資治通鑑長編·太祖開寶九年》："煜初以拒命，頗懷憂悲，不欲生見上，（郭）守文察知之，因謂煜曰：'國家止務恢復疆土，以致太平，豈復有後至之責耶。'煜心始安。"（宋）李燾《續資治通鑑長編》，卷一七，第361頁。
④ （宋）李燾《續資治通鑑長編》，卷一九，《太宗太平興國三年》，第423頁。
⑤ 任爽：《南唐史》，長春：東北師範大學出版社1995年版，第295頁。
⑥ 《續資治通鑑長編·太宗太平興國三年》："壬辰，贈太師、吳王李煜卒，上爲輟朝三日。"（宋）李燾《續資治通鑑長編》卷一九，第432頁。

度、且能盡事大之禮：

  王以世嫡嗣服，以古道馭民，欽若彝倫，率循先志。奉烝嘗、恭色養必以孝，賓大臣、事耆老必以禮，居處服御必以節，言動施舍必以時。至於荷全濟之恩，謹藩國之度，勤修九貢，府無虛月，祗奉百役，知無不爲。十五年間，天眷彌渥。①

可見李煜稱臣之後，對内"以古道馭民"施行仁政，對外能夠"謹藩國之度"，使得南唐百姓在十五年内度過一段安穩的歲月，事實上肯定了李煜治國的功績。關於李煜以仁政治國的形象建構，徐鉉在南唐時爲李煜寫的《御製雜説序》，恰可與墓志銘對讀：

  皇上高明博厚，濬哲文思，既承累聖之資，仍就甘盤之學。鴻才綺縟，理絶名言，默識泉深，事符影響。自祗膺眷命，欽若重熙，廣大孝以厚時風，勵惟精而勤庶政。宥萬方而罪己，體百姓以爲心。俗富刑清，時安歲稔。②

對讀可以發現《御製雜説序》與墓志銘中有許多重合的部分。首先都强調李煜的治國風格源於《尚書》。墓志銘稱"欽若彝倫，率循先志"，語源自《尚書》中"欽若昊天""彝倫攸叙""臨君周邦，率循大卞"③，即謂李煜能夠恭敬地遵循天人之常道。《御製雜説序》中"甘盤就學"，則是《説命》中殷高宗自叙身爲王子時，曾跟隨殷賢臣甘盤，學習先王之道④。或許可見在宋初五代的君王教育體系中，《尚書》之學占有重要地位。

同時也可見徐鉉重視李煜"孝"形象的建構，並將之與治理國政相聯繫："廣大孝以厚時風"，"奉烝嘗、恭色養必以孝"，並且强調重視"烝嘗"之禮⑤。

---

① （宋）徐鉉《徐鉉集校注》，卷二九，第 793 頁。
② （宋）徐鉉《徐鉉集校注》，卷一八，第 533—534 頁。
③ （漢）孔安國傳，（唐）孔穎達疏，（清）阮元校刻：《尚書正義》，北京：中華書局，2009 年，影印清嘉慶二十年江西南昌府學刊本。依序分見《堯典》，第 251 頁；《洪範》，第 397 頁；《顧命》，第 512 頁。
④ 《尚書正義》，卷一〇《説命》，第 371 頁。
⑤ 《禮記·王制》："天子諸侯宗廟之祭，春曰礿，夏曰禘，秋曰嘗，冬曰烝。"（清）孫希旦：《禮記集解》，北京：中華書局 1989 年版，卷一三，第 346 頁。

這可能也與徐鉉的政治思想有關。從徐鉉撰寫與國家祭祀相關的道宫碑銘中，可以看出其重視"孝"對於國政的意義①。徐鉉認爲君主在宗廟祭祀中，讓孝的精神充斥内心，如此君王之作爲將自然合乎道。施政就能實踐堯、舜、周、孔的仁政，並且敦厚時風②。同時從墓志銘總結人物功業的考量來説，李煜作爲亡國之君没能守住家業，事實上成爲一種不孝，或許因此也影響徐鉉强調孝來補充其人物評價。

在墓志銘散文部分的末尾，用藻麗之辭依照體例交代夫人、兒子名諱情況之後，徐鉉還專門對李煜進行了蓋棺論定式的總體人物形象建構，認爲他是有道之君：

> 惟王天骨秀異，神氣清粹。言動有則，容止可觀。精究六經，旁綜百氏。常以爲周孔之道，不可暫離，經國化民，發號施令，造次於是，始終不渝。酷好文辭，多所述作。一游一豫，必以頌宣；載笑載言，不忘經義。洞曉音律，精别雅鄭。窮先王制作之意，審風俗淳薄之原，爲文論之，以續樂記。所著文集三十卷，雜説百篇，味其文知其道矣。……以厭兵之俗，當用武之世。孔明罕應變之略，不成近功；偃王躬仁義之行，終於亡國。道有所在，復何愧歟？③

首先對李煜容止上的評價，源於漢魏六朝人倫傳統，"威儀""節度"等儀態要求逐漸成爲士人行止的準則④。由於李煜實際上治國是不修武備，徐鉉從以儒道治國的角度來切入評價。關於"周孔"之法其用於治國，參見徐鉉《楊府新建崇道宫碑銘并序》中的詮説："有天地然後有萬物，有萬物然後有君臣，有君臣然後有教化。教之大者，當由其本，則大道是已。夫道積乎

---

① 徐鉉《楊府新建崇道宫碑銘并序》："夫孝本因心，而宗廟籩簋所以致孝也；道本勤行，而宫館壇墠所以尊道也。爲政者有能原聖人之旨以垂憲，崇列真之宇以薦誠，其殆庶乎！"見《徐鉉集校注》卷二六，第743頁。徐鉉《池州重建紫極宫碑銘》："域中之大曰道，百行之先曰孝。故孝心充乎内，必道氣應乎外。……用於邦國，則臣節著；施於家庭，則子道光，以之爲政則民從乂，以之薦信則神降福。"見《徐鉉集校注》卷一二，第409頁。
② 張維玲：《宋初南北文士的互動與南方文士的崛起——聚焦於徐鉉及其後學的考察》，《臺大文史哲學報》第85期（2016年11月），第202頁。
③ （宋）徐鉉著：《徐鉉集校注》，卷二九，第794頁。
④ 甘懷真《魏晉時期的安静觀念——兼論古代威儀觀的發展》，《臺大歷史學報》第20期（1996年11月），第442—445頁。

中,動合於真,故能舉堯、舜、周、孔之法,奮禮樂刑政之用。"①可見徐鉉認爲儒術德政是"道"的外在應用,從逆向推知,李煜能"始終不渝"踐行古聖的禮樂教化,也説明他的"道有所在",不必因爲亡國過分慚愧,體現了墓誌安慰亡者的作用。此外也爲李煜降國試圖開解,投降於趙宋也是爲民考慮,合乎周孔之道,同時也藉之擡升趙宋形象,趙宋能夠降服有周孔之道的國家,是真正的天命所歸。

徐鉉還用大量篇幅建構李煜具有深厚儒學、文藝修養的形象,在《御製雜説序》中,徐鉉也確實地記載李煜對於墳典濃厚的興趣,並且曾勸説近臣"爲學爲文",應當"游先王之道義",反應了李煜儒學體系下的藝文觀②。因此在此基礎上,李煜的述作被評價爲"窮先王制作之意"。墓誌銘中也常總結人物生平之著述,故而在李煜以儒學治國的背景下,李煜對音樂的興趣與論述,也被涵蓋在儒家的"樂教"之内,所謂"窮先王制作之意,審風俗淳薄之原"。同時徐鉉可能也有彰顯南唐文化的用意;南唐投降君臣入宋,必然會與北地文化發生齟齬,然而徐鉉入宋後,以其深厚的學養與學術威望,加上性情質直的作風,獲得了李昉、李穆、王祐等北方核心文士的敬重③。李昉《徐公墓志銘》也記載了北方文士對徐鉉的品評禮遇,認爲他是有道之士④。因此在南北文化碰撞的背景下,徐鉉建構昔日君主者能夠"精究六經,旁綜百氏"的儒學之君風範,那麽其下的南唐的降臣自然也會有著良好的學術修養,以此來提高趙宋君臣眼中南臣的地位。最後值得注意的是,太宗後期政風頗尚無爲及對外和睦。蔣復生指出,宋前期主張因循無爲的保守勢力,在太宗時期已初步形成⑤。可知徐鉉對於李煜"厭兵""仁義"的人物評價,也具有宋初無爲政風的印記。

參讀馬令《南唐書・後主書》載李煜言:"天下無周公、仲尼,吾道不可

---

① (宋)徐鉉《徐鉉集校注》卷二六,第 743 頁。
② 徐鉉《御製雜説序》:"其或萬機暇豫,禁籞晏居,接對侍臣,宵分乃罷。討論墳典,昧旦而興,口無擇言,手不釋卷。嘗從容謂近臣曰:'卿輩從公之暇,莫若爲學爲文;爲學爲文,莫若討論六籍,游先王之道義,不成,不失爲古儒也。'"《徐鉉集校注》卷一八,第 533—534 頁。
③ 張維玲《宋初南北文士的互動與南方文士的崛起——聚焦於徐鉉及其後學的考察》,第 180—181 頁。
④ 李昉《東海徐公墓誌銘》:"故工部尚書李公穆有清識,嘗語人曰:'吾觀江表冠蓋,若中立有道之士,惟徐公近之耳!'兵部侍郎王公祐,負才尚氣,未嘗輕許人,及見公,常言于朝曰:'文質彬彬,學問無窮,惟徐公耳。'"見曾棗莊、劉琳主編:《全宋文》,第 3 册,卷四八,第 175 頁。
⑤ 劉復生《北宋中期儒學復興運動》,臺北:文津出版社 1991 年版,第 125—128 頁。

行也。"①陸游《南唐書·後主紀》卷末評云:"雖仁愛足以感其遺民,而卒不能保社稷。"②均可證偃王之典③,實徐鉉之有感而發。通觀誌文此段,始言後主遵古好文,本乎惻隱之性,崇佛厭兵,以致絀於應變,復因躬行仁道,偃文息武,遂致覆亡,結尾繼以反詰:"道有所在,復何愧歟!"則爲後主蓋棺之辯白,如謂徐鉉下筆"存故主之義",當在於此:此"道"非天命運曆之道,而爲古仁人之道;惻隱之心,本近乎仁,加以"竺乾"之慈,身死國滅,雖有所憾,終無愧於"求仁得仁"。

最後關於《東軒筆錄》中魏泰載"又有偃王仁義之比,太宗覽讀稱歎"④,必須作一解說。根據《韓非子·五蠹》中的記載,徐偃王是被楚國所攻滅⑤,如果這樣的話,豈不是把北宋比作荆楚蠻夷,爲何又得到太宗的讚賞呢?實際上對於偃王事跡,還應參照更廣的詮釋體系,《後漢書·東夷列傳》載:"後徐夷僭號,乃率九夷以伐宗周,西至河上。(周)穆王畏其方熾,乃分東方諸侯,命徐偃王主之。偃王處潢池東,地方五百里,行仁義,陸地而朝者三十有六國。穆王後得驥騄之乘,乃使造父御以告楚,令伐徐,一日而至。於是楚文王大舉兵而滅之。偃王仁而無權,不忍鬭其人,故致於敗。"⑥由此而知,雖然把李煜比成徐偃王,但下令討伐偃王的是周天子(也即趙宋)。並且根據李賢注引《博物志》,徐偃王雖然可稱爲仁義之君,但其實他有著"以己得天瑞"的不軌之心⑦,所以遭到攻滅似也理所應當,徐鉉正以此暗示了南唐的命運。徐鉉此處既將李煜之仁主形象極盡發揚,又維護了北宋滅唐的正統性與合理性,可謂"立言有體",令太宗讚歎。

---

① (宋)馬令《南唐書·後主書》,南京:南京出版社2020年版,卷五,第49頁。
② (宋)陸游《南唐書校注·後主本紀》,卷三,第141頁。
③《韓非子·五蠹》:"徐偃王處漢東,地方五百里,行仁義割地而朝者三十有六國,荆文王恐其害己也,舉兵伐徐,遂滅之。故文王行仁義而王天下,偃王行仁義而喪其國,是仁義用於古而不用於今也。"(清)王先慎撰,鍾哲點校《韓非子集解》,北京:中華書局1998年版,卷一九,第445頁。
④ (宋)魏泰《東軒筆錄》卷一,第211頁。
⑤《韓非子·五蠹》:"徐偃王處漢東,地方五百里,行仁義割地而朝者三十有六國,荆文王恐其害己也,舉兵伐徐,遂滅之。故文王行仁義而王天下,偃王行仁義而喪其國是仁義用於古而不用於今也。"(清)王先慎撰,鍾哲點校《韓非子集解》,卷一九,第445頁。
⑥ (南朝宋)范曄撰,(唐)李賢等注:《後漢書》,北京:中華書局1965版,卷八五,第2808頁。
⑦《後漢書·東夷列傳》李賢注引《博物志》曰:"偃王溝通陳蔡之間,得朱弓朱矢,以己得天瑞,自稱偃王。穆王聞之,遣使乘騮,一日至楚,伐之。偃王仁,不忍鬭,爲楚所敗,北走此山。"《後漢書》卷八五,第2809頁。

（三）墓志銘"存故主之義"與論定仁主形象之背景

徐鉉在蓋棺論定時，建構李煜仁孝之主的形象，絶非僅取決於其個人的意見態度，也必須經過趙宋官方的首肯。因此墓志銘中對李煜的評斷總結，以及書寫太宗對李煜的優待，甚至要求由徐鉉來寫墓志銘的原因，都應有趙宋官方政治考量下的背景。

首先應與安撫南唐降臣之心有關。實際上徐鉉被宋太宗任命來寫李煜的墓志銘，原因絶非《東軒筆録》中說"知吳王事迹，莫若徐鉉爲詳"那麽簡單。林紓認爲此舉亦有試探徐鉉政治認同的意味在内[1]。徐鉉和張洎等降臣固然學識淵博，然在趙宋政府的入仕與升遷也與他們的降臣身份有關，趙宋延攬這些人的目的絶非單純的利用他們的才學，同時兼有籠絡南唐諸多士子與官員之人心的目的[2]。例如南唐官員入宋後，在東宫擔任職位者較後蜀等國之降臣數量爲多，可以看到宋廷對南唐舊臣的重視。宋廷的態度也逐漸由一開始消極防備，改爲積極開放，讓降臣及子弟有更多機會參與政權，進而保護家族利益。宋太宗大量提高科舉録取名額，爲使降臣子弟能夠容易科舉及第，改變其身份地位，進而更加認同宋政權[3]。

而徐鉉在南唐時已被時人目爲"當代文宗"[4]，入趙宋後又深得太祖、太宗器重以及當時名流之禮遇[5]，職是作爲南方文士的代表正合適。由徐鉉來撰寫墓志銘，事實上促使南臣群體再次"認同"南唐被趙宋征服的歷史事實，同時藉之體現南臣群體對征服者的順從。官方授意下的墓志銘寫作，在美化趙宋統一大業是天命所歸的同時，也不失對故主的德政予以肯定，同時側面肯定了南唐的士大夫群體，因之也具有了拉攏安撫南方降臣的意味。

---

[1]《京華碧血録》："今李煜有一江春水向東流之句，已觸太宗之忌，鉉雖不言，太宗亦決殺之。且鉉之來，太宗亦以試鉉之心，安知左右不無偵伺之人？鉉果一語粉飾如張敞者，立可齏粉。但觀後此李煜之神道碑，必令徐鉉爲之，正以觀其向背。"（清）林紓：《林紓集》，福州：福建人民出版社2020年版，第3册，第29頁。

[2] 王翠：《北宋前期中央官僚的地域構成》，上海：上海師範大學博士論文，2012年，第84頁。

[3] 林煌達：《宋初政權與南方諸國降臣的互動關係》，《東吳歷史學報》第12期（2004年），第135、142—145頁。

[4]（宋）陳彭年：《江南别録》，收於傅璇琮等編《五代史書彙編（玖）》，杭州：杭州出版社2004年版，第5138頁。

[5] 陳彭年《故散騎常侍東海徐公文集序》敘徐鉉入宋後受禮遇之處境："太祖讀豫州之檄，不責其非；今上聽上林之文，屢言其美。由是甘泉、柏殿，重奉宸游；瑣闥貂冠，更膺天獎。王公慕義，如見古人；名德在時，目爲耆老。"見《徐鉉集校注》，附録，第879頁。

其次也有助於安撫南唐舊地士族百姓。李煜即使投降之後羈北，南唐百姓還是感念其仁政，李煜死後"凶問至江南，父老多有巷哭者"①，足見對故主的懷念。在南唐滅亡後，還是有許多南唐故地如江州、吉州、袁州、宣州及閩中等地，仍堅決抵抗②。即使通過軍事手段取得統治，數十年之内想要安定民心也非易事。可以從一篇南唐故將蔡鵬遺孀的墓志中看到，南唐滅亡之後，南人對南唐仍保留有政治認同。該墓志出土於現江西省九江市德安縣，德安縣曾是南唐所轄，開寶七年（974）後納入趙宋版圖。宋太祖趙匡胤以李煜拒絶來朝爲辭，出兵討伐南唐。薩夫人丈夫蔡鵬先受李煜之命爲江州武備軍都頭，在太平興國元年（976）因抵禦宋軍進攻力竭戰死③。作者鄭敏作爲薩夫人與蔡鵬的女婿，對撰寫去世於趙宋的薩夫人墓志而言，如何記述蔡鵬對南唐的忠心，與當時政治環境無疑存在不可調和的矛盾④。實則開寶六年（973）冬，由於趙宋進攻南唐，後主遂棄用趙宋"開寶"年號，改以干支紀年⑤。然鄭敏在撰寫岳父蔡鵬有關事宜時，並不使用趙宋年號，僅用干支紀年云"丙子年孟夏月二十一日，失利江城"，以此作爲對蔡鵬忠心的致敬，可使人體察到撰者鄭敏對於南唐故國的追憶。可見即使是在南唐已經滅國的近五十年後⑥，士人在回顧往事時，對於南唐仍存有敬意。所以徐鉉（趙宋官方）在撰寫李煜墓志時，必須採取謹慎的態度，以不失去南唐故臣故民之心。在李煜亡故之後，由南唐士大夫代表徐鉉來撰寫墓誌銘，給予他仁政、仁善、孝節之評價，亦有助於安撫南唐故士。

最後從徐鉉個人的角度而言，昔日君臣之恩義也必然影響到墓志銘書寫。《長編》記載在趙宋對南唐用兵之際，徐鉉前往宋廷求和。恰好長江上游的援兵前來，李煜考慮到徐鉉的人身安全，特令拒止援兵進一步東下。徐鉉備受感動説"要以社稷爲計，置臣度外耳"⑦。此事一方面提醒李煜身爲君王"本以惻隱之性"的特徵，也足管窺君臣恩義所在。因此在太宗命令

---

① （清）吴任臣撰《南唐後主本紀》，《十國春秋》，北京：中華書局 2010 年版，卷一七，第 256 頁。
② 見（宋）李燾《續資治通鑑長編》，卷一七《太祖開寶九年》，第 36、370、375 頁。
③ 曾棗莊、劉琳主編《全宋文》，第 16 册，卷三二五鄭敏《薩氏夫人墓誌》，第 93 頁。
④ 仝相卿《北宋墓誌碑銘撰寫研究》，北京：中國社會科學出版社 2019 年版，第 62 頁。
⑤ 《南唐書校注·後主本紀》："開寶六年（973）閏十月，王師拔池州。國主於是下令戒嚴。去開寶紀年，稱甲戌歲。"（宋）陸游《南唐書校注》，卷三，第 117 頁。
⑥ 蔡夫人去世於真宗乾興元年（1022），此碑寫作時間大致在此後不久。
⑦ 《續資治通鑑長編》，卷一六《太祖開寶八年》，第 347 頁。

徐鉉撰碑時，徐鉉特別强調"臣舊事李煜，陛下容臣存故主之義，乃敢奉詔"①。徐鉉在《吳王挽詞》中寫道："道德遺文在，興衰自古同。受恩無補報，反袂泣途窮。"②儘管墓誌銘作爲面向公領域且需極度審慎的文章，然昔日蒙恩舊臣的情感並非全然被理性所消弭，正如徐鉉所敍"即隧路兮徒返，望君門兮永辭"，"道有所在，復何愧歟"，而以一種端莊且惋惜的態度來書寫，其情感流露在墓誌銘的字裡行間。選擇由徐鉉來撰文，也符合古人對於碑銘文章"情意真切"的價值追求。

四、《吳王隴西公墓誌銘》之寫作藝術
——兼論承燕許遺風

四庫館臣稱徐鉉文章"沿溯燕、許"，吕思勉也稱徐鉉該篇《吳王隴西公墓誌銘》："穆然見燕許之遺風。"③因此本節希望從文章學之角度，通過考察徐鉉如何承襲張説、蘇頲文風這一文學史議題，以照見徐鉉駢文的文學藝術特徵。

（一）敍事：碑取實録，不載虚善

張説爲故豫州刺史魏叔瑜撰碑，其子魏華正曾以禮答謝，張説覆書曰："尊豫州府君德業高遠，名言路絶，豈説常詞所堪碑紀？比重奉來旨，力爲牽綴，亦不敢假稱虚善，附麗其迹。雖意簡野，文樸陋，不足媚於衆眼；然敢實録，除楦釀，亦無愧於達旨。"④張説在信中也説明自己寫作碑誌文的原則"敢實録""不敢假稱虚善，附麗其迹"，這在諛碑諛墓盛行的中古社會，殊爲難得。因此張説在實際的碑誌文寫作中，也能直接指出事主人生中的不足，例如《右羽林大將軍王氏神道碑》記載碑主："郭知運推轂河源，握符隴右，公未登一命，事主將之旌麾；不出十年，代總戎之節鉞。"⑤表面上稱其升

---

① （宋）魏泰《東軒筆録》卷一，第211頁。
② （宋）徐鉉《徐鉉集校注·補遺》，第835頁。
③ 吕思勉《宋代文學·宋代之駢文》，《文學與文選四種》，第22頁。
④ （唐）張説著，熊飛校注《與魏安州書》，《張説集校注》，北京：中華書局，2013年版，卷三〇，第1427—1428頁。
⑤ （唐）張説《張説集校注》卷一七，第840頁。

遷之速,實則也暗含了其亦乃因人成事,考之史傳,王君㚟也恰好是因爲郭知運去世,而承襲了其官爵地位①。而後也敘其自恃勇武,貪功冒進之態:"當斯時也,躊躇攘袂,三垂可以氣壓,百蠻可以力制。即叙者,老生之常談;和親者,豎儒之怯計;安足爲神武非常之主道哉!誓請先拔犬戎,次繫獯鬻。"②然而可惜的是,最終王君㚟在與吐蕃作戰的過程中,遭遇回紇承宗的司馬護輸伏兵被擊殺③。與其人生結局相參照,張説叙述其"躊躇攘袂"的一段文字,則具有諷刺規箴的意味。在史傳中,王君㚟對吐蕃強烈主戰,張説上奏説王君㚟"勇而無謀,常思僥倖",稱其阻撓與吐蕃和平的緣由是:"兩國和好,何以爲功。"④史傳的記載也恰可與碑誌相參,可見張説寫作碑誌"敢實録"的態度。

前文已論及,徐鉉在歸結南唐滅國原因時,也没有遮掩李煜的職責,指出他負有"果於自信,怠於周防"的責任。而在墓誌後半,總結李煜一生文藝及治國成就時,徐鉉也直言不諱,將李煜的得失並陳:

> 本以惻隱之性,仍好竺乾之教,草木不殺,禽魚咸遂。賞人之善,常若不及;掩人之過,唯恐其聞。以至法不勝姦,威不克愛,以厭兵之俗,當用武之世。孔明罕應變之略,不成近功;偃王躬仁義之行,終於亡國。⑤

徐鉉書寫李煜由於過分篤信佛教,以至於過分仁善,導致刑威不加的情形,皆是十分客觀的實筆,史傳皆有以參證,例如《南唐書·浮屠傳》記載當時:"僧尼犯姦淫,獄成,後主每曰:'此等毁戒,本圖婚嫁,若冠笄之,是中其所欲。'(後主)命禮佛百而捨之。"⑥並且佞佛同樣導致了損耗國家經濟的情形,即使大臣汪焕死諫,李煜仍是固執地"仍好竺乾之教",雖然没有降罪,

---

① 《舊唐書·王君㚟傳》:"王君㚟,瓜州常樂人也。初,爲郭知運別奏,驍勇善騎射,以戰功累除右衛副率。及知運卒,遂代知運爲河西、隴右節度使,遷右羽林軍將軍,判涼州都督事。"(後晉)劉昫等《舊唐書》,北京:中華書局1975年版,卷一〇三,第3191頁。
② (唐)張説《張説集校注》卷一七,第841頁。
③ 參見(後晉)劉昫等《舊唐書》,卷一〇三《王君㚟傳》,第3192頁。
④ 參見(後晉)劉昫等《舊唐書》,卷一四六《吐蕃傳》,第5229頁。
⑤ (宋)徐鉉著《徐鉉集校注》,卷二九,頁794。
⑥ (宋)陸游《南唐書校注》,卷一八,《浮屠契丹高麗列傳》第136頁。

然"(焕)言卒不用"①。由此帶來的連鎖性後果導致"法不勝姦"的用人失當,例如任憑喜好獎用無能的文學之臣湯悦,而罷黜直諫的張洎②。後主的用人方針也呈現"厭兵之俗"的情形,所重用的幾個人,如皇甫繼勳、劉澄、于布、陳喬、朱令簧等,多爲阿諛諂媚、無德無才的新進之徒。然如林仁肇、盧絳、胡則、申屠令堅、潘佑、徐鉉等傑出忠心的文武重臣,卻得不到重用,甚至屢遭排擠打擊③。而後徐鉉書寫後主"孔明罕應變之略",在歷史情境中李煜在戰略上也往往表現出保守怯懦的姿態。例如盧絳就曾屢次勸説李煜攻伐吳越國,甚至想出了詐降的計策,但是李後主仍展現出偃武修文的態度説"大朝附庸,安敢加兵",而没有聽從他的意見④。

以上利用史料還原墓誌背後的歷史情境,可見徐鉉在構建墓主形象時,繼承了張説"不敢假稱虛善"的實録精神。作爲舊臣,對故主既不過分粉飾褒揚,也不因爲降臣身分而刻意貶損,而以冷静理性態度對待並書寫,也隱含反省、惋惜、(事後)規箴之意,也是該文千古不朽的緣由之一。

(二) 抒情:騷體句與聯結國運身運

在墓誌、神道碑中的銘文部分以騷體句抒情感懷,富於影響力者當屬燕、許的碑文⑤。徐鉉《吴王隴西公墓誌銘》在全篇末尾,以騷句起興,描繪一代君王既葬勒銘的過程:"儼青蓋兮裶裶,驅素虬兮遲遲。即隧路兮徒返,望君門兮永辭。庶九原之可作,與緱嶺兮相期。垂斯文於億載,將樂石兮無虧。"⑥讀之慷慨悽愴,古意徘徊,"遲遲""徒返"等語蘊含了舊臣對故

---

① (清) 吴任臣《十國春秋》,卷二五,《南唐·汪焕傳》,第 357 頁。
② (宋) 馬令《南唐書·後主書》,卷五,第 45 頁。
③ 杜文玉《南唐史略》,西安:陝西人民教育出版社 2001 年版,第 162 頁。
④ 《續資治通鑑長編·太祖開寶三年》:"(盧絳)嘗説唐主曰:'吴越,仇讎也。他日必爲北朝鄉導,掎角攻我,當先滅之。'唐主曰:'大朝附庸,安敢加兵?'絳曰:'臣請詐以宣、歙州叛,陛下聲言討伐,且乞兵於吴越,兵至拒擊,臣躡而攻之,其國必亡。'唐主亦不能用。"(宋) 李燾《續資治通鑑長編》,卷一一,第 255 頁。
⑤ (唐) 張説:《廣州都督嶺南按察五府經略使宋公遺愛碑頌》:"降王宰兮遠國靈,歌北户兮舞南溟,酌七德兮考六經,政畫一兮言不再,草木育兮魚鼈寧。變蓬屋兮改籬墻,魚鱗瓦兮鳥翼堂,洞日華兮皎夜光。"《張説集校注》卷一二,第 640—641 頁。(唐) 蘇頲:《司農卿劉公神道碑》:"躬清明兮翔廖廓,佩金紫兮富圭爵。日冉冉兮亟迴薄,歲崢嶸兮其搖落。吾將追於祖疏兮,噫何爲而葬霍。龍山趾兮鳳城端,青靄深兮白露溥。"見(清) 董誥等編:《全唐文》,北京:中華書局 1983 年版,卷二五七,第 2605 頁。
⑥ (宋) 徐鉉著《徐鉉集校注》卷二九,頁 795。

主的眷戀不捨,但最終也只能以沉痛莊重的姿態相告別,語承《楚辭》中"豈不鬱陶而思君兮?君之門以九重"的思君傳統而來①,陳彭年爲徐鉉作序時也稱徐鉉繼承屈原風騷②。同時徐鉉《吴王挽詞》云:"倏忽千齡盡,冥茫萬事空。青松洛陽陌,荒草建康宫。道德遺文在,興衰自古同。受恩無補報,反袂泣途窮。"③與其銘文對讀,可觀騷體文字之抒情性,照見"鉉之忠義"所在,呈現徐鉉入宋之後,已然以君臣身份看待自己與李煜之關係。從語言風格而言,碑銘末尾加入騷體句,以典奥悽婉之風抒發對亡者的挽留與哀悼,也可見對燕、許手筆之繼承。

徐鉉在墓誌銘中尤有特色的是,將李煜個人命運籠罩於南唐國運的龐大陰霾之下。當國家衰亡時,李煜個人的命運也隨之轉入低谷,除了其妻、子即葬地的交代,墓誌銘絲毫不涉李煜個人生活。這種寫作技法除前文所論諸多政治考量外,也將個人命運置於國運的龐大敘事之下,給讀者帶來充滿歷史感的感慨悲涼閱讀體驗。這種筆法亦其源有自,庾信《思舊銘》實悼羈北而死的梁元帝之孫蕭永。其中痛云:"星紀吴亡,庚辰楚滅。紀侯大去,鄅子無歸。……駸駸霜露,君子先危。紀侯大去,懷王不返。"④其銘未對蕭永多作形容,而聚焦在國滅人亡的悲慨懷思之中。舊君新逝引起徐鉉故國之悲,然已仕新朝,只能憑藉對故主的悼亡,隱微地流露人性中面對宿命的悲劇意識。這種抒情方式自也影響到後世易代、離亂文學。

(三) 雄辭逸氣,運散入駢

梁肅概覽"唐文三變"之輪廓云:"初則廣漢陳子昂以風雅革浮侈,次則燕國張公説以宏茂廣波瀾。天寶已還,則李員外、蕭功曹、賈常侍、獨孤常州比肩而出。"⑤《唐文粹》以承此意而推申之,言燕、許二公"雄辭逸氣、丕變習俗"⑥,更顯示出燕、許在唐文嬗變中承前啓後之功。張説之碑誌使句用詞並不被駢偶所禁錮,而是根據敘事需要,時也化整飭爲錯落,運散行之氣入駢。蔡世遠《古文雅正》云:"昌黎公未出以前,推燕公爲巨手,未能去

---

① (宋) 洪興祖《九辯章句》,《楚辭補注》,北京:中華書局1983年版,卷八,第188頁。
② 陳彭年《故散騎常侍東海徐公文集序》:"豈獨語其篇什,宜升洙泗之堂,畫彼形容,當在靈均之廟者哉!"見《徐鉉集校注》,附錄,第880頁。
③ 《徐鉉集校注》,補遺二,第835頁。
④ 庾信撰,倪璠注《庾子山集注》,北京:中華書局1980年版,卷一二,第686—691頁。
⑤ 梁肅《補闕李君前集序》,見《全唐文》,卷五一八,第5261頁。
⑥ 姚鉉《〈唐文粹〉序》,見《全宋文》,第13册,卷二六八,第282頁。

排偶之習,然典重矜貴,有兩漢之風味,而無六朝之綺靡,擅名一代不虛也。"①孫梅《四六叢話·碑誌》云:"若夫格沿齊、梁,文高秦、漢,詞雄而意古,體峻而骨堅,稱有唐之冠冕,爲昌黎所服膺者,其惟張燕公乎。"②可見張説之碑誌雖然仍帶駢偶,然其"詞雄意古"的西漢文風,對韓愈等古文家的碑誌寫作有著重要的影響。徐鉉《墓誌銘》亦雜用散句書寫李煜死亡後趙宋以禮葬之的過程,以及李煜個人以周孔之道治國的過程:

  皇上撫几興悼,投瓜輟悲,痛生之不逮,俾歿而加飾,特詔輟朝三日,贈太師,追封吳王。命中使莅葬,凡喪祭所須,皆從官給。即其年冬十月日,葬于河南府某縣某鄉某里,禮也。……常以爲周孔之道,不可暫離,經國化民,發號施令,造次於是,始終不渝。……窮先王制作之意,審風俗淳薄之原,爲文論之,以續樂記。所著文集三十卷,雜説百篇,味其文知其道矣。③

亦見繼承燕、許之運散入駢之筆法,雖以駢體爲主,但行文遇見需要説明性質的語句時,雖多用四字句保持碑文典雅,然也不刻意求偶對,而是以清簡的散句保持文氣的連貫流宕。有時駢散夾雜,前用駢句,後雜散語繼續闡明事件經過,而顯出雄辭逸氣。

五、結　論

  由於李煜南唐國主之特殊身份,《吳王隴西公墓志銘》實際上是以南唐國的興亡作爲主體敘事綫索。徐鉉在開篇即定調,南唐被趙宋所征服是天命所歸,既淡化了李煜亡國之君的責任,又迎合了趙宋初年建構"天命所歸"政權合法性之政治氛圍之意圖。在墓誌銘中徐鉉構建了吳越國覬覦南唐,並且挑撥南唐與趙宋的友好關係的敘事情境,將國難的責任大部分都

---

① (清)蔡世遠《古文雅正》,杭州:杭州出版社2015年版,影印文瀾閣《四庫全書》本,第1525册,卷七,第8下。
② (清)孫梅《四六叢話》,收於王水照編:《歷代文話》,上海:復旦大學出版社2007年版,第2册,卷一八,第4615頁。
③ (宋)徐鉉《徐鉉集校注》,卷二九,第794—795頁。

推給吳越國，也有助於減輕死者李煜的罪責，同時弱化了趙宋作爲侵略者的主動性。然在真實的歷史情境中，趙宋原正有意滅南唐，並且脅迫吳越一同進兵。可見徐鉉在墓志銘中，對於趙宋主動攻滅南唐事實的巧妙粉飾，益見其立言委婉有體。而徐鉉在墓志銘中著重敘述南唐被代表"正統"的趙宋所吞併，也源於其有意配合太宗朝對"太平"這一統治目標的追求。

徐鉉在對李煜形象與功業進行蓋棺論定時，敘述李煜對内"以古道馭民"施行仁政，肯定了李煜治國的功績。著重李煜"孝"形象的建構，並將之與治理國政相聯繫，這與徐鉉的政治思想有關。還突顯李煜有著良好的儒學修養，以周孔之道治國，並且根據李煜不渝地踐行古聖的禮樂教化，推知其"道有所在"。徐鉉還用大量篇幅建構李煜具有深厚儒學、文藝修養的形象，隱含彰顯南唐文化，以提升入宋南臣形象地位的用意。即使是在史傳中，往往也難逃"勝利者傳統"，往往敘述失敗的國君"不行仁政"，百姓生活不佳，以突顯勝利之師的正義性。徐鉉對於李煜的仁政功績能夠以實筆書之，不加毁飾，殊爲難能。該墓志銘由徐鉉來寫作，並建構李煜仁孝之主的形象，必然有著趙宋官方政治考量下的背景。由徐鉉的墓志銘寫作活動，促使降臣群體再次"認同"南唐被趙宋征服的歷史事實，藉之體現南臣群體對於征服者的順從。墓志銘中對故主的德政予以肯定，也側面肯定了南唐的士大夫群體，附帶拉攏安撫南方降臣的意味，亦有助於安撫南唐故土，以不失去南唐故臣故民之心。墓志銘中宋太祖和宋太宗對李煜的態度有所不同：太祖重點主要是側重戰勝者對抗命者的寬容；而用更多筆墨書寫宋太宗對李煜的優待，同時書寫李煜去世時"撫几興悼"，也有爲準備收復北漢與燕雲失地，作後代降主之宣傳的政治意圖。

就此篇文學技法與藝術特徵而言，徐鉉繼承張説"碑取實録"的寫作要旨，並未一味褒揚墓主，在歸結南唐滅國原因時，指出李煜過度仁慈佞佛，以至於綱紀紊亂、用人失當，同時"怠於周防"，對於南唐國覆應負責任。以冷静理性態度對待並書寫，也隱含反省、惋惜、規箴之意。在墓志銘全篇末尾，徐鉉以八句騷體描述李煜既葬勒銘的過程，以典奧淒婉之風抒發對亡者的挽留與哀悼，且語承《楚辭》的思君傳統。徐鉉還將李煜個人命運與南唐國運緊密聯繫，營造悲劇感與歷史感的閲讀美學。徐鉉也學習"燕許"運散入駢之風格，雜用散句書寫李煜的儒學修養及死後的禮葬過程。雖多用四字句保持碑文典雅，然也不刻意求偶對，有時前用駢句，後雜散語繼續闡明事件經過，而顯出雄辭逸氣。

沈松勤考辨在北宋前中期，徐鉉、楊億、晏殊、歐陽修前後四代有明顯前後傳承關係，各爲文壇盟主①。晁説之也指出北宋文化盛景實從江南而來，並舉徐、楊、晏、歐等爲例②。張興武也指出徐鉉、楊億、歐陽修三者對於文章之革新，是南文北進的三個階段性標誌③。孫梅《四六叢話》在概述駢體宋代碑誌時，即推徐鉉與晏殊爲宋碑冠冕，共同具有"辭尚體要，文本性情"以及"忠厚"的特質④，可推論晏殊碑文或亦承徐鉉筆法而來。綜上可見徐鉉對於北宋文壇與文章發展有著深遠的影響；而李煜墓志銘作爲其代表作，可據此窺見徐鉉文章具有莊重典雅、温潤含情的敘事抒情風格，同時又能順應時代政治潮流，符合朝野政治需求，展現家國關懷。以本文爲媒介，通過對徐鉉駢文的價值重新體認，藉之補充文學史中宋初駢文的地位與文學史影響，明晰北宋廟堂文章倡古道、守法度、語典雅、重氣格的文學風尚，在宋初徐鉉身上淵源有自。

（作者單位：新加坡國立大學中國文學系）

---

① 沈松勤《從南北對峙到南北融合——宋初百年文壇演變歷程》，《文學評論》2008 年第 4 期，第 63 頁。
② 《曲洧舊聞》記載晁説之所論："本朝文物之盛，自國初至昭陵時，並從江南來。二徐兄弟以儒學顯，二楊叔侄以詞章進……而晏丞相、歐陽少師巍乎爲一世龍門。紀綱法度，號令文章，燦然具備，有三代風度。"（宋）朱弁：《曲洧舊聞》，北京：中華書局 2002 年版，卷一，第 97 頁。
③ 張興武《宋初百年文學復興的歷程》，北京：中華書局 2009 年版，第 113 頁。
④ 孫梅云："徐騎省撰南唐後主之碑，傷心國步，而仰惻宸襟；晏元獻撰章懿太后之碑，塗改生民，而未契睿旨。是知辭尚體要，文本性情。將列於著作之林，必原於忠厚之至。"（清）孫梅：《四六叢話》，收於王水照編《歷代文話》，第 5 册，卷一八，第 4615 頁。

Writing the Historical Memory of a Fallen State: Narratives of Rise and Fall in Xu Xuan's "Inscription on the Tombstone of King Wu of Longxi" and Comments on Li Yu

Zhang Xincheng

This paper examines tomb inscriptions as a medium to analyze the Zhao Song dynasty's official attitude toward defeated monarchs, specifically to illuminate the conditions and mindsets of Southern Tang officials after their submission to the Song dynasty. It further observes how the Zhao Song rulers and ministers recalled and constructed the historical memory of their conquest of Southern Tang and interpreted the political status of the conquered. The study delves into the complex and tense political background behind Xu Xuan's commission by Emperor Taizong of Song to compose the tomb inscription for Li Yu of the Southern Tang dynasty. It reveals that Xu Xuan, while adhering to the Zhao Song dynasty's official stance of rightful unification, maintained a sense of loyalty to his former ruler, conferring special literary and historiographical value to his work. Xu Xuan constructed a narrative that interpreted the fall of the Southern Tang dynasty as an act of divine will, thus mitigating Li Yu's responsibility as the monarch of a fallen state while extolling the Song Dynasty's legitimacy as divinely ordained. Xu also whitewashed the Song dynasty's aggressive invasion and shifted the blame for the state's collapse onto Wuyue, which had disrupted relations between the Zhao Song and the Southern Tang dynasty. Emphasizing the Southern Tang dynasty's absorption by the orthodox Zhao Song dynasty stemmed from Emperor Taizong's pursuit of the ruling objective of "great peace" (taiping 太平). In his final evaluation of Li Yu's character and accomplishments, Xu Xuan highlighted Li Yu's governance through benevolence and careful maintenance of vassal relations, thereby prompting the group of surrendered officials to re-acknowledge the historical fact of the Southern Tang dyansty's conquest by the Zhao Song dynasty. Following the

"Yan Xu" 燕許 stele's tradition of factual recording, Xu Xuan objectively pointed out the flaws in Li Yu's rule and implied a reflective critique. In the inscription, Xu Xuan depicts Li Yu's entombment process in a sorrowful, elegiac Sao style, which reveals a commanding and free-spirited eloquence. Xu Xuan's impact on the Northern Song literary scene was profound; re-evaluating his ornate prose illuminates that the literary trends in the Northern Song court—advocating for the ancient way, adherence to rules, and emphasis on vigor and style—originate from the early Song figure Xu Xuan.

Keywords: Li Yu, Xu Xuan, Southern Tang dynasty, tomb inscription, ornate prose in the Song dynasty

徵引書目

1. 孔安國傳,孔穎達疏,阮元校刻:《尚書正義》,北京:中華書局,2009 年版,影印清嘉慶二十年江西南昌府學刊本。Kong Anguo, Kong Yingda. *Shangshu zhengyi* (*The Correct Meaning of the Book of Documents*). Beijing: Zhonghua Shuju, 2009, reprint from the Jiangxi Nanchang Fu Xue Kan ben of the 20th year of Qing Jiaqing.
2. 毛亨傳,鄭玄箋,陸德明音義:《毛詩傳箋》,北京:中華書局,2018 年版。Mao Heng, Zheng Xuan, Lu Deming. *Maoshi chuanjian* (*Commentary to the Mao Book of Songs*). Beijing: Zhonghua Shuju, 2018.
3. 王行:《墓銘舉例》,臺北:臺灣商務印書館,1983 年版,影印文淵閣《四庫全書》本。Wang Xing. *Muming juli* (*Examples of Epitaphs*). Taipei: Taiwan Shangwu Yinshuguan, 1983, reprint from the Wenyuan Ge Siku Quanshu.
4. 仝相卿:《北宋墓誌碑銘撰寫研究》,北京:中國社會科學出版社,2019 年版。Tong Xiangqing. *Beisong muzhi beiming zhuanshu yanjiu* (*A Study on the Writing of Northern Song Tombstones and Inscription*). Beijing: Zhongguo Shehui Kexue Chubanshe, 2019.
5. 永瑢等:《四庫全書總目》,北京:中華書局,1965 年版。Yong Rong et al.. *Siku quanshu zongmu* (*General Catalog of the Siku Quanshu*). Beijing: Zhonghua Shuju, 1965.
6. 甘懷真:《魏晉時期的安静觀念——兼論古代威儀觀的發展》,《臺大歷史學報》第 20 期(1996 年 11 月),頁 407—463。Huai-Chen Kan. "Weijin shiqi de anjing guanlian — jianlun gudai weiyiguan de fazhan" (The Concept of Quietude of the Wei-Chin Period: With a Discussion of the Development of the Ancient Concept of Dignified Manners). *Taida lishi xuebao* (*Historical Inquiry*) 20 (Nov. 1996): pp. 407–463.
7. 任爽:《南唐史》,長春:東北師範大學出版社,1995 年版。Ren Shuang. *Nan Tang Shi* (*History of the Southern Tang Dynasty*). Changchun: Dongbei Shifan Daxue Chubanshe, 1995.
8. 朱弁:《曲洧舊聞》,北京:中華書局,2002 年版。Zhu Bian. *Qu wei jiuwen* (*Old Stories of Qu Wei*). Beijing: Zhonghua Shuju, 2002.
9. 吴任臣:《十國春秋》,北京:中華書局,2010 年版。Wu Renchen. *Shiguo chunqiu* (*Spring and Autumn Annals of the Ten Kingdoms*). Beijing: Zhonghua Shuju, 2010.
10. 吕思勉:《文學與文選四種》,上海:上海古籍出版社,2010 年版。Lu Simian. *Wenxue yu wenxuan sizhong* (*Four Books on Literature and Literary Selections*). Shanghai: Shanghai Guji Chubanshe, 2010.
11. 宋綬、宋敏求編,司義祖整理:《宋大詔令集》,北京:中華書局,1962 年版。Song Shou, Song Minqiu. *Song dazhaoling ji* (*Collection of Imperial Edicts of the Song Dynasty*). Edited by Si Yizu. Beijing: Zhonghua Shuju, 1962.
12. 李卓穎:《從委諸天命到追究責任——南唐舊臣入宋之後的歷史認知與書寫》,《漢學研究》38 卷第 2 期(2020 年 6 月),頁 133—170。Li Jhuo-ying. "Cong weizhu tianming dao zhuijiu zeren — Nantang jiuchen ru song zhihou de lishi renzhi yu shuxie"

（From Destiny to Responsibility: A Former Official's Writing and Understanding of the History of the Southern Tang）. *Hanxue yanjiu*（*Chinese Studies*）38, 2（Jun 2020）: pp. 133-170.

13. 李燾:《續資治通鑑長編》,北京:中華書局,2004年版。Li Tao. *Xu zizhi tongjian changbian*（*Long Draft Continuation of the Comprehensive Mirror That Aids Administration*）. Beijing: Zhonghua Shuju, 2004.

14. 杜文玉:《南唐史略》,陝西:人民教育出版社,2001年版。Du Wenyu. *Nan tang shilue*（*Outline of the History of the Southern Tang Dynasty*）. Shaanxi: Renmin Jiaoyu Chubanshe, 2001.

15. 杜預注,孔穎達疏,阮元校刻:《春秋左傳注疏》,北京:中華書局,2009年版,影印清嘉慶二十年江西南昌府學刊本。Du Yu, Kong Yingda. *Chunqiu zuozhuan zhushu*（*Annotations on the Spring and Autumn Annals with Commentary*）. Beijing: Zhonghua Shuju, 2009, reprint from the Jiangxi Nanchang Fu Xue Kan ben of the 20th year of Qing Jiaqing.

16. 沈松勤:《從南北對峙到南北融合——宋初百年文壇演變歷程》,《文學評論》2008年第4期（2008年7月）,頁61—70。Shen Songqin. "Cong nanbei duizhi dao nanbei ronghe — Songchu bainian wentan yanbian licheng"（From North-South Confrontation to North-South Integration — The Evolution of the Literary World in the First Hundred Years of the Song Dynasty）. *Wenxue pinglun*（*Literary Review*）4（Jul. 2008）: pp. 61-70.

17. 林紓:《林紓集》,福州:福建人民出版社,2020年版。Lin Shu. *Lin Shu Ji*（*Collection of Lin Shu*）. Fuzhou: Fujian Renmin Chubanshe, 2020.

18. 林煌達:《宋初政權與南方諸國降臣的互動關係》,《東吳歷史學報》第12期（2004年12月）,頁129—157。Huang-ta Lin. "Songchu zhengquan yu nanfang zhuguo jiangchen de hudong guanxi"（The Interactive Relationship Between Early Song Dynastic Government and the Officials of the Former Southern Kingdoms）. *Dongwu lishi xuebao*（*Soochow Journal of History*）12（Dec. 2004）: pp. 129-157.

19. 柯慶明:《古典中國實用文類美學》,臺北:臺灣大學出版中心,2016年版。Ko Ching-ming. *Gudian zhongguo shiyong wenlei meixue*（*Aesthetics of Practical Literary Genres in Classical China*）. Taipei: National Taiwan University Press, 2016.

20. 洪興祖:《楚辭補注》,北京:中華書局,1983年版。Hong Xingzu. *Chuci buzhu*（*Supplementary Notes on the Songs of Chu*）. Beijing: Zhonghua Shuju, 1983.

21. 孫希旦:《禮記集解》,北京:中華書局,1989年版。Sun Xidan. *Liji jijie*（*Collected Explanations of the Book of Rites*）. Beijing: Zhonghua Shuju, 1989.

22. 孫梅:《四六叢話》,收於王水照編:《歷代文話》,上海:復旦大學出版社,2007年版。Sun Mei: *Si liu cong hua*（*Discussions on parallel prose*）. in Wang Shuizhao（Ed.）. *Lidai wenhua*（*Discussions on Prose throughout the Dynasties*）. Shanghai: Fudan University Press, 2007.

23. 徐鉉,李振中校注:《徐鉉集校注》,北京:中華書局,2016年版。Xu Xuan. *Xu Xuan ji jiaozhu*（*Collected Works of Xu Xuan with Annotations*）. Annotated by Li Zhenzhong.

Beijing: Zhonghua Shuju, 2016.

24. 馬令：《南唐書》，南京：南京出版社，2020 年版。Ma Ling. *Nan tang shu* (*Book of Southern Tang*). Nanjing: Nanjing Chubanshe, 2020.

25. 張維玲：《宋太宗、真宗朝的致太平以封禪》，《清華學報》第 43 卷第 3 期，(2013 年 9 月)，頁 481—524。Wei-Ling Chang. "Zhong taizong, zhenzong chao de zhi taiping yi fengshan" (To Achieve Great Peace: Song Taizong to Zhenzong's "Fengshan" Activities). *Qinghua Xuebao* (*Tsing Hua Journal of Chinese Studies*) 43.3 (Sep. 2013): pp. 481–524.

26. 張維玲：《宋初南北文士的互動與南方文士的崛起——聚焦於徐鉉及其後學的考察》，《臺大文史哲學報》第 85 期(2016 年 11 月)，頁 175—217。Wei-Ling Chang. "Songchu nanbei wenshi de hudong yu nanfang wenshi de jueqi — Jujiao yu Xu Xuan ji qi houxue de kaocha" (The Interaction of North and South Literati and the Rising of South Literati During the Early Song: An Investigation on Xu Xuan and His Disciples). *Taida wenshizhe xuebao* (*Humanitas Taiwanica*) 85 (Nov. 2016): pp. 175–217.

27. 張維玲：《從天書時代到古文運動：北宋前期的政治過程》，臺北：臺大出版中心，2021 年版。Wei-Ling Chang. *Cong tianshu shidai dao guwen yundong — Bei song qianqi de zhengzhi guocheng* (*From the "Heavenly Texts" Period to the Guwen Movement: The Political Process of the Early Northern Song Dynasty*). Taipei: National Taiwan University Press, 2021.

28. 張説著，熊飛校注：《張説集校注》，北京：中華書局，2013 年版。Zhang Shuo. *Zhang Shuo ji jiaozhu* (*Collected Works of Zhang Yue with Annotations*). Annotated by Xiong Fei. Beijing: Zhonghua Shuju, 2013.

29. 張興武：《宋初百年文學復興的歷程》，北京：中華書局，2009 年版。Zhang Xingwu. *Songchu bainian wenxue fuxing de licheng* (*The Process of Literary Revival in the First Hundred Years of the Song Dynasty*). Beijing: Zhonghua Shuju, 2009.

30. 脫脫等：《宋史》，北京：中華書局，1985 年版。Tuo Tuo et al.. *Song shi* (*History of Song*). Beijing: Zhonghua Shuju, 1985.

31. 陳振孫：《直齋書録解題》，上海：上海古籍出版社，1987 年版。Chen Zhensun. *Zhizhai shulu jieti* (*Explanations and Annotations on the Zhi Zhai Catalogue*). Shanghai: Shanghai Guji Chubanshe, 1987.

32. 陳彭年：《江南別録》，收於傅璇琮等編：《五代史書彙編(玖)》，杭州：杭州出版社，2004 年版。Chen Pengnian. *Jiangnan bielu* (*Records of Jiangnan*), in Fu Xuancong et al. (Eds.). *Wudai shishu huibian*, *jiu* (*Compilation of historical books of the Five Dynasties*, *No.9*), Hangzhou: Hangzhou Chubanshe, 2004.

33. 陸游著，錢仲聯、馬亞中校注：《南唐書校注》，杭州：浙江古籍出版社，2015 年版。Lu You. *Nan tang shu jiaozhu* (*Annotated Edition of the Book of Southern Tang*). Annotated by Qian Zhonglian and Ma Yazhong. Hangzhou: Zhejiang Guji Chubanshe,

年版。Zeng Zaozhuang and Liu Lin (Eds.). *Quan song wen* (*The Complete Prose of Song*). Shanghai: *Shanghai Cishu Chubanshe*; Hefei: *Anhui Jiaoyu Chubanshe*, 2006.

35. 葉夢得：《石林燕語》，鄭州：大象出版社，2019年版。Ye Mengde. *Shi lin yan yu* (*Gossip from the Stone Forest*). Zhengzhou: Daxiang Chubanshe, 2019.

36. 董誥等編：《全唐文》，北京：中華書局，1983年版。Dong Gao et al. (Eds.). *Quan tang wen* (*Complete Prose of Tang Dynasty*). Beijing: Zhonghua Shuju, 1983.

37. 劉昫等：《舊唐書》，北京：中華書局，1975年版。Liu Xu et al.. *Jiu tang shu* (*Old History of the Tang Dynasty*). Beijing: Zhonghua Shuju, 1975.

38. 劉復生：《北宋中期儒學復興運動》，臺北：文津出版社，1991年版。Liu Fusheng. *Bei Song Zhongqi ruxue fuxing yundong* (*The Revival Movement of Confucianism in the Mid-Northern Song Dynasty*). Taipei: Wenjin Chubanshe, 1991.

39. 厲鶚：《宋詩紀事》，杭州：浙江古籍出版社，2019年版。Li E. *Song shi jishi* (*Historical Records of Song Dynasty Poetry*). Hangzhou: Zhejiang Guji Chubanshe, 2019.

40. 歐陽修撰，徐無黨注：《新五代史》，北京：中華書局，1974年版。Ouyang Xiu. *Xin wudai shi* (*New History of the Five Dynasties*). Annotated by Xu Wudang. Beijing: Zhonghua Shuju, 1974.

41. 蔡世遠：《古文雅正》，杭州：杭州出版社，2015年版，影印文瀾閣《四庫全書》本。Cai Shiyuan. *Guwen yazheng* (*Anthology of Elegant and Proper Ancient Prose*). Hangzhou: Hangzhou Chubanshe, 2015, reprint from the Wenlan Ge Siku Quanshu edition.

42. 蔣復璁：《宋史新探》，臺北：正中書局，1966年版。Chiang Fu-tsung. *Song shi xintan* (*New Exploration of the History of the Song Dynasty*). Taipei: Zhengzhong Shuju, 1966.

43. 魏泰撰，燕永成整理：《東軒筆錄》，鄭州：大象出版社，2019年版。Wei Ta. *Dongxuan bilu* (*Records from Dongxuan Studio*). Compiled by Yan Yongcheng. Zhengzhou: Daxiang Chubanshe, 2019.

《嶺南學報》徵稿啓事

　　本刊是人文學科綜合類學術刊物，由香港嶺南大學中文系主辦，上海古籍出版社出版，每年出版兩期。徵稿不拘一格，國學文史哲諸科不限。學報嚴格遵循雙向匿名審稿的制度，以確保刊物的質量水準。學報的英文名爲 *Lingnan Journal of Chinese Studies*。

　　《嶺南學報》曾是中外聞名的雜誌，於1929年創辦，1952年因嶺南大學解散而閉刊。在這二十多年間，學報刊載了陳寅恪、吴宓、楊樹達、王力、容庚等20世紀最著名學者的許多重要文章，成爲他們叱咤風雲、引領學術潮流的論壇。

　　嶺南大學中文系復辦《嶺南學報》，旨在繼承發揚先輩嶺南學者的優秀學術傳統，爲21世紀中國學的發展作出貢獻。本刊不僅秉承原《嶺南學報》"賞奇析疑"、追求學問的辦刊宗旨，而且充分利用香港中西文化交流的地緣優勢，努力把先輩"賞奇析疑"的論壇拓展爲中外學者切磋學問的平臺。爲此，本刊與杜克大學出版社出版、由北京大學袁行霈教授和本系蔡宗齊教授共同創辦的英文期刊《中國文學與文化》(*Journal of Chinese Literature and Culture*，簡稱 *JCLC*)結爲姐妹雜誌。本刊不僅刊載來自漢語世界的學術論文，還發表 *JCLC* 所接受英文論文的中文版，力爭做到同步或接近同步刊行。經過這些努力，本刊冀求不久能成爲展現全球主流中國學研究成果的知名期刊。

　　徵稿具體事項如下：

　　一、懇切歡迎學界同道來稿。本刊發表中文稿件，通常一萬五千字左右。較長篇幅的稿件亦會考慮發表。

　　二、本刊將開闢"青年學者研究成果"專欄，歡迎青年學者踴躍投稿。

　　三、本刊不接受已經發表的稿件，本刊所發論文，重視原創，若涉及知識產權諸問題，應由作者本人負責。

　　四、來稿請使用繁體字，並提供 Word 和 PDF 兩種文檔。

　　五、本刊採用規範的匿名評審制度，聘請相關領域之資深專家進行評審。來稿是否採用，會在兩個月之内作出答覆。

　　六、來稿請注明作者中英文姓名、工作單位，並附通信和電郵地址。來稿刊出之後，即付予稿酬及樣刊。

　　七、來稿請用電郵附件形式發送至：Ljcs@ln.edu.hk。

　　編輯部地址：香港新界屯門　嶺南大學中文系（電話：［852］2616－7881）

撰　稿　格　式

一、文稿包括：中英文標題、本文、中文提要、英文提要（限350個單詞之內）及中英文關鍵詞各5個。

二、請提供繁體字文本，自左至右橫排。正文、注釋使用宋體字，獨立引文使用仿宋體字，全文1.5倍行距。

三、獨立引文每行向右移入二格，上下各空一行。

四、請用新式標點。引號用"　"，書名、報刊名用《》，論文名及篇名亦用《》。書名與篇（章、卷）名連用時，用間隔號表示分界，例如：《史記·孔子世家》。

五、注釋請一律用脚注，每面重新編號。注號使用帶圈字符格式，如①、②、③等。

六、如引用非排印本古籍，須注明朝代、版本。

七、各章節使用序號，依一、（一）、1.、（1）等順序表示，文中舉例的數字標號統一用（1）、（2）、（3）等。

八、引用專書或論文，請依下列格式：

（一）專書和專書章節

甲、一般圖書

1. 楊伯峻《春秋左傳注》，北京：中華書局1990年修訂版，第60頁。
2. 蔣寅《王夫之詩學的學理依據》，《清代詩學史》第一卷，北京：中國社會科學出版社2012年版，第416—419頁。

乙、非排印本古籍

1.《韓詩外傳》，清乾隆五十六年（1791）金谿王氏刊《增訂漢魏叢書》本,卷八,第四頁下。

2.《玉臺新詠》,明崇禎三年(1630)寒山趙均小宛堂覆宋陳玉父刻本,卷第六,第四頁(總頁12)。

(二) 文集論文

1. 裘錫圭《以郭店〈老子〉爲例談談古文字》,載於《中國哲學》(郭店簡與儒學研究專輯)第二十一輯,瀋陽:遼寧教育出版社2000年版,第180—188頁。

2. 余嘉錫《宋江三十六人考實》,載於《余嘉錫論學雜著》,北京:中華書局1963年版,第386—388頁。

3. Ray Jackendoff, "A Comparison of Rhythmic Structures in Music and Language", in *Rhythm and Meter*, eds. Paul Kiparsky and Gilbert Youmans (San Diego, California: Academic Press, 1998), pp.15-44.

(三) 期刊論文

1. 李方桂《上古音研究》,載於《清華學報》新九卷一、二合刊(1971),第43—48頁。

2. 陳寅恪《梁譯大乘起信論僞智愷序中之真史料》,載於《燕京學報》第三十五期(1948年12月),第95—99頁。

3. Patrick Hanan, "The Chinese Vernacular Story", *The Journal of Asian Studies* 40.4 (Aug. 1981): pp.764-765.

(四) 學位論文

1. 呂亭淵《魏晉南北朝文論之物感説》,北京:北京大學學位論文,2013年,第65頁。

2. Hwang Ming-chorng, "Ming-tang: Cosmology, Political Order and Monument in Early China" (Ph. D. diss., Harvard University, 1996), p. 20.

(五) 再次徵引

再次徵引時可僅列出文獻名稱及相關頁碼信息,如:

　　注① 楊伯峻譯注《論語譯注》,第13頁。

注解名詞,注脚號請置於名詞之後;注解整句,則應置於句末標點獨立引文,則應置於標點符號之後。

十、徵引書目，請依以下中英對照格式附於文末：

(一) 中文書目，按姓氏筆劃順序排列，中英對照

1. 王力：《漢語詩律學》，增訂本，上海：上海教育出版社，1979 年版。Wang Li. Hanyu shilü xue (A Study of the Metrical Rules of Chinese Poetry). Revised edition. Shanghai：Shanghai jiaoyu chubanshe, 1979.

2. 胡幼峰：《沈德潛對歷代詩體的批評》，《幼獅學誌》第 18 卷第 4 期 (1985 年 10 月)，頁 110—540。Hu Youfeng. "Shen Deqian dui lidai shiti de piping" (Shen Deqian's Criticism of Poetic Forms of Past Dynasties). Youshi xuekan (The Youth Quarterly) 18.4 (Oct. 1985)：pp.110－540.

3. 顧炎武著，黃汝成集釋，秦克誠點校：《日知錄集釋》，長沙：岳麓書社，1994 年版。Gu Yanwu. Rizhilu jishi (Collected Commentaries on the Records of Knowledge Accrued Daily). Edited by Huang Rucheng and punctuated and collated by Qin Kecheng. Changsha：Yuelu chubanshe, 1994.

(二) 英文書目，按英文順序排列

1. Chao, Yuen Ren. A Grammar of Spoken Chinese. Berkeley：University of California Press, 1968.

2. Hanan, Patrick. "The Chinese Vernacular Story." The Journal of Asian Studies 40.4 (Aug. 1981)：pp.764－765.

3. Showalter, Elaine, ed. The New Feminist Criticism Essays on Women Literature and Theory. New York：Pantheon Books, 1985.

十一、請提供署名及作者單位 (包括服務機構及子機構)。

(2022 年 11 月更新)